汽车电路读图
（第5版）

李春明　王翼飞　孙乐春　主编

北京理工大学出版社
BEIJING INSTITUTE OF TECHNOLOGY PRESS

内 容 简 介

本书较系统地介绍了汽车电路分析基础和国内外主要汽车公司电路图的读法，包括读图规则、电路图组成、电路图特点、读图实例等。本书内容包括汽车电路读图基础，汽车整车电路读图方法，一汽红旗轿车、大众轿车、奔驰轿车、宝马轿车、雪铁龙轿车、丰田轿车、本田轿车、马自达轿车、日产轿车、现代轿车、通用轿车、福特轿车、克莱斯勒轿车等国内常见国产及进口轿车的电路读图方法。

本书可作为高等职业院校汽车类专业（汽车电子技术、汽车检测与维修技术、新能源汽车检测与维修技术、汽车技术服务与营销、汽车智能技术、汽车制造与试验技术、新能源汽车技术等）的教材，也可作为成人高校汽车电子技术、汽车检测与维修技术及相关专业的教材，还可作为社会从业人员的业务参考书及培训用书。

版权专有　侵权必究

图书在版编目（CIP）数据

汽车电路读图 ／ 李春明，王翼飞，孙乐春主编. -- 5 版. -- 北京：北京理工大学出版社，2021.8（2024.2 重印）
ISBN 978 – 7 – 5763 – 0165 – 6

Ⅰ．①汽… Ⅱ．①李… ②王… ③孙… Ⅲ．①汽车 – 电气设备 – 电路图 – 识图 – 高等职业教育 – 教材 Ⅳ. ①U463.620.2

中国版本图书馆 CIP 数据核字（2021）第 165610 号

责任编辑：钟　博	文案编辑：钟　博
责任校对：周瑞红	责任印制：李志强

出版发行 /	北京理工大学出版社有限责任公司
社　　址 /	北京市丰台区四合庄路 6 号
邮　　编 /	100070
电　　话 /	（010）68914026（教材售后服务热线）
	（010）68944437（课件资源服务热线）
网　　址 /	http://www.bitpress.com.cn

版 印 次 /	2024 年 2 月第 5 版第 4 次印刷
印　　刷 /	涿州市新华印刷有限公司
开　　本 /	787 mm × 1092 mm　1/16
印　　张 /	16.25
字　　数 /	382 千字
定　　价 /	46.00 元

图书出现印装质量问题，请拨打售后服务热线，负责调换

前言

QIAN YAN

随着汽车电动化、智能化、网联化、共享化的发展，汽车电气系统越来越复杂，快速读懂汽车电路图，准确分析故障点，是从事汽车装试、检修、服务等岗位技术人员的必备技能，也是汽车类技术技能人才培养培训的必修课程。

《汽车电路读图（第5版）》贯彻落实党的二十大精神，在前4版基础上，基于当前经济社会对现代化产业体系的人才培养需求，服务于汽车先进制造业融合集群的转型升级，突出教材的工具性、育人性，及时将新产品、新技术、新规范、新理念等融入新版教材，呈现出四方面特色：

1. 构建课程模块。基于能力本位课程理念，遵循职业教育人才培养规律，按照汽车电路图的车系分类、典型任务等设置内容模块，支持模块化教学实施。

2. 突出能力拓展。系统梳理德系、美系、日系、国产等主要车型的汽车电路图识读规律，以点带面、问题导向，引导学习者任务驱动、总结规律，实现基于知行合一的能力拓展。

3. 注重理实一体。知识内容梯度明晰，图文并茂、字表相间，强调理论与实践相统一，将汽车识图与故障分析相结合，适应项目学习、案例学习、模块化学习等不同学习方式要求。

4. 彰显课程思政。丰富教材内容的中国式元素，讲好自主品牌红旗汽车技术，弘扬民族品牌，激发读者的爱国情，强国志；在学习国外汽车品牌的过程中，将民族精神、工匠精神等思政元素有机融入学习任务，引导读者反思中国汽车工业发展的路径和方向；以服务"人的全面发展"为核心，结合教材内容特点，开发有课程思政案例，为教学者提供育人借鉴。

本书可作为高职高专院校汽车类专业教材，如：汽车电子技术、汽车检测与维修技术、新能源汽车检测与维修技术、汽车技术服务与营销、汽车智能技术、汽车制造与试验技术、新能源汽车技术等专业。也可作为成人高校汽车电子技术、汽车检测与维修技术及相关专业的教学用书，五年制高职相关专业，社会从业人员业务参考书及培训用书等。

本部教材编写团队由校企优秀人员组建，既有长期从事高等职业教育教学和承担企业培训的教授、研究人员，也有来自企业的技能大师。全书由李春明、王翼飞、孙乐春主编，李雪松、杨金玉、张军副主编。编写分工为：模块一、模块十一由李春明编写，模块二、模块十二由孙乐春编写,模块三由王翼飞编写,模块四、模块十三由李雪松编写,模块五、模块十四由张军编写,模块六、模块十五由杨金玉编写,模块七由王卫军编写,模块八由冷帅编写,模块九由孙雪梅编写,模块十由王亮编写。其中李雪松有 10 余年汽车研发企业工作经历、孙雪梅有着 10 余年的 4S 店工作经历,不但具有丰富的工作经验,并且都担任企业内训师,也具有深厚的教学底蕴;王亮来自研发一线企业,具有丰富的一线经验和实战案例。

教材在编写过程中,得到了许多专家与同行的支持,特别是一汽有限公司的培训师及长春通立汽车商贸有限公司的高级技师对本教材的编写提出了很多宝贵意见,同时教材的编写参阅了大量的文献资料,在此一并表示感谢。

由于编者水平有限,书中难免有缺点和不足,敬请读者批评指正。

编 者

目录

▶ 模块一　汽车电路读图基础 ... 1

学习任务一　汽车电路图的种类 ... 1
学习任务二　汽车电气常用图形符号与基础元件的表达方法 ... 8
学习任务三　各电气系统的特点与接线规律 ... 34

▶ 模块二　汽车整车电路读图方法 ... 57

学习任务一　汽车整车电路读图的一般方法 ... 57
学习任务二　汽车总线电路的一般读图方法 ... 62
学习任务三　解放 CA1110PK2L2 型汽车电路读图实例 ... 70

▶ 模块三　一汽红旗轿车电路图读图方法 ... 80

学习任务一　红旗轿车电路读图的一般方法 ... 80
学习任务二　红旗轿车电路读图实例 ... 98

▶ 模块四　大众轿车电路读图方法 ... 106

学习任务一　大众轿车电路读图的一般方法 ... 106
学习任务二　捷达轿车电路读图实例 ... 110

▶ 模块五　奔驰轿车电路读图方法 ... 136

学习任务一　奔驰轿车电路读图的一般方法 ... 136
学习任务二　奔驰轿车电路读图实例 ... 140

▶ 模块六　宝马轿车电路读图方法 ··· 142

　　学习任务一　宝马轿车电路读图的一般方法 ························ 142
　　学习任务二　宝马轿车电路读图实例 ································ 145

▶ 模块七　雪铁龙轿车电路读图方法 ····································· 148

　　学习任务一　雪铁龙轿车电路读图的一般方法 ···················· 148
　　学习任务二　爱丽舍轿车电路读图实例 ···························· 155

▶ 模块八　丰田轿车电路读图方法 ··· 163

　　学习任务一　丰田轿车电路读图的一般方法 ························ 163
　　学习任务二　凌志轿车电路读图实例 ································ 171

▶ 模块九　本田轿车电路读图方法 ··· 181

　　学习任务一　本田轿车电路读图的一般方法 ························ 181
　　学习任务二　本田雅阁轿车电路读图实例 ·························· 186

▶ 模块十　马自达轿车电路读图方法 ······································ 191

　　学习任务一　马自达轿车电路读图的一般方法 ···················· 191
　　学习任务二　马自达 6 轿车电路读图实例 ························· 196

▶ 模块十一　日产轿车电路读图方法 ······································ 202

　　学习任务一　日产轿车电路读图的一般方法 ························ 202
　　学习任务二　日产轿车电路读图实例 ································ 206

▶ 模块十二　现代轿车电路读图方法 ······································ 210

　　学习任务一　现代轿车电路读图的一般方法 ························ 210
　　学习任务二　索纳塔轿车电路读图实例 ···························· 215

▶ 模块十三　通用轿车电路读图方法 ······································ 222

　　学习任务一　通用轿车电路读图的一般方法 ························ 222
　　学习任务二　别克轿车电路读图实例 ································ 230

▶ **模块十四　福特轿车电路读图方法** ································· 233

　学习任务一　福特轿车电路读图的一般方法 ····················· 233
　学习任务二　福特轿车电路读图实例 ····························· 237

▶ **模块十五　克莱斯勒轿车电路读图方法** ······························ 240

　学习任务一　克莱斯勒轿车电路读图的一般方法 ················· 240
　学习任务二　切诺基汽车电路读图实例 ···························· 247

▶ **参考文献** ··· 251

模块一

汽车电路读图基础

学习任务一 汽车电路图的种类

学习任务单

任务名称		汽车电路图的种类
学习目标	专业能力	掌握汽车电路的特点； 掌握汽车接线图的特点； 掌握汽车电路原理图的特点； 掌握汽车布线图的特点； 掌握汽车线束图的特点； 能够识别不同种类的汽车电路图； 能够应用汽车电路图在电气实验台上识别相应部件； 能够实施5S管理。
	社会能力	具备团队学习能力； 具备良好的沟通能力及与小组成员协作的能力； 具有安全、环保等责任意识。
	方法能力	扩展相应的信息收集能力； 能够独立使用各种媒介完成学习任务； 能够进行学习结果的评价与总结。
思政素养		从2009年起，我国汽车产销量居世界第一，但民族品牌占比还不高，我国是汽车大国，但还不是汽车强国。请你谈谈汽车专业的学生应该如何担负起民族品牌振兴的重任。
学习准备		可以上网查阅资料的计算机、各车型汽车电路图、学习软件、电气实验台或实验车辆等
方法建议		建议小组学习，分工协作，共同完成； 制订学习计划； 做好记录，各小组选派代表展示学习成果； 评议各小组展示的学习成果。

续表

任务名称	汽车电路图的种类
学习总结	提炼出学习难点，总结学习任务完成情况。
探讨问题	1. 为什么汽车电路采用负极搭铁？ 2. 为什么实车断开汽车电路时，首先拆下蓄电池负极搭铁线？

相关知识

一、汽车电路的基本知识

（一）汽车电路的概念

汽车电路是汽车电气线路的简称，是用选定的导线将全车所有的电气设备相互连接成直流电路，构成一个完整的供、用电系统。任何电源向外供电，任何用电设备要使用电能，都必须用导线将电源与用电设备两者合理地连接起来，让电流形成回路，使电流在用电器中做功。电工学中将这种电流通过的路径称为电路。一般的电路都是导线，故又称为线路。

电路的概念可通过图1-1来理解。如图1-1（a）所示，把蓄电池的正极、负极与灯泡用导线连接起来形成电路。如果用符号表示图1-1（a）中的电器，就会得到图1-1（b）所示的电路图，图中 R 表示灯泡的电阻，箭头表示电流的方向。如果在图1-1（b）所示电路中增设了开关，就形成了图1-1（c）所示电路，该电路可通过开关控制电路的通与断。当开关断开时，电路中没有电流通过，灯不亮，这种状态称为开路或断路；当开关闭合时，电路中有电流通过，灯亮，这种状态称为通路。

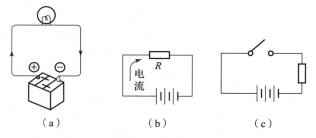

图1-1 电路的概念

(a) 实际电路；(b) 电路图；(c) 电路在开路状态

（二）汽车电路的特点

现代汽车电器与电子设备虽然种类繁多，功能各异，但其电路都遵循一定的原则，了解这些原则对进行汽车电路分析是很有帮助的。汽车电路可归纳为以下特点：

（1）低压。汽车电气系统的额定电压主要有12 V和24 V两种。汽油车普遍采用12 V电源，柴油车多采用24 V电源（由两个12 V蓄电池串联而成）。汽车运行中的电压，一般12 V系统的为14 V，24 V系统的为28 V。

（2）直流。现代汽车发动机是靠电力起动机起动的，起动机由蓄电池供电，而向蓄池充电又必须用直流电源，所以汽车电气系统为直流系统。

（3）单线制。单线连接是汽车电路的特殊性，它是指汽车上所有电气设备的正极均采用导线相互连接，而所有负极则直接或间接通过导线与车架或车身金属部分相连，即搭铁。任何一个电路中的电流都是从电源的正极出发经导线流入用电设备后，再由用电设备自身或负极导线搭铁，通过车架或车身流回电源负极而形成回路。

（4）并联连接。汽车上的两个电源（蓄电池与发电机）之间以及所有用电设备之间，都是正极接正极，负极接负极，采用并联连接。

由于采用并联连接，所以汽车在使用中，当某一支路用电设备损坏时，并不影响其他支路用电设备的正常工作。

（5）负极搭铁。采用单线制时，蓄电池的一个电极需接至车架或车身上，俗称"搭铁"。蓄电池的负极接车架或车身，称为负极搭铁。负极搭铁对车架或车身金属的化学腐蚀较轻，对无线电干扰小。我国标准规定汽车电路统一采用负极搭铁。

> **提示**：在更换拆装电气部件时，为了确保操作和电气安全，首先要断开蓄电池负极导线以断电。

（6）设有保险装置。为了防止因短路或搭铁而烧坏线束，汽车电路中一般设有保护装置，如熔断器、易熔线等。

（7）有颜色和编号特征。为了便于区别各电路的连接，汽车所有低压导线必须选用不同颜色的单色或双色线，并在每根导线上编号。编号由生产厂家统一规定。

二、汽车电路图的种类

现代汽车电路图的种类繁多，汽车电路图依车型不同，也存在一定差别，但归纳起来汽车电路图主要有接线图、电路原理图、布线图和线束图等。

（一）接线图

图1-2所示是东风EQ1090型汽车接线图。接线图是按照电气设备在汽车上的大致安装位置来绘制的电路图。接线图的优点是：整车电气设备数量准确，电路的走向清楚，有始有终，便于循线跟踪，查找起来比较方便。接线图的缺点是：图上电线纵横交错，印制版面小则不易分辨，版面过大则印装受限制；识图、画图费时费力，不易抓住电路的重点、难点；不易表达电路内部结构与工作原理。因此，在电气系统复杂程度不高的情况下经常采用接线图。

（二）电路原理图

图1-3所示是东风EQ1090型汽车电路原理图。电路原理图以电路连接最短、最清晰为原则布置图面，且基本表示出电气设备内部电路。因此，电路图既表达了电器之间的连接，又体现了电气设备内部电路情况，容易分析各电器工作时电流的具体路径。因此，电路原理图应用比较广泛。

电路原理图有整车电路原理图和局部电路原理图之分。

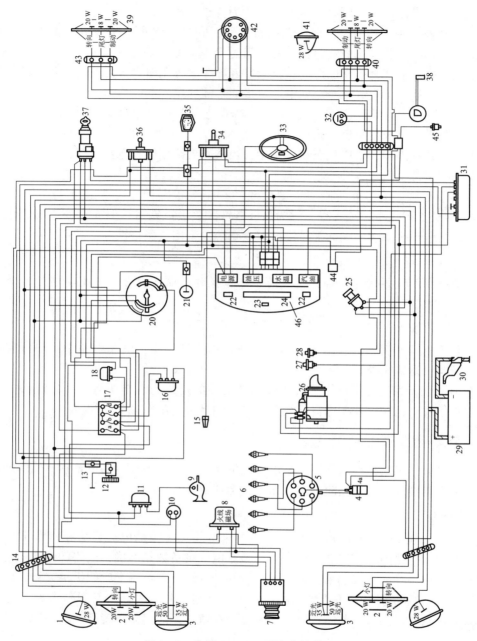

图 1-2 东风 EQ1090 型汽车接线图

1—前侧灯；2—组合前灯；3—前照灯；4—点火线圈；4a—附加电阻线；5—分电器；6—火花塞；7—发电机；8—调节器；9—喇叭；10—工作灯插座；11—喇叭继电器；12—暖风电动机；13—接线管；14—五线接线板；15—水温表传感器；16—灯光继电器；17—熔断器盒；18—闪光器；20—车灯开关；21—发动机罩下灯；22—左、右转向指示灯；23—低油压警告灯；24—车速里程表；25—变光开关；26—起动机；27—油压表传感器；28—低油压报警开关；29—蓄电池；30—电源总开关；31—起动复合继电器；32—制动灯开关；33—喇叭按钮；34—后照灯和暖风电动机开关；35—驾驶室顶灯；36—转向灯开关；37—点火开关；38—燃油表传感器；39—组合后灯；40—四线接线板；41—后照灯；42—挂车插座；43—三线接线板；44—低气压蜂鸣器；45—低气压报警开关；46—仪表盘

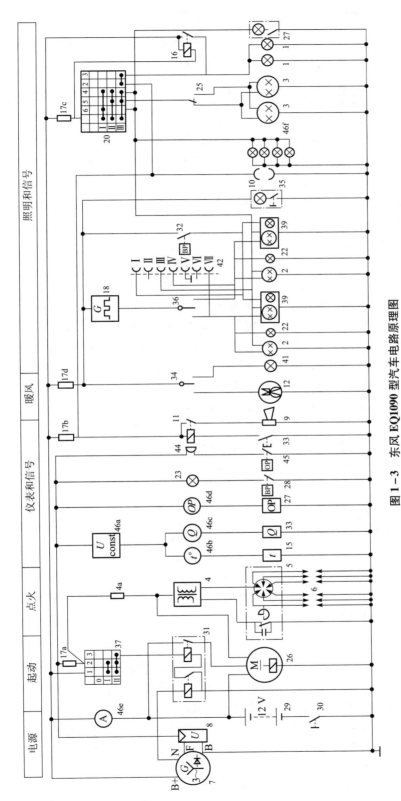

图 1-3 东风 EQ1090 型汽车电路原理图

1—前侧灯；2—组合前灯；3—前照灯；4—点火线圈；4a—附加电阻线；5—分电器；6—火花塞；7—发电机；8—调节器；9—喇叭；10—工作灯插座；11—喇叭继电器；12—暖风电动机；15—水温表传感器；16—灯光继电器；17a～d—灯光继电器；18—闪光器；20—车灯开关；22—左、右转向继电器；23—低油压警告灯；25—变光开关；26—起动机；27—油压表传感器；28—低油压报警传感器；29—蓄电池；30—电源总开关；31—起动复合继电器；32—制动灯开关；33—喇叭按钮；34—后照灯和暖风电动机开关；35—驾驶室顶灯；36—转向灯开关；37—点火开关；38—燃油表传感器；39—组合后灯；41—后照灯；42—挂车插座；44—低气压报警开关；45—低气压蜂鸣器；46a—稳压器；46b—水温表；46c—燃油表；46d—油压表；46e—电流表；46f—仪表灯

（1）整车电路原理图。为了生产与教学的需要，常常要尽快找到某条电路的始末，以便确定故障的部位。在分析故障原因时，不能孤立地仅局限于某一部分，而是要将这一部分电路在整车电路中的位置及其与之相联系的电路都表达出来。

① 整车电路原理图的优点如下：

a. 对全车电路有完整的概念，既是一幅完整的全车电路图，又是一幅互相联系的局部电路图，重点、难点突出，繁简适当。

b. 在此图上建立起电位高、低的概念：其负极"－"搭铁，电位最低，可用图中的最下面一条线表示；正极"＋"电位最高，用最上面的那条线表示。电流的方向基本是由上而下。

c. 尽最大可能减少导线的曲折与交叉，布局合理，图面简洁、清晰，图形符号考虑到元器件的外形与内部结构，便于读者联想，易读、易画。

d. 各局部电路（或称子系统）相互并联且关系清楚，发电机与蓄电池间、各个子系统之间的连接点尽量保持原位，熔断器、开关及仪表等的接法基本上与实际吻合。

② 整车电路原理图的缺点是：图形符号不太规范，容易各行其是，不利于与国际标准统一，因此也不利于对外交流。但是，近年来，国内外汽车电路变化很快，大量外国汽车的电路资料被翻译并刊登出来，教学、科研人员在国产汽车电路的设计、使用、维修以及电路图的表达方式和实际应用方面均作了长期的探索与实践，结合我国标准和国际标准以及汽车电气行业的情况，对汽车电路原理图的画法制定了较为详细的规范，推荐采用以德国博世（BOSCH）公司为基础的、经多年使用并修改定稿的《汽车电路图与图形符号》。

（2）局部电路原理图。为了弄清汽车的内部结构、各个部件之间相互连接的关系，以及某个局部电路的工作原理，常从整车电路原理图中抽出某个需要研究的局部电路，将重点部位进行放大、绘制并加以说明。局部电路原理图的电气设备少、幅面小，看起来简单明了，易读易绘；其缺点是只能供读者了解电路的局部。

（三）布线图

图1-4所示是一汽红旗H7轿车发动机舱布线图。布线图主要是表明线束与各用电设备的连接部位、插接器的形状及位置等，它所表达的内容人们在汽车上能够实际接触到。也可以把一些车辆的电气元件位置图看成简化的布线图。布线图一般不详细描绘线束内部的电路走向，只将露在线束外面的线头与插接器作详细编号或用字母标记。它是一种突出装配记号的电路表现形式，非常便于安装、配线、检测与维修。若布线图能够与电路原理图或接线图结合起来使用，则会起到更大的作用。

（四）线束图

图1-5所示是一汽红旗H7轿车车身线束图。线束图是根据汽车线束在汽车上的布置、分段以及各分支导线端口的具体连接情况绘制的，其重点反映已制成的线束外形，组成线束各导线的规格大小、长度和颜色，各分支导线端口所连接的电气设备的名称、连接端子和护套的具体型号，线束各主要部分的长度等。因此，线束图主要用于汽车线束的制作和较方便地连接电气设备。有的车型线束图还表示了各段线束在汽车上的具体布置情况，即所谓的汽车线束布置图，以便于在汽车上安装线束。

上述所介绍的汽车电路图的表达方法仅是对目前各种汽车电路图在表示方法上的简单归

模块一　汽车电路读图基础　　7

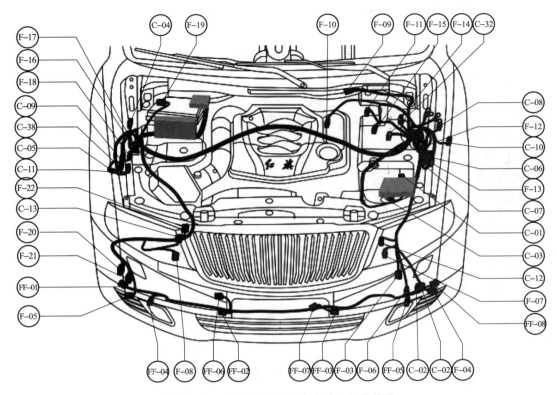

图1-4　一汽红旗H7轿车发动机舱布线图

注：C-××为常用连接器，表明不同线束之间的连接。

F-03—风窗洗涤器；F-04—左前胎压传感器低频天线；F-05—右前胎压传感器低频天线；F-06—风窗洗涤器液位传感器；F-07—左前轮速传感器；F-08—右前轮速传感器；F-09—前刮水器；F-10—电子油门踏板；F-11—制动开关；F-12—发动机控制单元1；F-13—发动机控制单元2；F-14—ESP电控单元；F-15—制动液液位传感器；F-16—变速箱控制单元（ATTCU-R）；F-17—变速箱控制单元（ATTCU-L）；F-18—变速箱控制单元（DTCTCU）；F-19—蓄电池传感器；F-20—电动转向泵A；F-21—电动转向泵B；F-22—电动转向泵搭铁；

FF-01—右前角超声波传感器；FF-02—右前超声波传感器；FF-03—左前超声波传感器；

FF-04—右前雾灯；FF-05—左前雾灯；FF-06—电子扫描雷达；

FF-07—外温传感器；FF-08—左前角超声波传感器

纳。各国有关汽车电路图绘制的技术标准、文字标注上的差异，使各国各大汽车厂家在电路图的绘制、连接关系的表达、表示符号和文字标注等方面不尽相同。目前国内也没有比较完善的汽车电路图绘制技术标准，因此，各型号汽车电路图的绘制尚不规范，特别是各种进口汽车的一些图形符号还很不一致。有时候很难说某张图是电路原理图、接线图，还是布线图或线束图，但只要它对所要表达的内容，如电路原理、各电气设备和配电设备间的连接关系表达清楚，表示符号简明扼要，文字标注规范，电路图绘制简单并且有利于分析和阅读，就是好的汽车电路图。

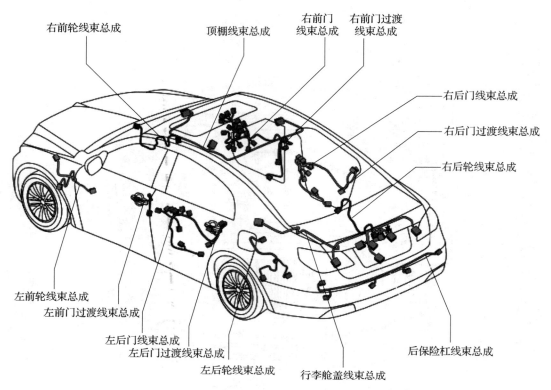

图1-5 一汽红旗H7轿车车身线束图

学习任务二　汽车电气常用图形符号与基础元件的表达方法

学习任务单

任务名称		汽车电气常用图形符号与基础元件的表达方法
学习目标	专业能力	掌握汽车电气常用图形符的号含义； 掌握汽车电气基础元件常见表达方法； 能够在汽车电路图中正确识别电气基础元件； 能够正确检查汽车电气基础元件； 能够注意工作安全和事故防护规定； 能够实施5S管理。
	社会能力	具备团队学习能力； 具备良好的沟通能力及与小组成员的协作能力； 具有客户服务意识。

续表

任务名称		汽车电气常用图形符号与基础元件的表达方法
学习目标	方法能力	扩展相应的信息收集能力； 能独立使用各种媒介完成学习任务； 能够进行学习结果的评价与反思。
思政素养		世界各大汽车企业都有自己的汽车电路图表达方式，缺乏统一的标准。如果各大汽车企业都能秉持开放共享的胸怀，遵循统一标准，这对推动世界汽车产业发展意义重大。请你谈谈对于实现汽车电路图表达方式的标准统一，你能够做什么。
学习准备		可以上网查阅资料的计算机、电气实验台或实验车辆、各车型汽车电路图、学习软件等。
方法建议		建议小组学习，分工协作，共同完成； 制订学习计划； 做好记录，各小组选派代表展示学习成果； 评议各小组展示的学习成果。
学习总结		提炼出学习难点，总结完成学习任务的经验与教训，形成学习改进方案。
探讨问题		1. 如何按照汽车电路图检查和更换熔断器？ 2. 继电器在汽车电路中起何作用？

相关知识

一、常用的图形符号与标志的识别

（一）常用的图形符号

汽车电路图中常用的图形符号可分为：限定符号，见表1-1；导线、端子和导线的连接符号，见表1-2；触点与开关符号，见表1-3；电气元件符号，见表1-4；仪表符号，见表1-5；传感器符号，见表1-6；电气设备符号，见表1-7。

表1-1 限定符号

序号	名称	图形符号	序号	名称	图形符号
1	直流	—	6	中性点	N
2	交流	~	7	磁场	F
3	交直流	≂	8	搭铁	⊥
4	正极	+	9	交流发电机输出接线柱	B
5	负极	−	10	磁场二极管输出端	D_+

表1-2 导线、端子和导线的连接符号

序号	名称	图形符号	序号	名称	图形符号
1	接点	●	11	多极插头和插座（示出的为三极）	
2	端子	○			
3	可拆卸的端子	φ			
4	导线的连接		12	接通的连接片	
5	导线的分支连接		13	断开的连接片	
6	导线的交叉连接		14	边界线	
7	导线的跨越		15	屏蔽（护罩）	
8	插座的一个极				
9	插头的一个极		16	屏蔽导线	
10	插头和插座				

表1-3 触点与开关符号

序号	名称	图形符号	序号	名称	图形符号
1	动合（常开）触点		9	一般情况下手动控制	
2	动断（常闭）触点		10	拉拔操作	
3	先断后合的触点		11	旋转操作	
4	中间断开的双向触点		12	推动操作	
5	双动合触点		13	一般机械操作	
6	双动断触点		14	钥匙操作	
7	单动断双动合触点		15	热执行器操作	
8	双动断单动合触点				

续表

序号	名称	图形符号	序号	名称	图形符号
16	温度控制	$\boxed{t}$ ------	28	液位控制开关	
17	压力控制	$\boxed{p}$ ------	29	机油滤清器报警开关	$\boxed{OP}$ ------
18	制动压力控制	$\boxed{BP}$ -----	30	热敏开关动合触点	t℃
19	液位控制		31	热敏开关动断触点	t℃
20	凸轮控制		32	热敏自动开关动断触点	
21	联动开关		33	热继电器触点	
22	手动开关的一般符号		34	旋转多挡开关位置	0 1 2
23	定位（非自动复位）开关		35	推拉多挡开关位置	0 1 2
24	按钮开关		36	钥匙开关（全部定位）	0 1 2
25	能定位的按钮开关		37	多挡开关、点火、启动开关，瞬时位置为2能自动返回到1（即2挡不能定位）	0 1 2 0,1
26	拉拔开关				
27	旋转、旋钮开关		38	节流阀开关	

表 1-4　电气元件符号

序号	名称	图形符号	序号	名称	图形符号
1	电阻器		16	单向击穿二极管，电压调整二极管（稳压管）	
2	可变电阻器		17	发光二极管	
3	压敏电阻器		18	双向二极管（变阻二极管）	
4	热敏电阻器		19	三极晶体闸流管	
5	滑线式变阻器		20	光电二极管	
6	分路器		21	PNP 型三极管	
7	滑动触点电位器		22	集电极接管壳三极管（NPN）	
8	仪表照明调光电阻		23	具有两个电极的压电晶体	
9	光敏电阻		24	电感器、线圈、绕阻、扼流圈	
10	加热元件、电热塞		25	带磁芯的电感器	
11	电容器		26	熔断器	
12	可变电容器		27	易熔线	
13	极性电容器		28	电路断电器	
14	穿心电容器		29	永久磁铁	
15	半导体二极管一般符号		30	操作器件一般符号	

续表

序号	名称	图形符号	序号	名称	图形符号
31	一个绕组电磁铁		33	不同方向绕组电磁铁	
32	两个绕组电磁铁		34	触点常开的继电器	
			35	触点常闭的继电器	

表 1-5 仪表符号

序号	名称	图形符号	序号	名称	图形符号
1	指示仪表	*	8	转速表	n
2	电压表	V	9	温度表	$t°$
3	电流表	A	10	燃油表	Q
4	电流/电压表	A/V	11	车速里程表	v
5	欧姆表	Ω	12	电钟	
6	瓦特表	W	13	数字式电钟	
7	油压表	OP	—	—	—

表 1-6 传感器符号

序号	名称	图形符号	序号	名称	图形符号
1	传感器的一般符号	*	3	空气温度传感器	$t°a$
2	温度传感器	$t°$	4	水温传感器	$t°w$

续表

序号	名称	图形符号	序号	名称	图形符号
5	燃油表传感器	 Q	10	爆震传感器	 K
6	油压表传感器	 OP	11	转速传感器	 n
7	空气质量传感器	 m	12	速度传感器	 v
8	空气流量传感器	 AF	13	空气压力传感器	 AP
9	氧传感器	 λ	14	制动压力传感器	 BP

表1-7 电气设备符号

序号	名称	图形符号	序号	名称	图形符号
1	照明灯、信号灯、仪表灯、指示灯	⊗	10	元件、装置、功能元件	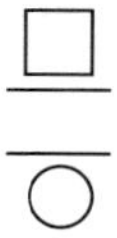
2	双丝灯		11	信号发生器	G
3	荧光灯		12	脉冲发生器	 G
4	组合灯		13	闪光器	G
5	预热指示器		14	霍尔信号发生器	
6	电喇叭		15	磁感应信号发生器	
7	扬声器		16	温度补偿器	 t° comp
8	蜂鸣器		17	电磁阀一般符号	
9	报警器、电警笛				

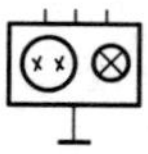

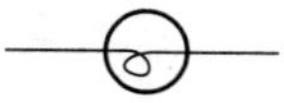

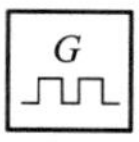

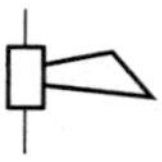

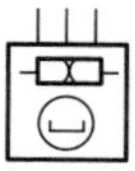

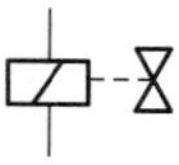

续表

序号	名称	图形符号	序号	名称	图形符号
18	常开电磁阀		33	间歇刮水继电器	
19	常闭电磁阀		34	防盗报警系统	
20	电磁离合器		35	天线一般符号	
21	用电动机操纵的怠速调整装置		36	发射机	
22	过电压保护装置	$U>$	37	收音机	
23	过电流保护装置	$I>$	38	内部通信联络及音乐系统	
24	加热器（除霜器）		39	收放机	
25	振荡器		40	天线电话	
26	变换器、转换器		41	传声器一般符号	
27	光电发生器	G	42	点火线图	
28	空气调节器		43	分电器	
29	滤波器		44	火花塞	
30	稳压器	U const	45	电压调节器	U
31	点烟器		46	转速调节器	n
32	热继电器		47	温度调节器	$t°$

续表

序号	名称	图形符号	序号	名称	图形符号
48	串激绕组		63	直流伺服电动机	
49	并激或他激绕组		64	直流发电机	
50	集电环或换向器上的电刷		65	星形连接的三相绕组	
51	直流电动机		66	三角形连接的三相绕组	
52	串激直流电动机		67	定子绕组为星形连接的交流发电机	
53	并激直流电动机		68	定子绕组为三角形连接的交流发电机	
54	永磁直流电动机		69	外接电压调节器与交流发电机	
55	起动机（带电磁开关）		70	整体式交流发电机	
56	燃油泵电动机、洗涤电动机		71	蓄电池	
57	晶体管电动燃油泵		72	蓄电池组	
58	加热定时器		73	蓄电池传感器	
59	点火电子组件		74	制动灯传感器	
60	风扇电动机		75	尾灯传感器	
61	刮水电动机		76	制动器摩擦片传感器	
62	天线电动机		77	燃油滤清器积水传感器	

续表

序号	名称	图形符号	序号	名称	图形符号
78	三丝灯泡		82	带电钟的车速里程表	
79	汽车底盘与吊机间电路滑环与电刷		83	门窗电动机	
80	自记车速里程表		84	座椅安全带装置	
81	带电钟的自记车速里程表		—	—	—

（二）有关标志

在汽车上一般采用特定的图形标志或英文字母来表示各种开关、报警灯和指示灯的功能。这些图形标志国际通用，具有形象、简明的特点，一看便知其功能。常见的报警灯和指示灯标志见表1-8。

表1-8 常见的报警灯和指示灯标志

序号	图形或文字符号	说明	序号	图形或文字符号	说明
1		点火开关（4挡）： 锁止转向盘 0——OFF 或 S； 附件(收音机) 1——A_{CC} 或 A； 点火、仪表 2——IGN 或 M； 启动 3——START 或 D	3		柴油汽车电源开关： 0——OFF 断开； 1——ON 接通； 2——START 起动； 3——ACC 附件； 4——PREHEAT 预热
2		点火开关（3挡）： 锁止 0——OFF 或 STOP； 工作 1——ON 或 MAR； 启动 2——ST 或 AVV	4		点火开关（5挡）： 0——LOCK 锁定转向盘； 1——OFF 断开； 2——ACC 附件； 3——ON 通； 4——START 起动

续表

图形或文字符号	说　明		图形或文字符号	说　明
5	发动机故障代码显示灯（自诊断）：电控发动机喷油与点火的传感器与计算机出故障时灯亮，通过人工或仪器可将故障代码调出，迅速查明故障	14	BRAKE AIR	制动气压低报警：制动液面低、制动系统故障时，灯亮报警
6		15	r/min　RPM	发动机转速表（TACHO METER）：能指示快怠速、经济转速与换挡时机、额定转速，用途很多
	化油器阻风门关闭指示：冷车起动时阻风门关闭，指示灯亮，起动后应及时打开阻风门，否则发动机会冒黑烟	16	km/h	车速表（SPEED）
7		节气门关闭时灯亮	17	20:08	数字显示时钟
8	VOLT　AMP　CHARGE 电压(伏特)表 电流(安培)表	蓄电池充电指示灯：发电机不充电时灯亮，正常充电时灯灭	18	COOLANT LEVEL　WATER LEVEL	冷却水位指示灯：当冷却系水位低于规定值时，灯亮报警
9	WATER OVER HEAT	水温表：冷却液温度过高时，灯亮报警	19		机油油面指示灯：当发动机机油量少于规定值时，灯亮报警
10	OIL-P	机油压力报警灯、机油压力表：当机油压力过低时，灯亮报警	20		机油温度过高报警灯：机油温度超过规定值时，灯亮报警
11	FUEL	燃油表：燃油不足时，灯亮报警	21	kPa	真空度指示灯
12		柴油机停止供油（熄火）拉杆（钮）标志	22	SRS	安全气囊指示灯：安全气囊装在转向盘毂内和仪表盘内，当汽车受到碰撞时气囊被引爆，膨胀将乘员挤靠到坐椅靠背上，以减轻伤害
13	P　PKB	停车制动指示灯：在手制动起作用时，灯亮			

续表

	图形或文字符号	说　明		图形或文字符号	说　明
23	TRAC	牵引力控制指示灯	30	△ (三角形)	危险警告指示灯：当汽车遇到交通事故要呼救或需要别车回避时，左、右转向灯齐闪，正常行驶时不用
24	CRUISE	巡航（恒速行驶）指示灯：设定某一车速以后，计算机根据车速变化自动控制节气门开度，使车速保持在设定范围内，装置起作用时灯亮，有故障时显示故障码	31	≡○ BEAM	前照灯远光指示灯：高光束（HIGH BEAM）
			32	≡○	前照灯近光指示灯：夜间会车时使用，防止炫目
25	AIR SUSP	电子调整空气悬挂指示灯：根据驾驶条件自动控制悬架中起弹簧作用的空气，改变弹簧的刚度与减振力以抑制车辆侧倾；制动时前部栽头，高速时后身下坐，保持乘坐舒适性和操纵性，指示灯显示车身高度变化。HIGH—高度调整；NORM—正常	33	(灯泡图形)	灯光开关指示灯：可接通示宽灯、尾灯、仪表灯（亮度旋钮）、牌照灯等，前照灯接通常在此开关的第Ⅰ挡
			34	○○	汽车示宽灯开关指示灯
26	O/D OFF	OVER—DRIVE，超速开关装在换挡手柄上，按下此开关，变速器换入超速挡；再按一下此开关，变速器退出超速挡，同时 O/D OFF 灯亮	35	P	驻车制动灯开关指示灯：手制动起作用时，该指示灯亮
27	VOLT	电压表（伏特计）：12 V 电系量程为 10～16 V；24 V 电系量程为 20～32 V	36	(后雾灯符号)	后雾灯开关指示灯：必须在前雾灯已亮的前提下使用，正常行驶时应关闭后雾灯
28	EXP TEMP	排气温度过高报警（大于 750℃）	37	(前雾灯符号)	前雾灯开关指示灯
29	⇐ ⇒	转向信号灯：L—左转向；R—右转向	38	TEST	指示灯、报警灯灯泡好坏的检查开关

续表

图形或文字符号	说 明	图形或文字符号	说 明
39	倒车灯（后灯）开关指示灯	48	排气制动指示灯：排气管堵住起制动作用时，灯亮（与47项相同）
40	室内灯（顶灯）开关指示灯	49	蓄电池液面指示灯：当蓄电池液面低于规定值时，灯亮报警
41	转向灯开关与超车灯开关指示灯：L—左转向；R—右转向；PASS—瞬间远光（超车信号）；HI—常用远光；LO—定位中间挡	50	拖车制动指示灯
42	旋转灯标志：警车、救护车、消防车的车顶旋转警灯开关标志	51	制动蹄片磨损超限报警灯
43	安全带指示灯：当点火开关接通，安全带未系时，灯亮或伴有蜂鸣	52	防抱制动指示灯：钥匙在起动挡或车速在5~10 km/h以下时，灯亮。ABS系统能在紧急制动和滑溜路面制动时控制4个车轮油缸的油压，防止车轮抱死；ABS系统出现故障时报警灯亮，并可显示故障代码（用工具）
44	电热预温塞指示灯：常温下启动亮0.3 s，可直接起动；低温起动前亮3.5 s，表示"等待预热"，灯灭可起动		
45	预热塞（电热或火焰预热塞）指示灯：常温下起动亮0.3 s，可直接起动；低温起动前亮3.5 s，表示"等待预热"，灯灭可起动	53	分动器前桥接入指示灯：用于越野车全驱动时，灯亮
		54	空气滤清器堵塞指示灯
46	差速锁连锁指示灯：车辆转弯时必须脱开	55	液力变扭器开关指示灯
47	排气制动指示灯：下长坡时，堵住排气管，利用发动机阻力使汽车减速；踩离合器、加油时自动解除	56	柴油粗滤器中积水超限报警灯
		57	喇叭按钮标志

续表

	图形或文字符号	说　明		图形或文字符号	说　明
58	(点烟器图标)	点烟器标志：按下点烟器手柄即接通电路，发热体烧红后（约几秒钟）自动弹出，可供点烟用	66	(增热器图标)	增热器开关指示灯、除霜线指示灯：常为后窗碳粉加热
			67	(刮水器图标)	风挡玻璃刮水开关指示灯
59	(发动机罩图标)	发动机罩开启拉手指示	68	WASHER	风挡玻璃洗涤开关指示灯
60	TRUNK	行李舱盖开启拉手或电动按钮指示灯	69	(刮水洗涤图标)	风挡玻璃刮水洗涤开关指示灯：OFF—断开；INT—间歇；LO—低速；HI—高速
61	DOOR	门未关报警灯，在仪表盘上设此灯			
62	(坐垫加热图标)	坐垫加热指示灯	70	(后窗刮水图标)	后窗玻璃刮水指示灯和开关标志
63	(室内灯图标)	室内灯门控挡：当门关严后室内灯灭，此外还有手控长明挡（ON）及断开挡（OFF）	71	(后窗洗涤图标)	后窗玻璃洗涤开关指示灯
			72	(前照灯刮水图标)	前照灯刮水洗涤开关指示灯
64	P R N D 2 L	自动变速器挡位指示灯：P—停车制动；R—倒挡；N—空挡；D—前进挡，自动在1⇌2⇌3⇌4挡间变速；2—锁定挡，自动在1⇌2挡间变速，用于上、下陡坡时；L—低挡，只允许1挡行驶，用于上、下陡坡时	73	(车窗升降图标)	车门玻璃升降开关指示灯：UP—升起；DOWN—降下
			74	A/C	空调系统制冷/压缩机开启指示灯
			75	FAN	空调系统鼓风机开启指示灯
			76	VENT	空调系统通风（吹脸）挡
65	ECTPWR	电控自动变速器有两种已编程好的换挡方式，即正常模式（Normal）和动力模式（Power），用开关选择动力模式时，指示灯亮	77	HEAT	空调系统加热（吹脚）挡
			78	BI-LEVEL	空调系统双层（上冷下热）挡
			79	DEF-HEAT	空调系统除霜与加热（吹）挡

续表

图形或文字符号	说　明	图形或文字符号	说　明
80　DEF	 风挡玻璃除霜、除雾指示灯	84　EXH TEMP	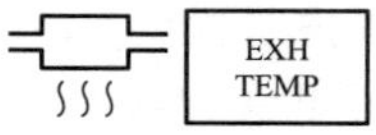 排气温度超过一定限度时此灯亮
81　Outside	 车外新鲜空气循环风道开启指示灯（FRESH）	85	 后视镜加热指示灯
82　Inside	 车内空气循环风道开启指示灯（REC）	86	 后视镜镜面上、下调节与左、右调节开关标志
83	 驾驶室锁止：可倾翻的驾驶室回位时没有到达规定锁止状态时，灯亮报警	87　AIR MPa	 空气压力表：常用于气压制动系统中双管路气压指示
		88	 空气滤清器堵塞信号报警灯

二、汽车电气基础元件的表达方法

汽车电气基础元件主要是指保险装置、继电器、开关、导线与线束、插接器、中央配电盒等，它们是汽车电路的基本组成部分。

（一）保险装置

汽车上的保险装置主要有熔断器、易熔线和断路器。

1. 熔断器

熔断器也称为保险丝，在电路中起保护作用。当电路中流过超过规定的电流时，熔断器的熔丝自身发热而熔断，切断电路，防止烧坏电路连接导线和用电设备，并把故障限制在最小范围内。熔断器的主要元件是熔丝（片），其材料是锌、锡、铅、铜等金属的合金。常见熔断器按外形分可分为熔片式、熔管式、绝缘子式、缠丝式、插片式等，如图1-6所示。通常情况下，将很多熔断器组合在一起安装在熔断器盒内，在熔断器盒盖上注明各熔断器的名称、额定容量和位置，并用不同的颜色来区别熔断器的容量。图1-7所示是奥迪A6轿车熔断器盒。

一般情况下，环境温度在18 ℃~32 ℃且流过熔断器的电流为额定电流的1.1倍时，熔丝不熔断；在达到1.35倍时，熔丝在60 s内熔断；在达到1.5倍时，电流在20 A以内的熔丝在15 s内熔断，电流为30 A的熔丝在30 s内熔断。

熔断器在使用中应注意以下几点：

（1）熔丝熔断后，必须找到真正的故障原因，彻底排除故障。

（2）更换熔断器时，新熔断器一定要与原熔断器规格相同；汽车上增加用电设备时，不要随意改用容量大的熔断器，最好另外安装熔断器。

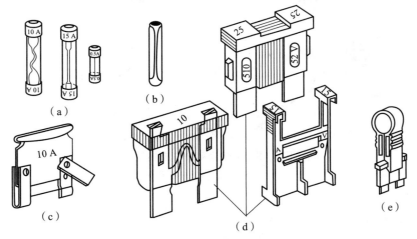

图1-6 熔断器的种类

（a）熔管式；（b）绝缘子式；（c）缠丝式；（d）插片式；（e）插片式熔断器插拔器

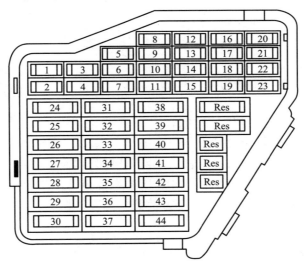

图1-7 奥迪A6轿车熔断器盒

熔丝颜色：30A—绿色；25A—白色；20A—黄色；15A—蓝色；10A—红色；7.5A—棕色；5A—米色。

（3）熔断器支架与熔断器接触不良会产生电压降和导致发热现象，安装时要保证良好的接触。

> **提示**：行驶途中熔断器的熔丝熔断后的应急处理：可用其他电路相同或稍大容量的熔断器替代，一旦到达目的地或有新熔断器时，应及时更换。

2. 易熔线

易熔线是一种大容量的熔断器，用于保护电源电路和大电流电路（见图1-8）。易熔线在使用时应注意：①绝对不允许换用比规定容量大的易熔线；②易熔线熔断，可能是由于主要电路发生短路,因此需要仔细检查,彻底排除隐患;③不能和其他导线绞合在一起。

图1-8 易熔线实物与连接位置
1—易熔线;2—蓄电池正极

3. 断路器

断路器通过断开电路和截断电流来防止导线和电子元件过热和可能因此造成的火灾,在电路中用于防止有害的过载(额外的电流)。断路器是机械装置,它利用两种不同金属(双金属)的热效应断开电路(见图1-9)。如果额外的电流经过双金属带,双金属带弯曲,触点开路,阻止电流通过。当断路器冷却后,触点再次闭合,电路导通。当无电流时,双金属带冷却而使电路重新闭合,断路器复位。

前照灯电路是应用断路器代替熔断器的一个极好的例证。前照灯电路中任何地

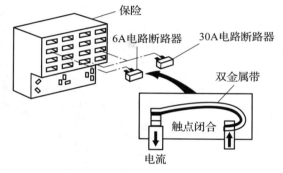

图1-9 断路器

方发生短路或接地都会引起额外的电流,并会因此断开电路。若在夜晚突然失去前照灯,则会产生灾难性的后果。可是,断路器在断开电路后会迅速闭合电路,从而避免了电路过热,也提供了充足的电流以保持至少部分前照灯能够工作。

(二)继电器

继电器是利用电磁或机电原理及其他方法(如热电或电子),实现自动接通或切断一对或多对触点,以完成用小电流控制大电流的装置。在电路中设置继电器可以减小控制开关的电流负荷,减少烧蚀等现象的发生,保护电路中的控制开关,如进气预热继电器、空调继电器、喇叭继电器、雾灯继电器、中间继电器、风窗刮水器/清洗器继电器、危险报警与转向闪光继电器等。继电器通常分为动合(N.O)继电器,动断(N.C)继电器和混合型继电器。继电器的外形、电路符号和内部结构示意如图1-10~图1-12所示,继电器的每个插脚都有标号,与中央接线盒正面板的继电器插座的插孔标号对应,见表1-9。

图1-10 继电器

图1-13所示为小型标准通用继电器及其插脚布置。

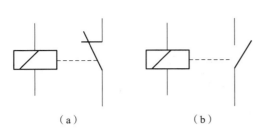

图 1-11 继电器的电路符号　　　　图 1-12 继电器内部结构示意

(a) 触点常闭继电器符号；(b) 触点常开继电器符号

表 1-9　常见继电器的外形、内部电路及引线标号

型号	外形	内部电路	引线标号	颜 色
1T				黑
1M				蓝
2M				棕
1M1B				灰

汽车上的继电器有很多，常见的有 3 类：动合继电器、动断继电器和混合型继电器。这 3 类继电器的工作状态见表 1-10。其中，动合继电器平时触点是断开的，继电器动作后触点才闭合；动断继电器平时触点是闭合的，继电器动作后触点才断开；混合型继电器平时动断触点接通，动合触点断开，如果继电器线圈通电，就变成相反状态。

(三) 开关

开关的作用是接通或切断电气设备工作的电路。开关的种类有很多，有机械式、气动式、温控式、液压式等。下面仅对机械式开关作简单介绍。

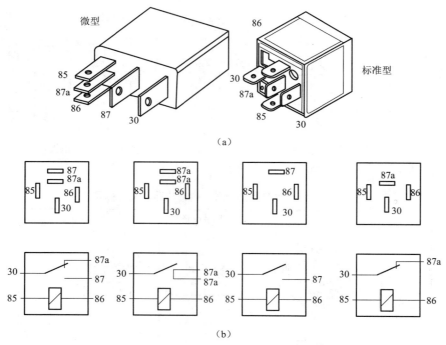

图 1-13 小型标准通用继电器及其插脚布置

(a) 小型标准通用继电器外形；(b) 小型标准通用继电器插脚布置

表 1-10 继电器的工作状态

状态	动合继电器	动断继电器	混合型继电器
正常（通常）状态			
线圈通电时的状态			

图1-14所示是点火开关的3种表示方法。点火开关的功能主要有：锁住转向盘转轴（LOCK挡）、接通仪表指示灯（ON或IG挡）、起动发动机（ST或START挡）、给附件供电（A_{CC}挡主要是收放机专用）和预热发动机（HEAT挡）。其中，起动、预热挡工作时消耗电流很大，开关不宜接通过久，所以这两个挡位在操作时必须用手克服弹簧力，扳住钥匙，一松手就弹回点火挡，不能自行定位；其他各挡位均可自行定位。

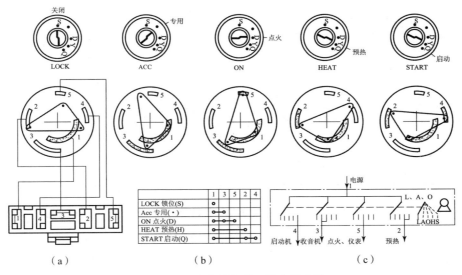

图1-14 点火开关的3种表示方法
(a) 结构图表示法；(b) 表格表示法；(c) 图形符号表示法

有些车辆（如捷达、桑塔纳、奥迪等轿车）的点火开关在发动机工作时具有防止误起动功能。

几种常见车型点火开关的挡位与接线柱的对应关系见表1-11。

表1-11 点火开关的挡位与接线柱的对应关系

						连 线 柱 标 志					厂家或车型
						电源	附件	点火仪表指示灯	起动	预热	停车灯	
						1	3	2	4			解放
						1	3	5	4	2		跃进
挡 位 符 号						30	15A	15	50	17、19	P	依维柯
—	解放1092	跃进	富康	依维柯	日产、丰田	B	A	IG	ST	H		日本
						B1、B2、B3	A	I1、I3	C	R1、R2		日产
						AM1、AM2	A_{CC}	IG	ST1、ST2			丰田
锁定	O	S	O	STOP	LOCK	O———————————————O						

续表

			连线柱标志					
		电源	附件	点火仪表指示灯	起动	预热	停车灯	厂家或车型
		1	3	2	4			解放
		1	3	5	4	2		跃进
挡位符号		30	15A	15	50	17.19	P	依维柯
断开	O S O STOP OFF	○						
附件（专用）	3 ○ A A_{CC}	○——○						
点火（工作）	1 D M MAR ON 或 IG	○——○——○						
起动	2 Q D AVV START	○		○——○——○				
预热	4 H HEAT	○				○		

例如：法国雪铁龙车系点火开关的表示方法如图 1 – 15 所示，各挡位工作状态见表 1 – 12。

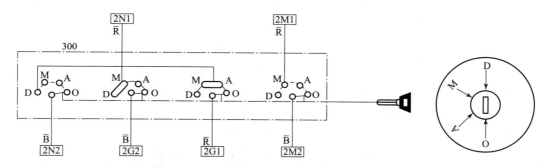

图 1 – 15　法国雪铁龙车系点火开关的表示方法

表 1 – 12　点火开关各挡位工作状态

挡位 \ 端子	2N1（供电端子）	2N2	2G2	2G1	2M1（供电端子）	2M2
O（锁止）						
A（附件）	○			○		
M（点火）	○		○		○——○	
D（起动）	○	○——○				

（四）导线与线束

汽车用导线有高压导线和低压导线两种，它们均采用铜质多芯软线。

1. 低压导线

汽车低压导线与普通家用电线是不一样的。普通家用电线是铜质单芯电线,有一定硬度。而汽车用导线都是铜质多芯软线,有些软线细如毛发,几条乃至几十条软线包裹在塑料绝缘管(聚氯乙烯)内,柔软而不容易折断。

(1) 导线的截面面积。导线的截面面积主要根据其工作电流选择,但是对于一些工作电流较小的电器,为保证具有一定的机械强度,导线截面面积不得小于 0.5 mm²。各种低压导线标称截面面积所允许的负载电流见表 1-13。

表 1-13 低压导线标称截面面积所允许的负载电流

低压导线标称截面面积/mm²	1.0	1.5	2.5	3.0	4.0	6.0	10	13
允许的负载电流/A	11	14	20	22	25	35	50	60

所谓标称截面面积是经过换算而统一规定的线芯截面面积,不是实际线芯的几何面积,也不是各股线芯的几何面积之和。

汽车 12 V 电气系统主要线路导线标称截面面积推荐值见表 1-14。

表 1-14 汽车 12 V 电气系统主要线路导线标称截面面积推荐值

标称截面面积推荐值/mm²	用 途
0.5	尾灯、顶灯、指示灯、仪表灯、牌照灯、刮水器、时钟、燃油表、水温表、油压表等电路
0.8	转向灯、制动灯、停车灯、断电器等电路
1.0	前照灯、电喇叭(3 A 以下)电路
1.5	前照灯、电喇叭(3 A 以上)电路
1.5~4.0	其他 5 A 以上电路
4~6	柴油车电热塞电路
6~25	电源电路
16~95	起动电路

(2) 导线颜色。各国汽车厂商在汽车电路图上多以字母(主要是英文字母)表示导线外皮的颜色及其条纹的颜色。日本常用单个字母表示,个别用双字母表示,其中后一位是小写字母;中国标准大体上与此相同。美国常用 2~3 个字母表示一种颜色,如果导线上有条纹,则要书写较多字母。德国汽车导线颜色代号,各厂商甚至各牌号不尽一致。也有的厂商如斯坎尼亚的汽车导线采用数字代号表示颜色。汽车用导线颜色代号见表 1-15。

另外,导线颜色要容易区别。如常用黑、白、红、绿、黄、蓝、灰、棕、紫;其次为粉红、橙、棕褐;再次为深蓝、浅蓝、深绿、浅绿。在导线上采用条纹标志要对比强烈,如黑白、白红……双色线的主色所占比例大些,辅助色所占比例小些。辅助色条纹与主色条纹沿圆周表面的比例为 1∶3~1∶5。双色线标注的第一色为主色,第二色为辅助色。

表 1-15 汽车用导线颜色代号

颜色\车型	全称	丰田	本田	通用	福特	克莱斯勒	宝马	奔驰	三菱	米切尔	米切尔选用
黑色	Black	B	BLK	BLK	BK	BK	BK	SW	B	BLK	BK
棕色	Brow	BR	BRN	BRN	BR	BR	BR	BR	BR	BRN	BN
红色	Red	R	RED	RED	R	RD	RD	RT	R	RED	RD
黄色	Yellow	Y	YEL	YEL	Y	YL	YL	GE	Y	YEL	YL
绿色	Green	G	GRN	GRN	GN		GN	GN	G	GRN	GN
蓝色	Blue	L	BLU	BLU	BL		BU	BL	L	BLU	BU
紫罗兰色	Violet	V				VT	VI	VI	V	VIO	VI
灰色	Grey	GR	GRY	GRY	GY	GY	GY	GR	GR	GRY	GY
白色	White	W	WHT	WHT	W	WT	WT	WS	W	WHT	WT
粉红色	Pink	P	PNK	PNK	PK	PK	PK		P	PNK	PK
橙色	Orange	O	ORN	ORN	O	OR	OR		O	ORN	OG
褐色	Tan			TAN	T	TN	TN			TAN	TN
本色	Natural				N						
紫红色	Purple		PUR	PPL	P					PPL	PL
深蓝色	Dark Blue			DK BLU		DB				DK BLU	DK BU
深绿色	Dark Green			DK GRN		DG				DK GRN	DK GN
浅蓝色	Light Blue			LT BLU		LB			SB	LT BLU	LT BU
浅绿色	Light Green			LT GRN		LG			LG	LT GRN	LT GN
透明色	Clear			CLR						CLR	CR
象牙色	Ivory							EI			
玫瑰色	Rose							RS			

注："奔驰"一栏中的代码为奔驰、大众等德国车系导线颜色代号。

（3）线束。汽车用低压导线除蓄电池导线外，都用绝缘材料如薄聚氯乙烯带缠绕包扎成束，以避免水、油的侵蚀及磨损。在线束布线过程中不许拉得太紧，线束穿过洞口或绕过锐角处都应有套管保护。线束位置确定后，应用卡簧或绊钉固定，以免松动损坏。

目前，不管是高级豪华汽车还是经济型普通汽车，线束编成的形式基本上是一样的，都由电线、联插件和包裹胶带组成，如图 1-16 所示。

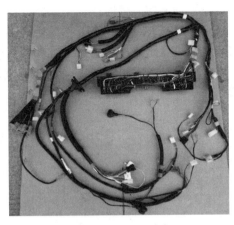

图 1-16 汽车线束

> 提示：在检测电路时不要拆下线束的保护性胶带，否则可能导致渗水，磨损后容易出现短路。

2. 搭铁线

汽车电气系统使用直流电，采用串联、并联或者串并混联电路，所有电路都有正极和负极。从负载引出的回路都要通过导线直接连接到蓄电池的负极接线端。如果采取分立接线方式，蓄电池上的导线就会有上百条之多。为了节约导线材料和方便安装，一般汽车电路都采用单线制，即蓄电池正极线直接与各用电设备连接，蓄电池负极线直接搭在车架金属机件上，用电设备的负极线也就近搭在车架金属机件上，利用发动机和汽车底盘（梁架）的金属体作公共通道。这种负极线与车体相连的方式称为搭铁，也称为接地或接铁。

汽车上一般有两条以上主搭铁线：其中一条是蓄电池负极线；另一条是发动机与大梁之间的搭铁线。为了保险起见，还有变速器与大梁之间、车厢金属壳体与大梁之间的搭铁线。这些搭铁线形式与普通导线有所不同，一般是扁平的铜质或铝质编织线，电流承载量大，如图 1-17 所示。

汽车电气系统中搭铁不良的现象很容易发生。例如，发动机搭铁线紧固螺栓松动，或者重接搭铁线时随便安装，或者搭铁线接头腐蚀电阻增大，这些都会造成接触不良，迫使电流试图通过另外的回路，引起电压下降或工作失效。搭铁不良会造成电气线路的许多显性或隐性故障。在点火系统中，如果发动机搭铁不良，就会造成火花塞的火花弱，汽车动力减弱。在现代汽车上，搭铁不良还会造成点火电子模块损坏。在起动电路中，如果发动机搭铁不良，会造成起动机转速减慢，电枢发热，时间稍长还很容易烧毁起动机。

图 1-17 搭铁线

在灯光电路中，如果灯具搭铁不良，就会造成灯光不亮或者灯光暗淡，为行车增添危险。因此,认识搭铁线的作用可以避免检查电气故障时产生失误。

3. 高压导线

在汽车点火线圈至火花塞之间的电路使用高压点火线,即高压导线,简称高压线。它分为普通铜芯高压线及高压阻尼点火线,带阻尼的高压线可抑制和衰减点火系统产生的高频电磁波,降低对无线电设备及电控装置的干扰。

(五) 插接器

插接器就是通常说的插头和插座,用于线束与线束或导线与导线的相互连接。为了防止插接器在汽车行驶中脱开,所有插接器均采用闭锁装置。

下面以日本汽车使用的插接器为例介绍其相关知识。

1. 插接器的识别方法

插接器的符号和实物如图 1-18 所示。黑色表示插头,白色表示插座,带有倒角的表示针式插头。

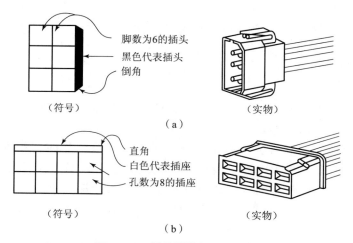

图 1-18 插接器的符号和实物
(a) 插头;(b) 插座

2. 插接器的连接方法

插接器接合时,应把插接器的导向槽重叠在一起,使插头和插孔对准,然后平行插入即可十分牢固地连接在一起。插接器的连接方法如图 1-19 所示。例如 A 线的插孔①与 a 线的插头①′是配合的,其余依此类推。

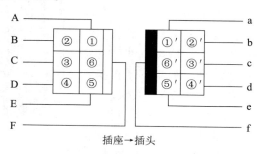

图 1-19 插接器的连接方法

> 提示：在进行断开插接器操作时，要先解除闭锁，抓住插接器拉开即可。注意不要抓住导线拉。

（六）中央配电盒

中央配电盒亦称熔断器/继电器盒，是一个多功能电子化控制器件。它将全车的大多数熔断器、断路器、继电器集中在一起，是整车电路的控制中心。使用中央配电盒能实现集中供电、减少接线回路、简化线束、减少插接件、节省空间、减小整车质量等。

图1-20所示是一汽大众高尔夫轿车的主中央配电盒，它位于驾驶室内，其上集中了7个熔断器和17个继电器。

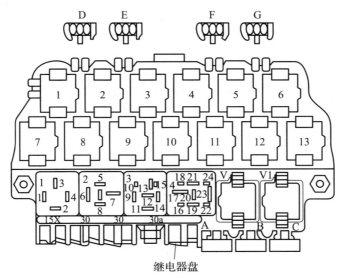

图1-20　一汽大众高尔夫轿车的主中央配电盒

A~G 为熔断器：A—座椅调节；B、D、E—未使用；C—玻璃升降器、中央门锁及加热式外后视镜
（指带舒适系统及电动门窗升降器的汽车）；F—防盗警报闪光；G—防盗警报喇叭
1~13 为继电器：1—喇叭继电器；2—X 触点卸荷继电器；3、7~13—未使用；
4—燃油泵继电器；5、6—雨刮器间歇挡继电器。
图中下部4个继电器：1—行李舱锁继电器；2—启动锁和倒车灯继电器；
3—主继电器；4—二次空气泵继电器

图1-21所示是一汽大众高尔夫轿车的熔断器中央配电盒，它位于仪表板左侧的熔丝支架上，其上集中了44个熔断器。

中央配电盒一般由中央配电盒盖、座及配电盒主体组成，在中央配电盒盖上标有各熔断器和继电器的位置及功能说明。中央配电盒总成一般安装在散热良好、方便插接的地方，大多安装在汽车前风窗玻璃外左下角、发动机舱盖的下面、仪表板侧端，或驾驶室内驾驶员腿上方护罩夹层中。

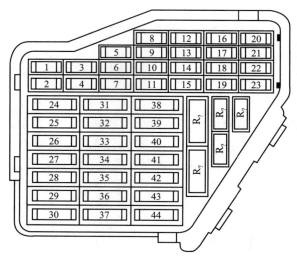

图1-21 一汽大众高尔夫轿车的熔断器中央配电盒

学习任务三　各电气系统的特点与接线规律

学习任务单

任务名称		各电气系统的特点与接线规律
学习目标	专业能力	掌握各电气系统的特点； 掌握各电气系统的接线规律； 能够读懂汽车各电气系统电路原理图； 掌握汽车电路图中常见接线柱的标志。
	社会能力	具备团队学习能力； 具备良好的沟通和表达能力； 具备分工协作能力； 具有安全、环保等责任意识。
	方法能力	扩展相应的信息收集能力； 能够独立使用各种媒介完成学习任务； 能够进行学习结果的评价与反思。
学习准备		预习汽车各电气系统的基本知识； 能够上网查阅资料的计算机、各车型汽车电路图、学习软件、电气实验台或实验车辆等。
方法建议		建议小组学习，分工协作，共同完成； 制订学习计划； 做好记录，各小组选派代表展示学习成果； 评议各小组展示的学习成果。

续表

任务名称	各电气系统的特点与接线规律
学习总结	提炼出学习难点,总结完成学习任务的经验。
探讨问题	1. 汽车起动系统接线有何规律? 2. 大家在一起比一比,看谁对接线柱标记含义知道得更多。

相关知识

一、各电气系统的基本组成与功用以及接线规律

当在错综复杂的汽车电路上解决具体问题时,往往要将某些电器或电路从全车电路中分离出来。在掌握电气系统工作基本原理的基础上,还要了解这一部分电路与全车电路有哪些关联,它们在接线上有哪些规律可循。虽然各国各厂家汽车电路差别很大,但它们还是遵循一些基本的规律。

(一) 汽车电源系统

1. 汽车电源系统的基本组成与功用

汽车电源系统主要由蓄电池、交流发电机、电压调节器等组成,如图1-22所示。蓄电池与交流发电机并联向用电设备供电。交流发电机与电压调节器互相配合工作,其主要任务是对除起动机以外的所有用电设备供电,并向蓄电池充电。

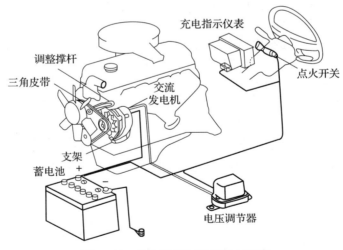

图1-22 汽车电源系统的基本组成

蓄电池是汽车中的重要部件,它的功能是提供汽车起动的电能和调整发电机输出与负荷之间不平衡的状态。

当发动机不工作或转速较低时,蓄电池向用电设备供电;当用电设备的用电功率大于交流发电机输出功率时,蓄电池与交流发电机并联向用电设备供电;当用电设备的用电功率小于交流发电机输出功率时,交流发电机向蓄电池和用电设备供电。

2. 汽车电源系统的接线规律

典型汽车电源系统电路如图 1-23 所示。

（1）交流发电机与蓄电池并联，蓄电池必须负极搭铁。蓄电池正极经电流表（或直接）接交流发电机正极，蓄电池静止电动势常为 11.5~13.5 V。交流发电机输出电压常限定为 13.8~15 V（24 V 电气系统为 28~30 V），交流发电机工作时正常电压比蓄电池高出 0.3~3.5 V，以克服电路压降使蓄电池充足电又不致过充电。

（2）电流表串联在交流发电机正极与蓄电池正极之间，用以反映蓄电池充放电程度。要使交流发电机充电电流从电流表正极进去，指针偏向正端，而在蓄电池往外放电时（电流从负极进去），指针偏向负端。超过电流表量程的负载如起动机、预热塞、喇叭等的电流不要经过电流表，交流发电机正常工作时向

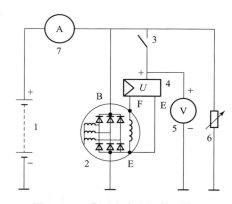

图 1-23 典型汽车电源系统电路

1—蓄电池；2—交流发电机；3—点火开关；
4—电压调节器；5—电压表；
6—用电设备；7—电流表

其他负载供电的电流不通过电流表，而当交流发电机不工作时，蓄电池向其他负载供电的电流必须通过电流表。

现代汽车多用充电指示灯代替电流表，其缺点是不知充、放电电流的大小，过充电不易被发现。

（3）电压表接在点火开关之后，只在点火开关接通时显示系统电压。电压表量程用于精确指示蓄电池存电是否充足，以及交流发电机电压是否过高。12 V 电气系统常为 10~18 V，24 V 电气系统常为 20~36 V。

（4）交流发电机要有他励电流。交流发电机体积小，硅钢片用量少，剩磁微弱，靠剩磁发电往往要较高的转速才能建立起工作电压，且不易控制。交流发电机低速发电靠他励——蓄电池——供给励磁电流（见图 1-23），点火开关接通即可供给，其电流为 2~2.5 A；交流发电机转动即可发电。其缺点是：若忘记关点火开关，则将使蓄电池放电过多，烧毁磁场线圈。

图 1-24 所示为整体式交流发电机，为了正常发电，也由点火开关控制输入他励电流，但其数值大小受充电指示灯 4 和并联电阻 8 的限制。实践表明：交流发电机达到 14 V 时的零电流转速与励磁电流大小有关，如能保证励磁电流在 0.3 A 左右，不仅可将零电流转速限制在 1 200 r/min 以下，而且这个电流还点亮了充电指示灯，又不致使蓄电池过放电。由于充电指示灯电流过小（或为发光二极管），可以将充电指示灯与适当电阻并联，此方案多见于德国大众车系和日本尼桑车系。

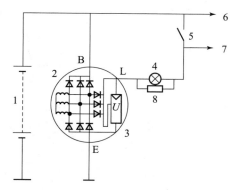

图 1-24 整体式交流发电机

1—蓄电池；2—整体式交流发电机；3—内装
集成（IC）电压调节器；4—充电指示灯；
5—点火开关；6—其他负载；7—点火、
仪表指示灯；8—并联电阻

（5）交流发电机磁场线圈的搭铁点。采用外装电压调节器的交流发电机的磁场线圈搭铁方式有两种：一种是磁场线圈直接在交流发电机内部搭铁，如国产东风 EQ1092 型和 BJ2020 型汽车的交流发电机；另一种是磁场线圈不在交流发电机内部搭铁，而是通过电压调节器搭铁，如解放 CA1092 型汽车的交流发电机。

（二）起动系统

1. 起动系统的基本组成与功用

发动机在燃料供给系统、点火系统（汽油机）、汽缸压力正常的情况下，设法使曲轴转速达到一定值即可被起动。起动系统的功用就是通过转动曲轴起动发动机，在发动机起动之后，起动系统便立即停止工作。

发动机常用的起动方式有人力起动、辅助汽油机起动和电力起动机起动 3 种。目前大多数运输车辆都已采用电力起动机起动方式，电力起动机起动方式是由直流电动机通过传动机构将发动机起动，它具有操作简单、体积小、质量小、安全可靠、起动迅速、可重复起动等优点。

电力起动系统一般由蓄电池、起动机、起动继电器和点火开关等组成，如图 1-25 所示。起动机安装在汽车发动机飞轮壳前端的座孔上。

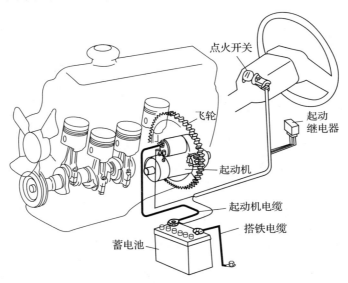

图 1-25 起动机在发动机上的安装

2. 起动系统的接线规律

（1）点火开关直接控制起动机的电路如图 1-26 所示。点火开关在起动挡直接控制起动机的吸拉线圈和保持线圈，多见于 1.2 kW 以下起动机的汽车电路。1.5 kW 以上的起动机，其磁场线圈的电流在 40 A 以上，用起动继电器触点作为开关，点火开关起动挡只通过起动继电器线圈的控制电流（不超过 1 A）。

（2）带起动保护与充电指示灯的起动电路如图 1-27 所示。

当点火开关在 0 挡时，电路均断开。

当点火开关在 1 挡时（未起动），供电电路有：①对交流发电机 5 励磁；②点火线圈 8、

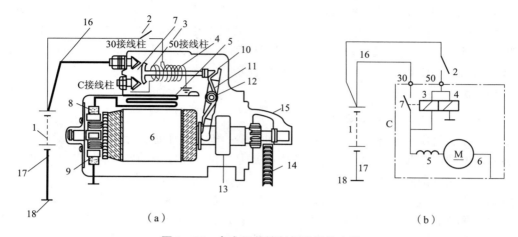

图 1-26 点火开关控制起动机的电路

(a) 结构原理图；(b) 电路原理图

1—蓄电池；2—点火开关；3—吸拉线圈；4—保持线圈；5—磁场线圈；6—电枢转子；7—主触点与触盘；
8—绝缘碳刷架及磁场碳刷；9—搭铁碳刷；10—移动铁芯及拉杆；11—拨叉；12—拨叉轴；
13—单向离合器；14—发动机飞轮；15—驱动端盖；16—蓄电池火线；
17—蓄电池搭铁线；18—蓄电池搭铁点

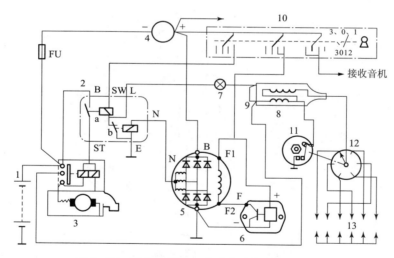

图 1-27 带起动保护与充电指示灯的起动电路

1—蓄电池；2—起动机继电器；3—起动机；4—电流表；5—交流发电机；6—电压调节器；7—充电指示灯；
8—点火线圈；9—点火线圈的附加电阻；10—点火开关；11—断电器；12—分电器；13—火花塞

仪表、充电指示灯 7。

当点火开关在 2 挡时，点火开关在接通上述电路的同时接通起动机继电器：蓄电池（+）→电流表 4→点火开关 10→起动机继电器 2（线圈 a→常闭触点 b）→搭铁→蓄电池（-）。结果是常开触点 a 吸合，起动机 3 的吸拉、保持线圈得电，起动机小齿轮与飞轮齿圈啮合，同时将主电路触桥接通：蓄电池（+）→触桥→起动机磁场线圈→起动机电枢→搭铁→蓄电池（-），起动机驱动主机。与此同时，触桥将点火线圈旁路触点接通，电流直通点火线圈初级，点火线圈的附加电阻被隔除在外。

发动机点火工作后，交流发电机 5 的中性点 N 的对地电压（约为交流发电机调节电压的 1/2）使起动机继电器 2 中的起动保护继电器常闭触点 b 断开，切断充电指示灯搭铁电路，充电指示灯熄灭，表明交流发电机工作正常。同时也切断了起动机继电器线圈的搭铁通路，当发动机正常工作时，即使误将点火开关扳到 2 挡，起动机小齿轮也不会与飞轮齿圈啮合，避免打坏飞轮齿圈与起动机，起到保护起动机的作用。

（三）照明系统

1. 照明系统的基本组成与功用

汽车照明系统主要用于夜间行车照明、车内照明、仪表照明及检修照明。汽车照明系统主要由照明设备、电源、电路、控制开关组成，其主要照明设备如下：

（1）前照灯。前照灯（前大灯）装于汽车头部两侧，用于夜间行车道路的照明。其有两灯制和四灯制之分，功率一般为 40~60 W。

（2）雾灯。雾灯有前雾灯和后雾灯两种。前雾灯装于汽车前部比前照灯稍低的位置，用于在雨雾天气行车时道路的照明；为保证雾天高速行驶的汽车向后方车辆或行人提供本车位置信息，交通管理部门规定，运行车辆在车辆后部加装功率较大的后雾灯，以降低交通事故发生率。雾灯的光色规定为波长较大的黄色、橙色或红色。

（3）牌照灯。牌照灯装于汽车尾部的牌照上方，用于夜间照亮汽车牌照。

（4）仪表灯。仪表灯装于汽车仪表板上，用于仪表的照明，以便于驾驶员获取行车信息和进行正确操作，其数量根据仪表设计布置而定。

（5）顶灯。顶灯装于驾驶室或车厢顶部，用于车内的照明。

（6）工作灯。工作灯用于排除汽车故障或检修时的照明。汽车上一般只装工作灯插座，配带导线及移动式灯具。

目前，多将前照灯、雾灯、前位灯等组合起来，称为组合前灯；将后位灯、后转向信号灯、制动信号灯、倒车灯组合起来称为组合后灯。各照明设备的安装位置如图 1-28 所示。

2. 照明系统的接线规律

汽车照明系一般由前照灯、示宽灯（位置灯）、尾灯（后示宽灯）、牌照灯、仪表灯、室内灯等组成。其中，前照灯又分为远光灯与近光灯，由变光开关控制。

照明系统一般电路如图 1-29 所示，其接线规律可归纳如下：

（1）照明灯由灯光开关 9 控制，灯光开关 9 在 0 挡关断，1 挡为小灯亮（包括示宽灯、尾灯、仪表灯、牌照灯），2 挡为前照灯，小灯同时亮。

（2）照明系统的电流一般直接来自蓄电池正极，不受点火开关控制。由于前照灯远光功率较大，为了减少灯光开关 9 的烧蚀，常用前照灯继电器来控制通断，开关的 2 挡用于控制继电器线圈（见图 1-30）。

（3）超车灯信号常用远光灯的亮灭来表示，发出此信号时不通过灯光开关，属于短时接通按钮式（见图 1-29 和图 1-30）。

（4）现代汽车的照明系统常用组合开关集中控制，组合开关多装在方向柱上，位于转向盘下侧，操作时驾驶员的手可以不离开转向盘。

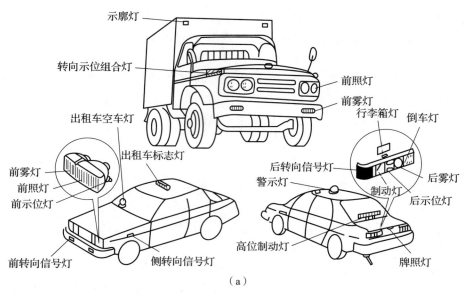

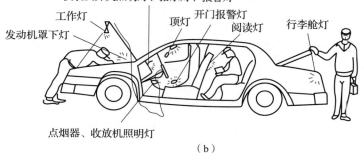

(b)

图 1-28 各照明设备的安装位置

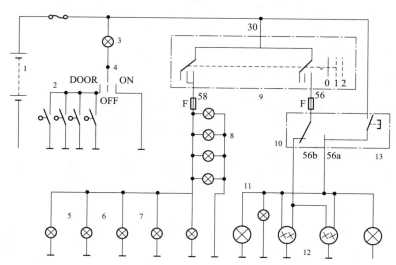

图 1-29 照明系统一般电路

1—蓄电池；2—门控开关；3—室内灯；4—室内灯手控开关；5—示宽灯；6—尾灯；7—牌照灯；8—仪表灯；9—灯光开关；10—变光开关；11—远光指示灯；12—前照灯（4 灯亮远光、2 灯亮近光）；13—超车灯开关

(四) 仪表与报警系统

1. 仪表与报警系统的基本组成与功用

为了了解汽车主要部分的工作情况,及时发现和排除故障,汽车上装有各种测量仪表,如机油压力表、冷却液温度表、燃油表、车速表、里程表、发动机转速表、电流表、电压表等。这些仪表除应结构简单、工作可靠、耐震、抗冲击性好外,仪表的示数还必须准确,在电源电压波动时变化应尽可能小,且不随周围温度的变化而改变。

现代汽车广泛采用组合式仪表。组合式仪表将车速表、里程表、冷却液温度表、燃油表、机油压力表、发动机转速表等不同的仪表表心、指示灯和警告灯等安装在同一外壳内组合而成,具有结构紧凑、体积小、便于安装和组合接线等特点,容易实现仪表的多功能要求。

汽车仪表按其工作原理分为机电模拟式仪表和电子式仪表。机电模拟式仪表在汽车上应

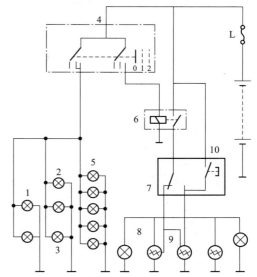

图 1-30 带前照灯继电器的照明系统电路
1—示宽灯;2—尾灯;3—牌照灯;4—灯光开关;
5—仪表灯;6—前照灯继电器;7—变光开关;
8—远光灯及远光指示灯;9—近光灯丝;
10—超车灯开关

用最为广泛,但随着汽车电子技术的不断发展,近年来电子式仪表在汽车上特别是高档轿车上的应用越来越多。

图 1-31 所示为通用赛欧轿车的组合式仪表,仪表板上有冷却液温度表,燃油表,车速表、里程表、发动机转速表以及发动机冷却液温度过高、机油压力不足、燃油量不足、制动系统故障等报警灯和转向、远光、蓄电池充电等指示灯。

2. 仪表与报警系统的接线规律

仪表与报警系统的一般电路如图 1-32 所示。仪表与报警系统的接线规律可以归纳如下:

(1) 所有仪表都受点火开关控制,在点火开关的工作挡(ON)和起动挡(ST)与电源接通,在附件专用挡(A_{CC})与电源断开。

(2) 各仪表的表头与其传感器串联,燃油表、水温表一般还串有仪表稳压器。

(3) 指示灯、报警灯常与仪表装配在一个总成内或在附近布置,它们与仪表一起同时受点火开关的工作挡与起动挡控制。在工作挡应能检验大多数仪表、指示灯、报警灯是否良好。

指示灯与报警灯按照电路接法可分为两种:一种是指示灯泡接点火开关火线(15 号线或 IG 线),外接传感开关。开关接通则搭铁构成通路,灯亮,如蓄电池充电指示灯 18、手制动指示灯 19、制动液面报警灯 20、门未关报警灯 21、机油压力报警灯 22、水位过低报警灯 24 等。另一种接法是指示灯泡接地,控制信号来自其他开关的火线端,如远光指示灯 25,转向指示灯 26(左)、27(右),座椅安全带未系报警灯 28,ABS(防抱死制动系统)指示灯 29,巡航控制指示灯 30 等。

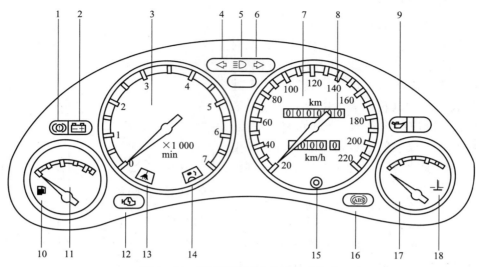

图1-31 通用赛欧轿车的组合式仪表

1—制动系统故障报警灯；2—蓄电池充电指示灯；3—发动机转速表；4—左转向指示灯；5—前照远光指示灯；6—右转向指示灯；7—车速表；8—里程表；9—机油压力指示灯；10—燃油液面高度指示灯；11—燃油表；12—发动机电控系统指示灯；13—座椅安全带未系报警灯；14—安全气囊指示灯；15—车速表按钮；16—ARS（驱动防滑系统）指示灯；17—冷却液温度表；18—冷却液温度指示灯

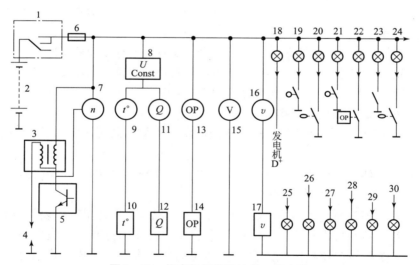

图1-32 仪表与报警系统的一般电路

1—点火开关；2—蓄电池；3—点火线圈；4—火花塞；5—点火模块；6—熔断器；7—发动机转速表；8—仪表稳压器；9—发动机冷却系统温度表；10—温度表传感器；11—燃油表；12—燃油表传感器；13—机油压力表；14—机油压力表传感器；15—电压表；16—车速表；17—车速表传感器；18—蓄电池充电指示灯；19—手制动指示灯；20—制动液面报警灯；21—门未关报警灯；22—机油压力报警灯；23—备用报警灯；24—水位过低报警灯；25—远光指示灯；26、27—左、右转向指示灯；28—座椅安全带未系报警灯；29—ABS（防抱死制动系统）指示灯；30—巡航控制指示灯

（4）汽车仪表常用双金属片电热丝式结构，表头一般只有两条线；也有双线圈十字交叉，中间有一个磁性指针的，多为3条线引出：一条接点火开关15号线（IG线），另一条线搭铁，还有一条线接传感器。

机械式仪表常不需与电路相接，如软轴传动的车速表、里程表，直接作用的弯管弹簧式制动气压表等。这些仪表读数精度较高，但要引入许多管路、软轴进入仪表盘，拆装麻烦，甚至易于泄漏，已经被电子控制仪表所代替。

（五）信号系统

1. 信号系统的组成与功用

信号系统的信号主要有转向信号、危险警告信号、制动信号、倒车信号、喇叭信号等，这些信号都是驾驶员根据道路交通情况向别的车辆和行人发出的，带有较强的随机性，一般只由自身开关控制。如制动信号多由制动踏板联动控制；倒车灯多由变速杆倒挡轴联动控制，不用驾驶员特意操作即可接通；喇叭多装在汽车前方，具有一定的声级（90~110 dB）；喇叭按钮多装在转向盘上，驾驶员手不离转向盘即可发出信号。

（1）转向信号灯。转向信号灯一般有4只或6只，装在汽车前、后或侧面，功率一般为20 W，用于在汽车转弯时发出明暗交替的闪光信号，使前、后车辆，行人，交警知其行驶方向。转向信号灯一般应具有一定的闪频，国家标准规定为60~120次/min，日本汽车转向信号灯的闪频规定为（85±10）次/min，信号效果较好，而且亮暗时间比（通电率）以3∶2为佳。

（2）危险报警灯。危险报警灯与转向信号灯共用。当车辆出现故障停在路面上时，按下危险报警灯开关，全部转向信号灯同时闪亮，提醒后方车辆避让。

（3）位灯。位灯也称为小灯，装于汽车前、后两侧边缘，用于标示汽车夜间行驶或停车时的轮廓宽度。前位灯又称为示宽灯，一般为白色或黄色；后位灯又称为尾灯，为红色。

（4）示廓灯。示廓灯主要用于空载车高3.0 m以上的客车和厢式货车，前、后各有两只，前面为白色，后面为红色，装于尽可能高的靠边缘的部位。

（5）挂车标志灯。全挂车在挂车前部的左、右各安装一只红色的挂车标志灯，其高度要求为高出全挂车的前栏板300~400 mm，距外侧车厢小于150 mm，以引起其他驾驶员的注意。

国家标准规定，汽车的位灯、示廓灯、牌照灯、仪表灯及挂车标志灯应能同时亮灭，当前照灯亮时，这些灯必须亮，当前照灯灭和发动机熄火时仍能亮。

（6）制动灯。制动灯装于汽车后面，用于当汽车制动或减速停车时，向车后发出灯光信号，以警示随后车辆及行人。制动灯多采用组合式灯具，一般与尾灯共用灯泡（双丝灯），但制动灯功率较大，为20 W左右。

（7）倒车灯。倒车灯装于汽车尾部，左、右各一只，为白色。倒车灯用于照亮车后路面，并警告车后的车辆和行人，表示该车正在倒车。

（8）驻车灯。驻车灯装于车头和车尾两侧，用于夜间停车时标示车辆形位。当接通驻车灯开关时，仪表照明灯、牌照灯并不亮，驻车灯的耗电量比位灯小。

汽车以上装置主要用于向外界传递信息，它们与照明系统一起组成了汽车灯系统。现代汽车中还有阅读灯、踏步灯、后照灯、行李灯等装置，警车、消防车、救护车和出租车等特殊类型车辆,在车顶部装有警示灯(或标志灯)。

(9) 喇叭。喇叭为声响信号装置,按下喇叭按钮,发出声响,警告行人和车辆,以确保行车安全。

2. 信号系统的接线规律

转向信号与危险警告信号电路如图 1-33 所示,其接线规律可以归纳如下:

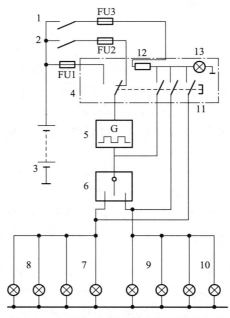

图 1-33 转向信号与危险警告信号电路
1—照明灯开关;2—点火开关;3—蓄电池;4—危险报警灯开关;5—转向闪光继电器;
6—转向灯开关;7—左转向信号灯;8—左转向指示灯;9—右转向信号灯;
10—右转向指示灯;11—危险报警灯开关;12—降压电阻;13—危险警告指示灯

(1) 转向灯 7,8(或 9,10)与转向灯开关 6 以及转向闪光继电器 5 经危险报警灯开关 4 的常闭触点与点火开关 2 串联,即转向信号灯在点火开关处于工作挡(运行)时使用。

(2) 危险报警灯的使用场合主要有:本车有故障或危险不能行驶;本车有牵引别车的任务,需要别车注意;本车需优先通过,需别车回避。

危险报警灯可以在发动机不工作时使用,此时无须接通起动系统及仪表报警灯,为此设有危险报警灯开关 11。这是一个多刀联动开关,它在断开点火开关接线 FU2 的同时,接通蓄电池接线 FU1,闪光器及灯泡电源直接来自蓄电池,并将转向闪光继电器 5 的输出端与左、右转向信号灯连在一起,即在闪光器动作时,左、右转向信号灯及指示灯同时闪光发出危险信号。

(3) 为了检测转向灯泡是否烧坏,常在转向闪光器中设有监测装置。如有转向信号灯泡烧坏,则使转向指示灯的频率明显提高或降低以提醒驾驶员更换转向信号灯泡。

(六) 电子控制系统

1. 电子控制系统电路分析

随着汽车性能的不断改善,电子控制装置逐渐增多,电子控制系统电路日趋复杂。对这一类电路图可以初步按下面的步骤分析：

（1）了解电子控制系统的功用：控制哪些元件、控制哪些物理量、哪些计算机是控制点火的、哪些计算机是控制喷油的、哪些计算机是控制自动变速器的……

（2）掌握各传感器的名称、安装部位、功用、结构原理及主要技术参数，如断电状态下的阻值，通电状态下的电位、电流值等。清楚各种传感器的信号电压是模拟量、脉冲量还是开关量。

（3）掌握各种执行器的名称、安装部位、功用、结构原理及主要技术参数。

（4）了解计算机内部主要功能块的作用，掌握各传感器、执行器之间的接线端子序号、字母代号，各端子之间的正常电压或阻值。

（5）找到计算机、各传感器、各执行器在汽车上的安装位置，区别插接器及其端子的排列序号、代号，区别各元件的形状特征。

（6）找到故障诊断插座或检测仪通信接口，按国别、厂家与车牌查找各车辆的故障代码表。用仪器读出故障代码，确定故障部位，排除故障。

2. 电子控制系统电路的接线规律

电子控制系统电路的接线规律可归纳如下：

（1）计算机控制电路必须受点火开关控制。

（2）必须有各种传感器随时输入工况信号。有些传感器如磁脉冲式或霍尔式传感器能产生脉冲电压信号，有些传感器由热敏电阻制成，阻值发生变化，输出电压也随之变化，属于模拟量电压信号，如水温、进气温度传感器等。

（3）执行机构受计算机控制。

（4）计算机工作一般有开环控制与闭环控制两种模式。燃油喷射的开环控制指的是发动机计算机接收到输入信号以后，仅根据预先设置的程序予以响应，对氧传感器的信号不予监控。开环工况如暖机工况、减速工况、节气门全开工况等。闭环控制指的是发动机计算机监测氧传感器信号，使计算机控制的喷油脉冲宽度得到理想空燃比，以达到最佳燃油经济性、低排放，此时发动机水温正常。闭环工况如怠速工况、巡航工况等。

（5）具有自诊断功能。

二、汽车电路图中接线柱的标志

为了使导线与电气元件尽可能准确无误地互相连接，汽车电路图中早就采用了大量的接线柱标记。被赋有一定含义的接线柱标记对于汽车电气产品设计制造或汽车电路配线、检修具有重要的意义。

德国是世界上汽车工业发达国家中使用接线柱标记最早，也是最成熟的国家，许多接线柱标记已被列入德国工业标准（DIN72552）。经过多次修改与补充，这些接线柱标记不仅在本国和欧洲推广，也在日本、美国的汽车电气产品中大量被引用。我国于1999年制定了国家汽车行业标准（QC/T 423—1999）。

国家汽车行业标准《汽车电器接线柱标记》（QC/T 423—1999）的主要内容如下。

（一）点火、起动、电源系统电器接线柱标记

点火、起动、电源系统电器接线柱标记如见表1-16~表1-18和图1-34~图1-45。

表1-16 点火、起动、电源系统电器接线柱标记

电器	接线柱标记		接线柱标记的含义	曾经使用过的标记
	基本标记	下标		
点火装置	1		点火线圈和分电器上,互相连接的低压接线柱;电子点火装置中,点火线圈上输入信号的低压接线柱;	—
		1a	带两个分立电路的分电器Ⅰ的低压接线柱(自点火线圈Ⅰ的低压接线柱1来);	
		1b	带两个分立电路的分电器Ⅱ的低压接线柱(自点火线圈Ⅱ的低压接线柱1来);	
		1e	电子组件上,输入信号的接线柱	—
	7		无触点分电器上,输出信号的接线柱;电子组件上,输出信号的接线柱	—
	15		点火开关和点火线圈上,互相连接的接线柱;	+
			在电子点火装置中的点火线圈上、分电器上以及电子组件上的电源接线柱	
预热起动装置	15		预热起动开关上的接其他用电设备的接线柱	BR
	19		预热起动开关上的预热接线柱;	R1
	50		预热起动开关上的起动接线柱	C、R2
一般用途(特殊规定者除外)	30		电器上接蓄电池正极或电源的接线柱;	B
	31		电器上接蓄电池负极的接线柱;	—
	E		电器上的搭铁接线柱	E

表1-17 起动系统电器接线柱标记

电器	接线柱标记		接线柱标记的含义	常用标记
	基本标记	下标		
起动装置		15a	起动机开关上接点火线圈的接线柱	—
		30a	带有12~24V电压转换开关时,电压转换开关上接蓄电池Ⅰ正极的接线柱	—
	31		12~24V电压转换开关上,接蓄电池Ⅰ负极的接线柱	—
	48		起动继电器上或12~24V电压转换开关上,控制起动机电磁开关上的输出接线柱;起动机电磁开关上的相应接线柱	—

续表

电器	接线柱标记		接线柱标记的含义	常用标记
	基本标记	下标		
启动装置	50		点火开关上、预热起动开关上，用于起动的输出接线柱、起动按钮的输出接线柱；机械式起动开关上的相应接线柱	—
			带有12~24 V电压转换开关时，电压转换开关上，控制本身的输入接线柱	—
		61a	复合起动继电器上，接充电指示灯的接线柱	L
	86		起动继电器上，绕组始端接线柱	S．SW
	A		起动继电器上，接交流发电机A的接线柱	—
	N		复合起动继电器上，接交流发电机N或类似作用的接线柱	—

表1-18 发电机与调节器的接线柱标记

电器	接线柱标记		接线柱标记的含义	曾经使用过的标记
	基本标记	下标		
发电机装置	61		交流发电机上、调节器上，接充电指示灯的接线柱	L
	A		直流发电机上，电枢输出接线柱；调节器上的相应接线柱	A、S
	B		交流发电机上的输出接线柱；	B、A
			直流发电机调节器上，接蓄电池正极的接线柱	B
			交流发电机调节器上，接点火开关或电源开关的接线柱	—
		D+	交流发电机上，磁场二极管的接线柱；调节器上的相应接线柱；	D+
			当无61接线柱时，用于充电指示灯的接线柱	S
	F		发电机上的磁场接线柱；调节器上的相应接线柱	—
	N		交流发电机上的中性接线柱；调节器上的相应接线柱	N
	S		交流发电机调节器上，接蓄电池电压检测点的接线柱	—
	W		交流发电机上的相电流接线柱；	R、W
		W1	交流发电机上的第一个相电流接线柱；	—
		W2	交流发电机上的第二个相电流接线柱	—

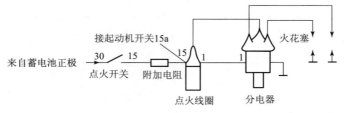

图 1-34 传统点火系统

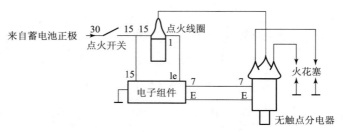

图 1-35 磁电式电子点火系统

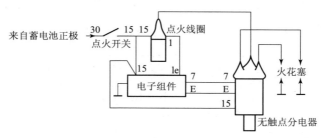

图 1-36 霍尔式电子点火系统

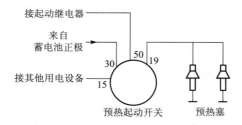

图 1-37 预热起动装置

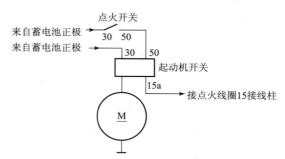

图 1-38 一般起动系统

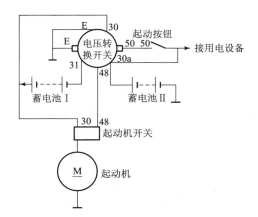

图1-39 带12V/24V电压转换
开关的起动系统

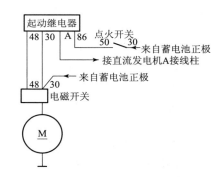

图1-40 带起动继电器的起动系统

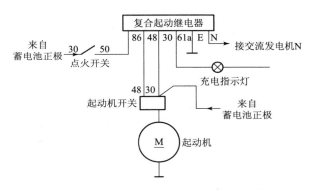

图1-41 带复合起动继电器的起动系统

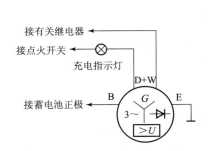

图1-42 整体式发电机充电
电路（IC电压调节器）

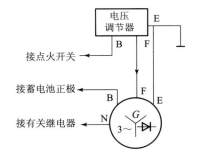

图1-43 分立式发电机充电
电路（电子电压调节器）

（二）照明与信号系统电器接线柱标记

照明与信号系统电器接线柱标记见表1-19~表1-21和图1-46~图1-48。

（三）雨刮器、洗涤器的接线柱标记

雨刮器、洗涤器的接线柱标记见表1-22和图1-49。

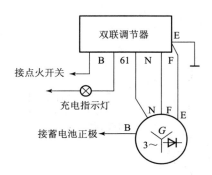 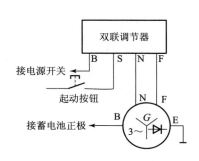

图1-44 带充电指示继电器的充电电路
（电磁振动式电压调节器）

图1-45 带磁场继电器的充电电路
（电磁振动式电压调节器）

表1-19 照明与信号系统电器接线柱标记

电器	接线柱标记		接线柱标记的含义	曾经使用过的标记
	基本标记	下标		
照明和信号灯装置（转向信号装置除外）	54		制动灯开关和制动灯互相连接的接线柱	—
	55		雾灯开关和雾灯互相连接的接线柱	—
	56		灯光总开关和变光开关互相连接的接线柱；变光开关上除远光、近光、超车接线柱外的另一个接线柱	—
		56a	变光开关上的远光接线柱，远光灯上的相应接线柱；	
		56b	变光开关上的近光接线柱，近光灯上的相应接线柱；	
		56d	变光开关上的超车接线柱	
	57		灯光总开关上或点火开关上和停车灯开关互相连接的接线柱；	—
		57L	停车灯开关和左停车灯互相连接的接线柱；	
		57R	停车灯开关和右停车灯互相连接的接线柱	
	58		灯光总开关上接前小灯、示宽灯、尾灯、牌照灯、仪表照明灯等的接线柱；灯光开关上，用于控制示宽灯、尾灯、牌照灯、仪表照明灯的接线柱	
		58a	仪表照明灯开关和仪表照明灯互相连接的接线柱（单独布线时）；	

续表

电器	接线柱标记 基本标记	接线柱标记 下标	接线柱标记的含义	曾经使用过的标记
照明和信号灯装置（转向信号装置除外）		58b	室内照明灯开关和室内照明灯互相连接的接线柱（单独布线时）；	—
		58c	灯光总开关和前小灯互相连接的接线柱（单独布线时）	—
	59		倒车灯开关和倒车灯互相连接的接线柱	—
		59a	倒车指示灯上的电源接线柱	—
		59b	倒车报警器上的电源接线柱	—

表1-20 转向信号与危险信号系统电器接线柱标记

电器	接线柱标记 基本标记	接线柱标记 下标	接线柱标记的含义	曾经使用过的标记
转向信号装置	49		转向开关上的输入接线柱； 报警开关上，接转向开关的接线柱；	— —
		49a	报警闪光器和报警开关互相连接的接线柱；	—
		49L	转向开关上、报警开关上和左转向信号灯互相连接的接线柱；	—
		49R	转向开关上、报警开关上和右转向信号灯互相连接的接线柱	—
	L		转向信号闪光器上接转向开关的接线柱； 报警开关上，接转向信号闪光器的接线柱	L •
	P		转向信号闪光器上接监视灯的接线柱；	P
		P1	左监视灯的接线柱；	
		P2	右监视灯的接线柱	

表1-21 喇叭与声响系统电器接线柱标记

电器	接线柱标记		接线柱标记的含义	曾经使用过的标记
	基本标记	下标		
喇叭和声响报警装置	72		报警开关上的接线柱	—
	H		喇叭继电器上，接电喇叭的接线柱	H
	S		喇叭继电器上，电磁阀上，接喇叭按钮的接线柱	S
	W		报警继电器上，接报警灯、报警喇叭的接线柱	

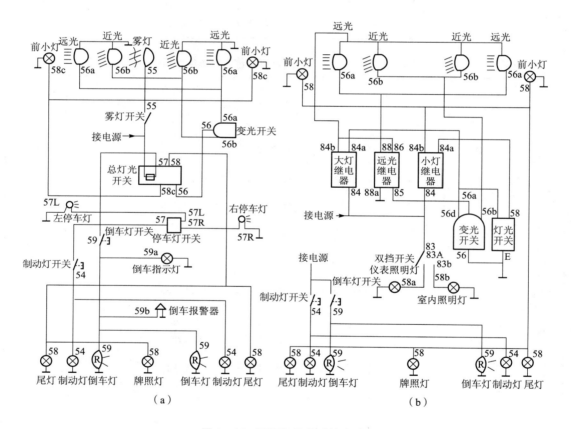

图1-46 照明与信号系统电路

(a) 带灯光总开关的照明与信号系统；(b) 带灯光继电器的照明与信号系统

（四）继电器的接线柱标记

继电器的接线柱标记见表1-23和图1-50。

模块一　汽车电路读图基础

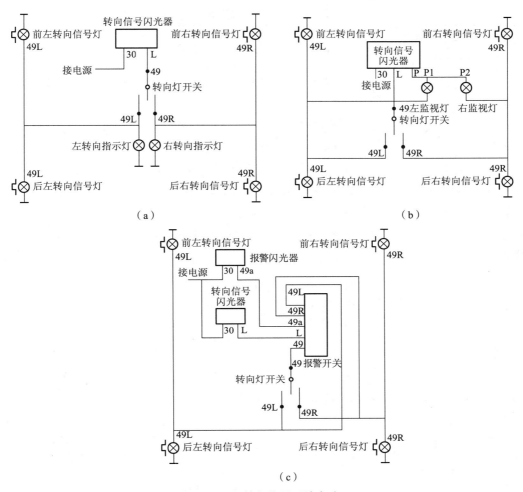

图1-47　转向信号系统电路
（a）一般转向信号系统电路；（b）带监视灯的转向信号系统电路；（c）带报警闪光器的转向信号系统电路

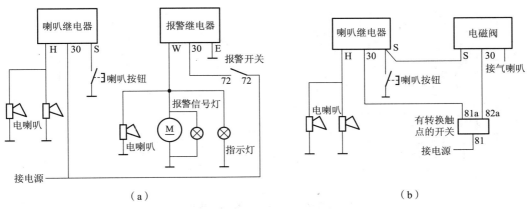

图1-48　喇叭与声响系统电路
（a）一般电喇叭电路；（b）带气喇叭变换电路

表 1–22 雨刮器、洗涤器的接线柱标记

电器	接线柱标记		接线柱标记的含义	曾经使用过的标记
	基本标记	下标		
雨刮器、洗涤器	53		刮水电动机上的主输入接线柱、雨刮器开关上的相应接线柱；	—
			间歇继电器上，绕组始端接线柱；	—
			洗涤器上，电源接线柱；	—
		53c	洗涤器和雨刮器开关互相连接的接线柱；	—
		53e	带复位机构雨刮器上的复位接线柱；雨刮器开关上的相应接线柱	—
		53i	雨刮器开关上和间歇继电器上绕组互相连接的接线柱	—
		53j	雨刮器开关上和间歇继电器上触点互相连接的接线柱	—
		53m	雨刮器和间歇继电器互相连接的接线柱	—
		53s	间歇控制板上的电源接线柱；雨刮器开关上的相应接线柱	—
		53H	双速雨刮器上的高速接线柱；雨刮器开关上的相应接线柱	—
		53L	双速雨刮器上的低速接线柱；雨刮器开关上的相应接线柱	—

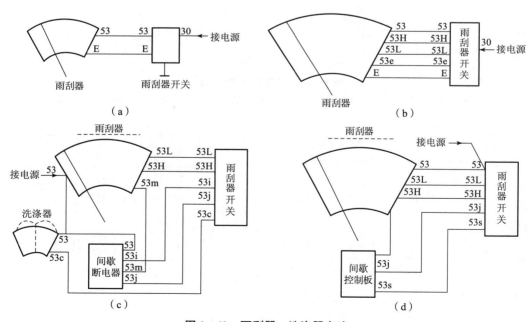

图 1–49 雨刮器、洗涤器电路

(a) 单路雨刮器电路；(b) 带复位机构的双速雨刮器电路；(c) 带刮水间歇继电器的雨刮器、洗涤器电路；
(d) 带间歇控制板的雨刮器

表 1-23　继电器的接线柱标记

电器	接线柱标记		接线柱标记的含义	曾经使用过的标记
	基本标记	下标		
继电器（专用继电器除外）	84		继电器上，绕组始端和触点共同输入接线柱	—
		84a	继电器上，绕组末端输出接线柱	—
		84b	继电器上，触点输出接线柱	—
	85		继电器上，绕组末端输出接线柱	—
	86		继电器上，绕组始端输入接线柱	—
	87		继电器上，常闭触点和转换触点的输入接线柱；	—
		87a	继电器上，常闭触点的第一个输出接线柱（转换触点在常闭触点一侧）；	—
		87b	继电器上，常闭触点的第二个输出接线柱（转换触点在常闭触点一侧）；	—
		87c	继电器上，常闭触点的第三个输出接线柱（转换触点在常闭触点一侧）；	—
		87z	继电器上，常闭触点和转换触点的第一个输入接线柱（单独电流回路时）；	—
		87y	继电器上，常闭触点和转换触点的第二个输入接线柱（单独电流回路时）；	—
		87x	继电器上，常闭触点和转换触点的第三个输入接线柱（单独电流回路时）	—
	88		继电器上，常开触点的输入接线柱；	—
		88a	继电器上，常开触点的第一个输出接线柱；	—
		88b	继电器上，常开触点的第二个输出接线柱；	—
		88c	继电器上，常开触点的第三个输出接线柱；	—
		88z	继电器上，常开触点的第一个输入接线柱（单独电流回路时）；	—
		88y	继电器上，常开触点的第二个输入接线柱（单独电流回路时）；	—
		88x	继电器上，常开触点的第三个输入接线柱（单独电流回路时）	—

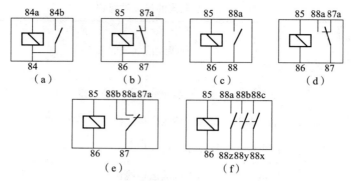

图1-50 继电器的接线柱标记

（a）绕组与触点共一个输入端；（b）带一个常闭触点；（c）带一个常开触点；
（d）带一个常开触点与一个常闭触点；（e）带一个常闭触点与两个常开触点；
（f）带三个常开触点

模块二 汽车整车电路读图方法

学习任务一　汽车整车电路读图的一般方法

学习任务单

任务名称		汽车整车电路读图的一般方法
学习目标	专业能力	掌握汽车整车电路读图的基本要领； 掌握汽车电子电路读图的一般方法； 能够在汽车电路图中获取相关信息； 能够将在汽车电路图中获取的信息在电气实验台上进行验证； 能够实施5S管理。
	社会能力	具备团队学习能力； 具备良好的沟通能力及与小组成员协作的能力； 具有安全、环保等责任意识。
	方法能力	扩展相应的信息收集能力； 能够独立使用各种媒介完成学习任务； 能够进行学习结果的评价与反思。
学习准备		可以上网查阅资料的计算机、各车型汽车电路图、学习软件、电气实验台或实验车辆等。
方法建议		建议小组学习，分工协作，共同完成； 制订学习计划； 做好记录，各小组选派代表展示学习成果； 评议各小组展示的学习成果。
学习总结		提炼出学习难点，总结学习任务完成情况。
问题探讨		1. 收集某一电气系统，尝试进行电路分析。 2. 分析汽车电子电路通常需要哪些电工电子知识？

相关知识

汽车电路图大多是布线图或电路原理图，无论是哪一种汽车电路图，一般都是线条密集、纵横交错、头绪多而杂，不容易看懂。在认识汽车电路图中的图形符号及有关标志，知道汽车电路图的种类，了解汽车电路的特点及接线规律，清楚汽车电路图中的电线及接线柱标志的基础上，可以按照以下方法进行汽车整车电路读图。

一、汽车整车电路读图的基本要领

（一）善于化整为零

按整车电路系统的功能及工作原理把整车电气系统划分成若干个独立的电气系统，分别进行分析。通常将整车电气系统分解成电源、起动、点火、照明、信号、仪表、警报等系统进行分析。这样化整体为部分，可以有重点地进行分析，并且各个单元电路又有其自身的一些特点，以其自身的特点为指导去分析电路就会减少盲目性。因此，为了阅读方便，现在多数汽车的电路原理图是按各个电气系统进行绘制的。

（二）认真阅读图注

在阅读局部电路图时，首先必须认真阅读图注，清楚该部分电路所包含的电气设备的种类、数量等，这有利于在读图中抓住重点。

（三）熟悉电气元件及配线

在分析某个电气系统时，要清楚该系统所包括的各部件的功能和作用、技术参数等。

现代汽车的电路如同人的神经一样分布在各个区域，其复杂程度与日俱增，而电路中的配线插接器、接线盒、继电器、接地点等如同神经的节点。所以，熟悉这些电气元件在电路图中的表示符号、位置、连接方式、内部电路，对阅读汽车电路图有很大帮助。在阅读接线图时，要正确判断接点标记、线型和色码标志。须指出的是，标记颜色的字母因母语不同而有区别，如美国、日本及我国采用英文字母；德国采用德语字母；俄罗斯采用俄语字母。

（四）注意开关的作用

开关是控制电路通断的关键。通常按操纵开关的功能及不同工作状态来分析电路的工作原理。如点火系统供电，点火开关应处于点火挡或起动挡。在标准画法的电路图中，开关总是处于零位，即开关处于断开状态；电子开关的状态则视具体情形而定。这里所说的电子开关主要包括晶体管及晶闸管等具有开关特性的电子元件。

在一些复杂电路控制中，一个主开关往往汇集许多导线，分析汽车电路时应注意以下几个问题：

（1）蓄电池（或发电机）的电流是通过什么路径到达这个开关的，中间是否经过其他的开关和熔断器，这个开关是手动的还是电控的。

（2）这个开关控制哪些电器，每个被控电器的作用是什么。

（3）开关的许多接线柱中，哪些是直通电源的，哪些是接电器的，接线柱旁是否有接线符号，这些符号是否常见。

（4）开关共有几个挡位，在每一挡中，哪些接线柱有电，哪些接线柱无电。

（5）在被控的电器中，哪些电器应经常接通，哪些电器应短暂接通，哪些电器应先接通，哪些电器应后接通，哪些电器应当单独工作，哪些电器应当同时工作，哪些电器不允许同时接通。

（五）了解继电器的工作状态

现代汽车电路中经常采用各种继电器对一些复杂电路进行控制。了解继电器的工作状态，特别是一些电子继电器的工作状态，对分析电路大有帮助。

阅读电路图时，可以把含有线圈和触点的继电器看成线圈工作的控制电路和触点工作的主电路两部分。主电路中的触点只有在控制电路中有工作电流流过后才能动作。在电路图中画出的继电器线圈处于失电状态。

（六）牢记回路原则

在阅读电路图时，应掌握回路原则，即电路中工作电流是由电源正极流出，经用电设备流回电源负极；电路中只有当电流流过用电设备时，用电设备才能工作。

虽然掌握了回路原则，但在阅读电路图时还容易犯一些错误。常见的错误有：从电源正极出发，到某用电设备（或再经其他用电设备）又回到了电源正极；把发电机、蓄电池两个电源当成一个电源，常从这个电源的正极出发，经过用电设备回到另一个电源的负极，这实际上并未构成真正的通路，也就不能产生电流；虽然注意到回路原则，但在电流方向上却是随意的，有时从电源的负极出发，经用电设备回到电源的正极，这样虽然构成了回路，但容易在某些线圈与磁路中引出错误的结论，而且这种从负到正的电流方向在电子电路中是行不通的。

另外，进口汽车一般只配有接线图，其电路原理图往往是进口以后有关人员为研究、使用与检修而收集和绘制的。由于这些图的来源不同，收集时间不同以及符号、惯例变更等，在画法上可能出现差异。在阅读汽车电路原理图时应注意这一点。

二、汽车电子电路读图的一般方法

汽车电子电路通常有方框图、原理图和安装图 3 种。

（一）汽车电子电路方框图

方框图是用方框和连线来表示比较复杂的电路的工作原理和构成概况的一种电路简图，它简单地将电路按照功能划分为几个部分，将每一部分描绘成一个方框。在方框中标注有简单的文字说明，在方框之间用连线说明各方框之间的关系。方框图能直观地表达一个功能方块在电路中的作用。例如计算机控制发动机点火系统的方框图如图 2-1 所示。

在方框图中，每个方框中所标注的内容一般是整车或系统的一个独立部件，每个方框之间的关系由方框之间的线条沟通，所用箭头表示信息或电流的流向。

在分析电路工作原理之前，先阅读该电路的方框图有助于加深了解电路的工作原理。

在分析方框图以了解信号或电流的传输过程时，应认真查看图中的箭头方向，箭头方向表示信号的传输方向。如果没有箭头方向，可根据方框图的图形符号来判断。在读识集成电路组成的电子电路，但没有引脚功能说明时，可以借助集成电路内部方框图来判断主要引脚功能，比如判断输出和输入引脚功能。集成电路方框图引脚内的箭头如果是双向的，表示信号既能输入也能输出。对方框图有整体的了解后，应进一步弄清系统（整车或系统）共有几个方框（多少部件），方框与方框之间存在何种关系，再对照电路原理图，就可以对电路

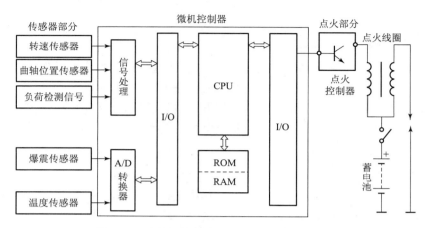

图 2-1 计算机控制发动机点火系统的方框图

理解得更为深刻。

(二) 汽车电子电路原理图

汽车电子电路原理图是说明汽车电子电路元器件间、执行电路间、单元电路间、元器件和单元电路之间的连接关系及电路工作原理的简图,如图 2-1 所示。它是设备调试、维修的依据。

汽车电子电路原理图各个元器件旁注明了元器件的代号(或参数值)。借助汽车电子电路原理图分析电路中电流的来龙去脉,即可了解对应设备的工作原理。

(三) 汽车电子电路安装图

汽车电子电路安装图也称为布线图。汽车电子电路原理图只是说明了电路的工作原理,看不出各元器件的实际形状、在设备中是怎样连接的、位置在什么地方,安装图则可以说明这些问题。

目前电路中的元器件一般均安装在印制电路板上,所以汽车电子电路安装图就是在电路板图上用实物图或符号画出每个元器件的位置及其焊在哪些焊接孔上。图 2-2 所示为 RT1760N 组成的遥控器印制电路板图。对于一些较简单的电路,一般还可以画出对应的实体图。

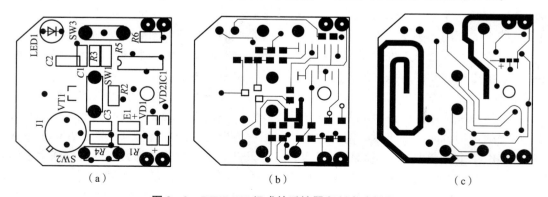

图 2-2 RT1760N 组成的遥控器印制电路板图

(a) 电路板元件面元件布局图;(b) 电路板元件面印制电路板图;(c) 电路板非元件面印制电路板图

有的安装图还包括元器件正面放置的实体图和反面的连接图（即印制电路板图）。印制电路板图有导线电路分布和机械加工尺寸等内容。该图通常用元器件符号代替实物来表示元器件间的相互连接关系。

（四）汽车电子电路识图实例

下面以"捍将"牌汽车遥控防盗系统的遥控发射器电路图为例介绍汽车电子电路识图方法。图2-3所示是RT1760N滚动码芯片组成的汽车遥控防盗系统遥控发射器电路原理示意。

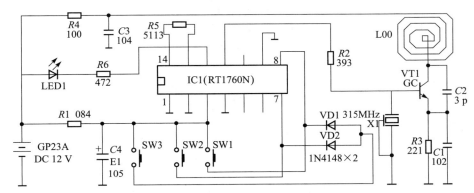

图2-3　RT1760N滚动码芯片组成的汽车遥控防盗系统遥控发射器电路原理示意

在分析图2-3所示的遥控发射器电路时，可先从GP23A蓄电池的正极电流方向入手。该电流分成3路：一路经$R1$、$C4$去耦合为IC1(RT1760N)的3脚供电，同时也为SW1～SW3提供控制电压。

另一路加至LED1正极，而LED1负极经$R6$接至IC1的12脚。显然LED1的工作状态受控于该脚，这就组成了发射指示电路。

还有一路经$R4$、$C3$去耦滤波后经发射天线L00加至VT1集电极。由于天线L00串接在VT1的供电回路中。该天线发射的信号由VT1提供，由此就可确认VT1为发射电路的功率放大管。该管基极经$R2$与IC1的11脚相连，由此说明发射信号来自IC1内。

SW1～SW3的上端均与电源相连，当它们接通时，相当于将$R1$提供的电压加到IC1的7脚或8脚，或通过VD1、VD2同时加至7脚、8脚。显然，这几只元件和IC1的7脚、8脚内的电路组成了键盘输入电路。

信号流程分析：滚动码编码发生器IC1内部固化了滚动码编码程序，当按键开关SW1～SW3其中某一个被按下时，该接口的控制信号原始代码经IC1内部的编码器编码加密后，从IC1的信号输出端11脚输出。与此同时，IC1内的指示灯控制电路也启动工作，并使其12脚翻转为低电平，从而使LED1导通发光，以示遥控器处于信号发射状态。从IC1的11脚输出的滚动码加密信号经$R2$加至天线发射电路。该电路在IC1的11脚输出的信号控制下，产生的高频键控调幅无线电信号，该信号通过L00无线发射出去，从而完成遥控发射过程。

学习任务二　汽车总线电路的一般读图方法

学习任务单

任务名称		汽车总线电路的一般读图方法
学习目标	专业能力	掌握数据总线的概念； 掌握 CAN 数据传输系统的优点； 掌握数据传输系统的分类； 掌握 CAN 数据传输系统的构成及其工作过程； 掌握整车网络系统的结构与信息传输过程； 掌握总线电路识图的要领。
	社会能力	具备团队学习能力； 具备良好的沟通能力及与小组成员协作的能力； 具有安全责任意识
	方法能力	能够独立使用各种媒介完成学习任务； 扩展相应的信息收集能力； 能够进行学习结果的评价与反思。
学习准备		可以上网查阅资料的计算机、各车型汽车电路图、学习软件、具有总线的电气实验台或实验车辆等。
方法建议		建议小组学习，分工协作，共同完成； 制订学习计划； 做好记录，各小组选派代表展示学习成果； 评议各小组展示的学习成果。
学习总结		提炼出学习难点，总结学习任务完成情况。
探讨题		1. 简述 CAN 总线技术的应用对传统汽车电路的影响。 2. 识读总线电路的要领有哪些？

相关知识

随着汽车技术的快速发展，车载电子装置数量的增加、电气系统之间的信息交换和资源共享、控制的精细化和汽车故障处理的智能化，都使汽车布线趋于复杂化。控制器局域网（CAN）技术的应用，从根本上改变了汽车电气系统的布线方式和控制模式，使汽车电路发生了革命性的变化。

一、数据总线的概念

一辆汽车不管有多少块电控单元,不管信息容量有多大,每台电控单元都引出两条导线共同接在两个节点上,这两条导线称作数据总线。以前各电控单元之间好比有许多人骑着自行车来来往往,现在是这些人乘坐公共汽车。公共汽车可以运输大量乘员,故数据总线亦称 BUS 线。数据总线系统工作示意如图 2-4 所示。

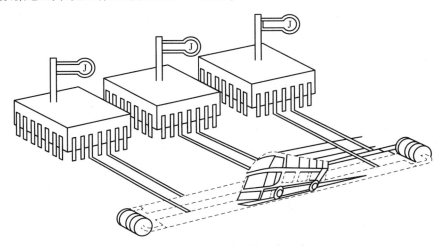

图 2-4 数据总线系统工作示意

二、CAN 数据传输系统的优点

数据总线与其他部件组合在一起就成为数据传输系统。CAN 数据传输系统的优点如下:
(1) 将信号线减至最少,使更多的信号进行高速数据传递。
(2) 电控单元和电控单元插脚最小化应用,节省电控单元的有限空间。
(3) 如果系统需要增加新的功能,只需升级软件即可。
(4) 各电控单元对所连接的 CAN 总线进行实时监测,如出现故障,该电控单元会存储故障码。
(5) CAN 数据总线符合国际标准,便于一辆汽车上不同厂家的电控单元进行数据交换。

三、数据传输系统的分类

通常汽车采用动力、舒适、通信 3 套通信网络。每套通信网络的传输速率不同,每套通信网络的总线分别与网关服务器相连。目前存在多种汽车网络标准,其侧重的功能有所不同。为了方便研究和设计应用,美国汽车工程师协会(SAE)将汽车数据传输网划分为 A、B、C 三类。

A 类——面向传感器、执行器控制的低速网络。数据传输速率通常只有 1~10 Kb/s。

B 类——面向独立模块间数据共享的中速网络。数据传输速率一般为 10~100 Kb/s。主要用于电动门窗、座椅调节、灯光照明控制等系统,以减少冗余的传感器和其他电子部件。

C 类——面向高速、实时闭环控制的多路传输网络。数据传输速率从 100 Kb/s 开始,最高可达 1 Mb/s。主要用于发动机、自动变速器、防抱列制动、牵引、悬架等控制系统,以简化分布式控制和进一步减少车身线束。

3 类网络的功能均向下涵盖,即 B 类支持 A 类网的功能,C 类支持 B 类和 A 类网的功能。

四、CAN 数据传输系统的构成、各部件功能及数据传递过程

(一) CAN 数据传输系统的构成

CAN 数据传输系统中每块计算机的内部增加了一个 CAN 控制器、一个 CAN 收发器;每块计算机外部连接了两条 CAN 数据总线。在系统中作为终端的两块计算机,其内部还装有一个数据传递终端(有时数据传递终端安装在计算机外部)。

(二) CAN 数据传输系统的各部件功能

1. CAN 控制器

CAN 控制器的作用是接收控制单元中微处理器发出的数据,处理数据并传给 CAN 收发器。同时 CAN 控制器也接收 CAN 收发器收到的数据,处理数据并传给微处理器。

2. CAN 收发器

CAN 收发器是一个发送器和接收器的组合。它将 CAN 控制器提供的数据转化为信号,并通过 CAN 数据总线发送出去。同时,它接收 CAN 数据总线的数据,并将数据传到 CAN 控制器。

3. 数据传递终端

数据传递终端实际上是一个电阻器。其作用是避免数据传输终了反射回来,产生反射波而使数据遭到破坏。

4. CAN 数据总线

CAN 数据总线是用来传输数据的双向数据线,分为 CAN 高位(CAN - High)和低位(CAN - Low)数据线。数据没有指定接收器,数据通过 CAN 数据总线发送给各控制单元,各控制单元接收后进行计算。为了防止外界电磁波干扰和向外辐射,CAN 数据总线采用两条线缠绕在一起,如图 2 - 5 所示。两条线上的电位是相反的,如果一条线的电压是 5 V,另一条线的电压就是 0 V,两条线的电压和总等于常值,可以看成两条线向一个方向等效流过一个稳定的直流电流。通过该种办法,CAN 数据总线得到保护而免受外界电磁场干扰,同时 CAN 数据总线向外辐射也保持中性,即无辐射。

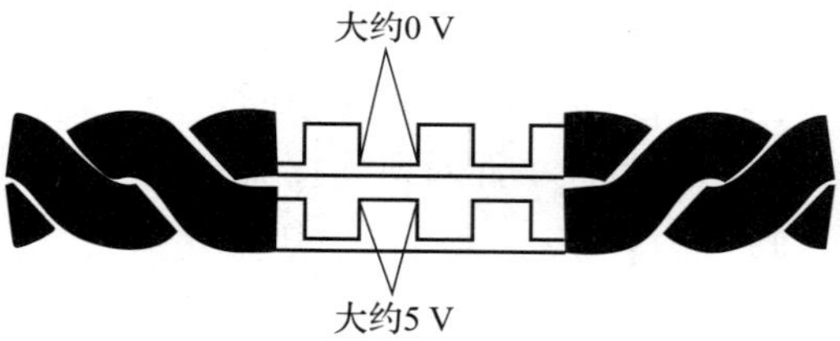

图 2 - 5 CAN 数据总线和信号电压

(三) CAN 数据传输系统的数据传递过程

例如:发动机计算机向某计算机的 CAN 收发器发送数据;某计算机的 CAN 收发器接收到由发动机计算机传来的数据,转换信号并发给本计算机的 CAN 控制器。CAN 数据传输系统其他计算机的 CAN 收发器均接收到此数据,但是要检查判断此数据是否所需要的数据,如果不是,就将它忽略。

CAN 数据总线在极短的时间里完成一组数据的传递。每组数据最多由 108 位组成,可

以将其分为 7 部分，每一部分位数的多少由数据域的大小决定，如图 2-6 所示。"1 位"是信息的最小单位，指此时的电路状态，在电子学中，"1 位"只有"0"或"1"两个值，也就是说只有 0 V 或 5 V 两个状态。

（1）开始域（1 位）标志数据传输开始，此时 CAN 高位传输线为 5 V 电压，低位传输线为 0 V 电压。

（2）状态域（11 位）判断数据中的优先权。例如：如果两个控制单元要同时发送各自的数据，那么具有较高优先权的控制单元优先发送。

（3）检查域（6 位）显示数据域中所包含的信息项目数。每个控制单元的接收器都依据此项目数，检查是否已经接收到所有传递过来的信息。

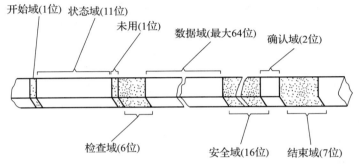

图 2-6　108 位数据组

（4）数据域（最大 64 位）是传递给其他控制单元的所有信息。

（5）安全域（16 位）用于检测传递数据中是否有错误。

（6）在确认域（2 位）中，是由发送器发出信号通知接收器，告知已经正确发送。若接收器检查出错误，则立即通知发送器，发送器再发送一次数据。

（7）结束域（7 位）标志数据传递结束，也是发送器检查错误和再次发送数据的最后一次机会。

五、整车网络技术

下面以奥迪轿车为例介绍整车网络技术的优点、整车网络系统的结构与 CAN 的信息传输方式。

(一) 整车网络技术的优点

1. 减小整车质量

（1）减少线束。

（2）部分线束变细。

（3）节省空间。

（4）单个线束所承载的功能增加。

2. 提高质量

（1）插头减少（如转向盘模块减少了 45 个节点）。

（2）100% 直接进行故障诊断。

（3）信息传输快速、准确。

3. 缩短装配时间

（1）减少装配步骤（如转向盘模块由5个步骤变为两个）。

（2）系统检测有4个通道。

4. 节约成本

（1）线束减少。

（2）传感器共享。

（3）可以实现控制器和执行器的就近原则。

5. 增大产品开发余地

（1）更多地通过软件进行技术更改。

（2）各CAN控制器可以把整车功能相对随意地分担。

6. 实现新功能的可能性增大

（1）操作和显示装置集中。

（2）可进行语音控制。

（3）操作指南简单化。

（4）可进行远程故障诊断。

（5）整车系统功能的安全性提高。

（6）具有舒适系统（例如钥匙遥感）。

（7）可进行软件改写。

（8）具有扩展的故障诊断功能。

（二）整车网络系统的结构与CAN的信息传输方式

1. 整车网络系统的结构

整车网络系统的结构如图2-7所示。

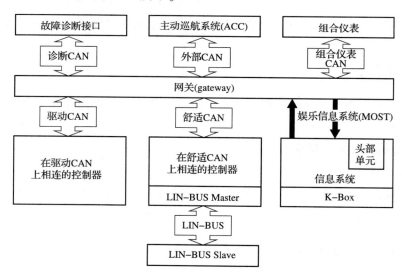

图2-7 整车网络系统的结构

2. CAN的信息传输方式

CAN的信息传输方式如图2-8所示。每个CAN控制器传输的信息，其他CAN控制器都可以接收到。某 CAN 控制器发出信息后,其他 CAN 控制器根据需要,决定是否接收、接收哪些信息,如图 2-9 所示。如果多个信息同时发出,高优先权的信息先发出,其余信息要等待,直到轮到它的优先权才可发出。

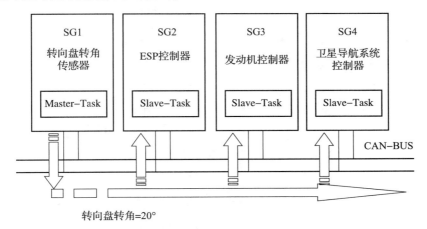

图 2-8 CAN 的信息传输方式

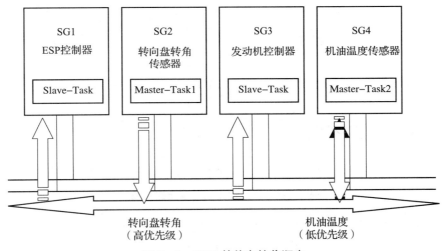

图 2-9 CAN 的信息接收顺序

六、CAN 数据总线技术的应用对传统汽车电路的影响

(一) 传统汽车电路的缺点

传统汽车电路布线是依据电路的一般原理,按照各元件所在的位置,用导线把各元件连接起来,构成完整的电路。如图 2-10 所示,在传统汽车前车灯布线中,每个灯泡与控制开关之间都必须用导线连接。系统的用电设备越多,控制越复杂,电路线束中导线数量也越多,插接件、熔断器、控制开关等也随之增多,导致汽车电路复杂。

如图 2-11 所示,在传统汽车电路中,控制单元与输入/输出元件需按要求分别用多条导线连接。如果不同系统的控制单元需要相同的信号,还需用多条导线与相应的输入元件相连。这样的布线方式使线束中的导线数量增加,线束的布线难度加大,汽车电路

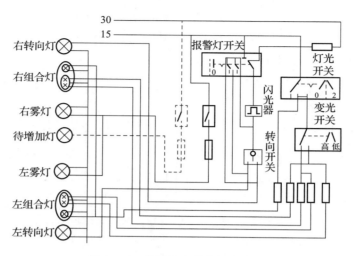

图 2-10 传统汽车前车灯布线图

也变得更加复杂。同时在相关控制单元中，还需增设相应的信号处理系统，这提高了控制单元的成本。

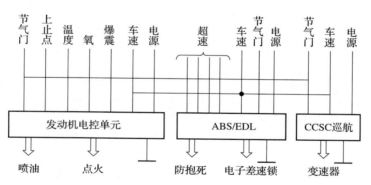

图 2-11 传统汽车控制单元的布线

对汽车上的众多电控单元而言，如果按照传统的汽车数据传输方式建立数据传递，将产生一个庞大的数据网络，如图 2-12 所示。这样的网络不仅效率低、故障率高，而且整个汽车的布线十分复杂，显得很凌乱，功能局限性大，无法实现功能的升级和多个系统的同步协调工作。

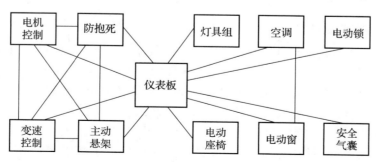

图 2-12 传统汽车电路布线网络

（二）应用 CAN 数据总线技术的汽车电路的特点

采用 CAN 数据总线技术，其布线网络如图 2-13 所示，就布线方式来看，可以极大地得到优化。

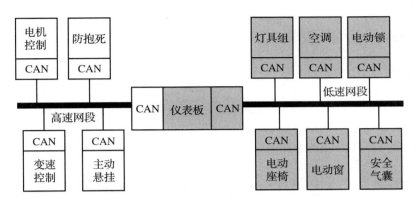

图 2-13　汽车 CAN 数据总线布线网络

1. 电源配置得到优化

在汽车电路中，采用了 CAN 数据总线技术后，可以实现用电设备的模块化控制，使电源系统的熔断器和继电器的使用数量大为减少，电路更为简化，增减功能更为便捷。例如，为了满足某种要求，需要在汽车前端增加一个照明装置，只需在前部灯光控制单元输出端接入即可，相应的控制开关如虚线所示输入信号即可实现，如图 2-14 所示，其电源、配线无须作任何改动。

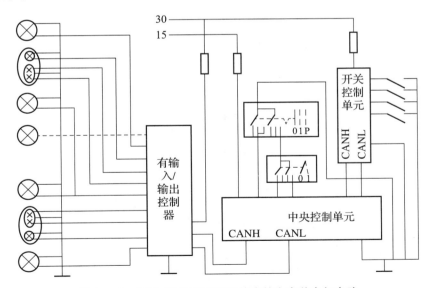

图 2-14　采用 CAN 数据总线技术的汽车前车灯电路

2. 实现了控制单元间的信息共享

采用了 CAN 数据总线技术后，各控制单元所采集的信号可以实现信息共享，如图 2-13 和图 2-14 所示。一个传感器可以多路复用，不必重复设置传感器和在相应控制单元重复增设信号处理系统，使汽车电路简单化。例如，汽车制动信号的获得，发动机、变速器、巡航系统、ABS/EDL 等控制单元都从数据传输线上获得制动信号，提高了系统资源的利用率。另外，信息的共享互用使汽车对各控制参数的控制更加精细，这对整车性能的提高极为有利，极大地简化并优化了汽车电路。

七、总线电路的读图要领

在识读应用 CAN 数据总线的电路图时，只要明确哪些导线是 CAN 数据总线即可，至于这些导线传送什么信号，从电路图上是看不出来的。网络使整车控制成为一体，从而使许多在工作上各自独立的系统建立起联系。如汽车电源不足时，网络会切断某些相对汽车工作不重要的辅助系统的电源。这些内容也难以从电路图上了解到，需要借助其他资料才能进一步了解。所以，了解汽车网络技术相关知识对识读现代汽车电路图至关重要。

学习任务三　解放 CA1110PK2L2 型汽车电路读图实例

学习任务单

任务名称		解放 CA1110PK2L2 型汽车电路读图实例
学习目标	专业能力	能够读懂该车各系统电路原理图； 能够应用布线图查找各电气部件的位置； 掌握汽车简单电路的一般分析方法； 通过电路分析能够预判可能出现的故障； 知晓相关法规、规范要求； 能够实施 5S 管理。
	社会能力	具备团队学习能力； 具备良好的沟通能力及与小组成员协作的能力； 具有为客户服务的意识； 具有安全、环保责任意识。
	方法能力	扩展相应的信息收集能力； 能独立使用各种媒介完成学习任务； 能够进行学习结果的评价与反思。
思政素养		1956 年 7 月 13 日，"解放"牌汽车在长春下线，它是新中国生产的第一台汽车，结束了中国不能生产汽车的历史。请你通过查阅历史资料，选择讲述关于"解放"牌汽车的一汽人创业故事。
学习准备		预习汽车电气基础知识，准备可上网查阅资料的计算机、汽车电路图、学习软件、电气实验台或实验车辆等。

续表

任务名称	解放 CA1110PK2L2 型汽车电路读图实例
方法建议	建议小组学习，分工协作，共同完成； 制订学习计划； 做好记录，各小组选派代表展示学习成果； 评议各小组展示的学习成果。
学习总结	提炼出学习难点，总结完成学习任务的经验，形成学习改进方案。
探讨题	1. 对汽车前照灯有哪些法规要求？ 2. 雨刮器为何要设置复位功能？该功能是如何实现的？

相关知识

解放 CA1110PK2L2 型汽车电气系统的特点是：24 V 供电（2 个 12 V 蓄电池并联），装有总熔断器盒（配电盒），装有组合开关、手动预热系统、电子电压调节器、无铁芯电磁式仪表及电传动车速里程表。其电路系统如图 2-15 所示。

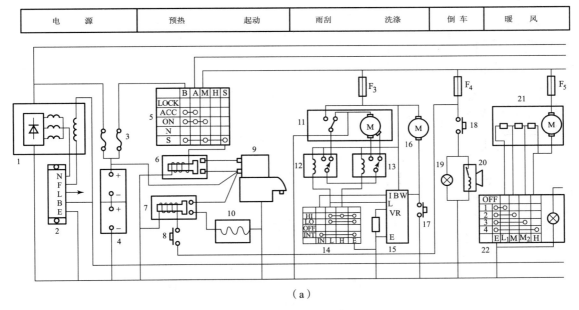

（a）

图 2-15 解放 CA1110PK2L2 型汽车电路系统

1—发电机；2—电压调节器；3—易熔线；4—蓄电池；5—起动开关；6—起动继电器；7—预热继电器；8—预热按钮；9—起动机；10—空气加热器；11—雨刮器；12、13—雨刮器继电器；14—雨刮开关；15—间歇控制器；16—喷水电动机；17—喷水开关；18—倒车开关；19—倒车灯；20—蜂鸣器；21—暖风机；22—暖风开关

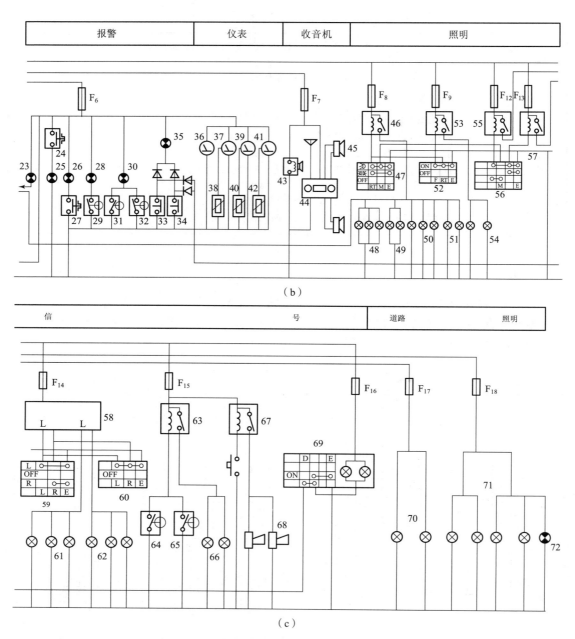

图 2-15 解放 CA1110PK2L2 型汽车电路系统（续）

23—发电指示灯；24—手制动灯开关；25—手制动灯；26—驾驶室翻转指示灯；27—翻转开关；28—气压报警灯；29—气压报警开关；30—机油报警灯；31—机油报警开关；32—机油压力报警开关；33、34—车门开关；35—车门指示灯；36—电压表；37、39、41—水温表、燃油量表、机油压力表；38、40、42—水温传感器、燃油量传感器、机油压力传感器；43—点烟器；44—收音机；45—扬声器；46—小灯继电器；47—灯光开关；48—仪表灯；49—牌照灯；50—示宽灯；51—尾灯；52—雾灯开关；53—雾灯继电器；54—雾灯；55—远光继电器；56—变光开关；57—近光继电器；58—闪光器；59—转向开关；60—遇险开关；61—左转向灯；62—右转向灯；63—制动灯继电器；64、65—前、后制动开关；66—制动灯；67—喇叭继电器；68—电喇叭；69—室内灯；70—近光灯；71—远光灯；72—远光指示灯

一、供电系统

解放 CA1110PK2L2 型汽车供电系统的工作原理与解放 CA1046 型汽车的基本相同。所不同的是，解放 CA1046 型汽车电路中的组合继电器被电压调节器 2 中的电子电路代替，它们的功能是相同的，即 N 点电压为零时，L 与地接通，发电指示灯 23 亮；N 点电压上升时，L 与地断开，发电指示灯 23 灭。

二、起动系统

起动电路中设置了起动继电器 6。当起动开关 5 打到 S 挡时，起动继电器 6 线圈与蓄电池 4 正极接通。电流从蓄电池 4 正极→易熔线 3→起动开关 5→熔断丝→起动继电器 6 线圈→搭铁→蓄电池 4 负极。起动继电器 6 的两个触点被接通，使起动机 9 工作。当起动挡被关闭后，起动继电器 6 被切断，起动继电器 6 的两个触点断开，使起动机 9 停止工作。

三、预热电路

为了克服柴油机在冬季冷起动不宜着火的困难，"解放"系列柴油汽车装有预热电路。

解放 CA1110PK2L2 型汽车预热电路主要由预热继电器 7、空气加热器 10、预热按钮 8 等组成。空气加热器 10 装在发动机进气道上，可以对汽缸的进气加热，使油气混合物更容易压燃着火。

在冬季使用时，先把起动开关 5 打到工作挡（ON），然后按下预热按钮 8，此时有指示灯指示预热开始，按估计预热时间预热之后（一般不超过 40 s），松开预热按钮 8，立即把起动开关 5 打到起动挡，起动发动机。

预热电路工作时有两条回路：

一条是控制预热继电器 7 的回路，其工作电流较小。电流从蓄电池 4 正极→易熔线 3→起动开关 5→熔断丝 F_4→预热按钮 8→预热继电器 7 电磁铁线圈→搭铁→蓄电池 4 负极。

另一条是加热回路，其电流很大，电流从蓄电池 4 正极→起动机 9 接线柱→预热继电器 7 触点→空气加热器→搭铁→蓄电池 4 负极。

四、仪表及报警系统

解放 CA1110PK2L2 型汽车的仪表包括电压表、燃油量表、水温表、机油压力表等。警报系统包括气压警报、手制动警报、机油滤清器堵塞警报及发电指示灯警报等系统。

（一）仪表电路

本车的仪表集中在一块仪表盘上，受起动开关控制。

（1）电压表电路。该车发电机的工作状态使用电压表 36 来显示。起动开关 5 关闭时，指针归零位，打到 ON 挡不起动发动机时，指示 24 V，发电机 1 正常发电时指示 27~29 V。如果发电机 1 发电电压过高，则电压表 36 指到危险区域（高端红色带）。工作时工作电流从蓄电池 4 正极→易熔线 3→起动开关 5→熔断丝 F_6→电压表 36→搭铁→蓄电池 4 负极。

（2）水温表、燃油量表、机油压力表电路。当起动开关 5 打开后，工作电流从蓄电池 4

正极→易熔线 3→起动开关 5→熔断丝 F_6→水温表 37（或燃油量表 39，或机油压力表 41）→水温传感器 38（或燃油量传感器 40，或机油压力传感器 42）→搭铁→蓄电池 4 负极。

（二）报警及倒车系统电路

（1）报警系统电路。报警系统受起动开关控制。

①气压报警系统电路。该系统包括气压报警灯 28 和储气筒上的气压报警开关 29。当储气筒内的气压低于 0.49 MPa 时，气压报警灯 28 亮，工作电流从蓄电池 4 正极→易熔线 3→起动开关 5→熔断丝 F_6→气压报警灯 28→气压报警开关 29→搭铁→蓄电池 4 负极。

②手制动报警系统电路。该系统包括手制动灯 25 和快放阀上的手制动灯开关 24。当起动开关处于 ON 挡，手制动手柄置于制动位置时，灯亮；当解除手制动，同时快放阀气压达到 0.392 MPa 时，灯灭。工作电流从蓄电池 4 正极→易熔线 3→起动开关 5→熔断丝 F_6→手制动灯开关 24→手制动灯 25→搭铁→蓄电池 4 负极。

③机滤器报警系统电路。该系统由机油报警灯 30、机油报警开关 31 和机油压力报警开关 32 组成。当机油滤清器的滤心过脏，阻力增大，滤心内、外压差达到 0.147 MPa 时，机油报警灯 30 亮，提醒更换滤心。工作电流从蓄电池 4 正极→易熔线 3→起动开关 5→熔断丝 F_6→机油报警灯 30→机油报警开关 31（或机油压力报警开关 32，或二者同时）→搭铁→蓄电池 4 负极。

④驾驶室翻转指示系统电路。该系统由驾驶室翻转指示灯 26 和翻转开关 27 组成。当驾驶室翻转锁止机构脱开时，驾驶室翻转指示灯 26 亮，锁止时，驾驶室翻转指示灯 26 灭。如果灯亮，提醒驾驶员驾驶室没锁紧，要停车锁紧再行驶，以免发生危险。工作时，工作电流从蓄电池 4 正极→易熔线 3→起动开关 5→熔断丝 F_6→驾驶室翻转指示灯 26→翻转开关 27→搭铁→蓄电池 4 负极。

⑤车门开关指示系统电路。该系统由车门开关 33、34 和车门指示灯 35 组成。车门开关 33、34 受车门控制，车门关闭，开关断开，车门指示灯灭；车门打开，开关闭合，车门指示灯亮。工作时，工作电流从蓄电池 4 正极→易熔线 3→起动开关 5→熔断丝 F_6→车门指示灯 35→车门开关 33（或 34，或二者同时）→搭铁→蓄电池 4 负极。

（2）倒车系统电路。该系统包括倒车开关 18、倒车灯 19 和蜂鸣器 20，受起动开关控制。

当需要倒车，起动开关 5 在 ON 挡，挂入倒挡的同时，倒车开关 18 被自动接合，倒车电路接通，倒车灯 19 亮，蜂鸣器 20 鸣响。工作电流从蓄电池 4 正极→易熔线 3→起动开关 5→熔断丝 F_4→倒车开关 18→倒车灯 19（及蜂鸣器 20）→搭铁→蓄电池 4 负极。

五、照明及信号系统

（一）照明系统

照明系统不受起动开关控制，包括远光、近光、示宽、室内牌照及仪表照明灯。

（1）前大灯电路。前大灯电路包括灯光开关 47、变光开关 56、远光继电器 55、近光继电器 57、近光灯 70、远光灯 71 及远光指示灯 72 等。

灯光开关 47 有 3 个挡位，分别为关闭挡（OFF）、大灯挡（上）和小灯挡（中）。变光

开关56用于将前大灯变换成近光或远光,包括上、中、下3个位置。前大灯系统工作如下:

当灯光开关47打到大灯挡(图中的上挡)时:

①变光开关56处于上挡位,近光继电器57、远光继电器55线圈电路均接通。远光继电器55线圈电路工作电流从蓄电池4正极→易熔线3→熔断丝F_{12}→远光继电器55线圈→变光开关56→搭铁→蓄电池4负极。远光继电器55闭合,远光灯亮,工作电流从蓄电池4正极→易熔线3→熔断丝F_{12}→远光继电器55→熔断丝F_{18}→远光灯71(及远光指示灯72)→搭铁→蓄电池4负极;同时近光继电器55线圈电路工作电流从蓄电池4正极→易熔线3→熔断丝F_{13}→近光继电器57线圈→变光开关56→搭铁→蓄电池4负极。近光继电器55闭合,近光灯亮,工作电流从蓄电池4正极→易熔线3→熔断丝F_{13}→远光继电器57→熔断丝F_{17}→近光灯70→搭铁→蓄电池4负极。

②变光开关56处于中挡位,只有近光灯亮,工作电流同上。

③变光开关56处于下挡位,只有远光灯亮,远光继电器55线圈电路工作电流从蓄电池4正极→易熔线3→熔断丝F_{12}→远光继电器55线圈→变光开关56→灯光开关47→搭铁→蓄电池4负极。远光灯工作电流从蓄电池4正极→易熔线3→熔断丝F_{12}→远光继电器55→熔断丝F_{18}→远光灯71(及远光指示灯72)→搭铁→蓄电池4负极。

灯光开关47打到小灯挡(图中的中挡),变光开关56处于上挡位时,仍是近、远光灯全亮;变光开关56处于中挡位时,近光灯亮;变光开关56处于下挡位时,大灯均不亮。

当灯光开关47打到下挡(图中的OFF挡)时,无论变光开关56处于何位置,大灯均不亮。

(2)仪表灯、牌照灯、示宽灯、尾灯电路。这些灯均通过灯光开关47受小灯继电器46控制,当灯光开关47处于OFF挡时,这些灯均灭;当灯光开关47处于上、中挡时,这些灯均亮。小灯继电器46线圈电路工作电流从蓄电池4正极→易熔线3→熔断丝F_8→小灯继电器46线圈→灯光开关47→搭铁→蓄电池4负极,则小灯继电器46闭合,灯电路接通,灯亮。灯的工作电流从蓄电池4正极→易熔线3→熔断丝F_8→小灯继电器46→仪表灯48(及其他与之并联的灯)→搭铁→蓄电池4负极。

(3)雾灯电路。雾灯54通过雾灯开关52受雾灯继电器53控制。雾灯开关52有两个挡位,即ON与OFF。当雾灯开关52处于OFF挡时,雾灯不亮;当雾灯开关52处于ON挡时,雾灯继电器53线圈电路接通,工作电流从蓄电池4正极→易熔线3→熔断丝F_9→雾灯继电器53线圈→雾灯开关52→搭铁→蓄电池4负极,雾灯继电器53闭合,雾灯亮。雾灯工作电流从蓄电池4正极→易熔线→熔断丝F_9→雾灯继电器53→雾灯54→搭铁→蓄电池4负极。

另外,当雾灯开关52处于ON挡时,即使灯光开关47处于关闭(OFF)位置,通过雾灯开关52仍然可将小灯继电器46闭合,受其控制的灯全亮。

(二)信号系统

信号系统包括转向指示系统、制动指示系统、电喇叭指示系统和室内灯等。该系统不受起动开关控制。

(1)转向指示系统电路。该系统包括闪光器58、转向开关59、遇险开关60、左转向灯61及右转向灯62等。

转向开关59有3个挡位,即关闭(OFF)、左转向(L)和右转向(R)。当转向开关

59位于OFF挡时，左、右转向灯电路全断开，转向灯全不亮；当转向开关59位于L挡时，左转向灯电路接通，通过闪光器58的作用，左转向灯61开始闪烁。工作电流从蓄电池4正极→易熔线3→熔断丝F_{14}→闪光器58（由转向开关59控制）→左转向灯61→搭铁→蓄电池4负极；当转向开关59位于R挡时，右转向灯电路接通，右转向灯62工作；若遇到紧急情况，则将遇险开关60由关闭（OFF）转换到打开后，不论转向开关59处于何位置，左、右转向灯电路均通过遇险开关60接通，两灯同时闪烁。工作电流从蓄电池4正极→易熔线3→熔断丝F_{14}→闪光器58（由遇险开关60控制）→左、右转向灯61、62→搭铁→蓄电池4负极。

（2）制动指示系统电路。该系统包括制动灯继电器63、前制动开关64、后制动开关65和制动灯66等。

制动开关受制动系统压缩空气直接控制，当需要制动时，踏下制动踏板，制动开关自动接通，松开踏板，制动开关自动断开。当制动开关接通时，使制动灯继电器63线圈通电，工作电流从蓄电池4正极→易熔线3→熔断丝F_{15}→制动灯继电器63线圈→前制动开关64或后制动开关65→搭铁→蓄电池4负极，则制动灯继电器63闭合，制动灯66点亮。制动灯电路工作电流从蓄电池4正极→易熔线3→熔断丝F_{15}→制动灯继电器63→制动灯66→搭铁→蓄电池4负极。

（3）喇叭指示系统电路。该系统包括喇叭继电器67、喇叭按钮和电喇叭68等。

当按下喇叭按钮时，喇叭继电器67线圈接通，工作电流从蓄电池4正极→易熔线3→熔断丝F_{15}→喇叭继电器67线圈→喇叭按钮→搭铁→蓄电池4负极，则喇叭继电器67闭合，电喇叭68电路接通，喇叭发出声响。电喇叭68电路工作电流从蓄电池4正极→易熔线3→熔断丝F_{15}→喇叭继电器67→电喇叭68→搭铁→蓄电池4负极。

（4）室内灯电路。室内灯也属于照明系统，因其又可受车门开关控制，故也可放在信号系统部分讲解。室内灯不受起动开关控制。

室内灯电路包括室内灯开关和室内灯，它们装在同一壳体内，图中标记为69。室内灯开关有3个挡位，即关闭（图中69的上挡）、开（ON）和下挡（使室内灯受车门开关控制）。当室内灯开关处于关闭挡时，室内灯不亮；当室内灯开关处于ON挡时，室内灯亮，工作电流从蓄电池4正极→易熔线3→熔断丝F_{16}→室内灯及室内灯开关69→搭铁→蓄电池4负极。当室内灯开关处于下挡时，室内灯受车门开关控制：车门关闭，由于车门开关断开，所以室内灯电路未接通，室内灯不亮；车门打开，车门开关闭合，室内灯亮，工作电流从蓄电池4正极→易熔线3→熔断丝F_{16}→室内灯及室内灯开关69→二极管→车门开关33（或34，或二者同时）→搭铁→蓄电池4负极。

六、暖风及收音系统

暖风及收音系统均受起动开关控制。当起动开关5处于附件挡（ACC）时，电源向收音机供电；当起动开关5处于工作挡（ON）时，电源向收音机、暖风系统均供电。

（一）暖风系统电路

暖风系统包括暖风机21和暖风开关22。暖风机内有3个降速电阻，在暖风开关的控制下，不同的降速电阻串入暖风机工作电路，可得到不同的暖风机转速。暖风开关22内有一照明灯，该灯受灯光开关控制，当小灯继电器闭合时，灯亮。

暖风开关22共有5个挡位,即OFF、1、2、3、4挡。当开关处于OFF挡时,风机电路不同,风机不工作;当开关分别处于1、2、3、4挡时,分别有3个、2个、1个和无降速电阻串入暖风机工作电路,电路中工作电流从蓄电池4正极→易熔线3→起动开关5→熔断丝F_5→暖风机21(分别有3个、2个、1个或无降速电阻串入)→暖风开关22→搭铁→蓄电池4负极。

(二) 收音机电路

当打开收音机电源开关时,收音机电路接通,收音机开始工作。工作电流从蓄电池4正极→易熔线3→起动开关5→熔断丝F_7→收音机44→搭铁→蓄电池4负极。

同时,点烟器43与收音机44为同一电路,均受熔断丝F_7控制,其后才分成各自的电路。

七、雨刮与洗涤系统

该系统受起动开关控制。

(一) 雨刮系统电路

该系统包括雨刮器11、雨刮器继电器12和13、雨刮开关14和间歇控制器15。具体电路如图2-16所示。

当雨刮开关14打到LOW挡时,继电器J_2的控制回路被接通,继电器J_2动作,把动触点30与常开触点87接通,使工作电流由F_3→J_2的87触点→J_2的30触点→J_1的30脚→J_1的87a脚→电动机低速电刷→转子线圈→地线,低速刮水。

当雨刮开关14打到HI挡时,开关的L端与H端都与地线E接通,使继电器J_1、J_2的控制回路都被接通。两个继电器同时动作,使得各自的87脚与30脚接通。由LOW挡工作可知J_2动作时,J_1的30脚与电源端(F_3)接通,而J_2动作又使其30脚与87脚接通,因此高速电刷与电源接通,使得电动机高速运转,雨刮器高速工作。

当雨刮开关14打到INT挡时,间歇控制器的I脚与地线接通,L脚输出矩形波控制电压信号,当L脚输出低电位时,继电器J_2动作,雨刮器开始工作;当L脚输出高电位时,继电器J_2的87脚与30脚断开,30脚与87a脚接通,完成复位。当下一个矩形波周期到来时又重复前一个动作。此间歇挡大约10 s刮水一次。

当雨刮开关14打到OFF挡时,继电器J_2的30脚与87a脚接通。

在a位时,低速电刷通过继电器J_1、J_2的常合触点及复位开关的簧片4、5与另一侧电刷接通,电动机被制动,雨刮器不动。

在b位时,低速电刷通过复位开关的簧片3、4与电源正极接通,使电动机继续运转,直到回复a位时停止。

(二) 洗涤系统电路

该系统包括喷水电动机16和喷水开关17(见图2-15)。

当通过扳动操纵手柄使喷水开关17接通时,喷水电动机16的电路接通,开始喷水,工作电流从蓄电池4正极→易熔线3→起动开关5→熔断丝F_3→喷水电动机16→喷水开关17→搭铁→蓄电池4负极。当松开手柄时,手柄自动复位,喷水开关17断开,停止喷水。

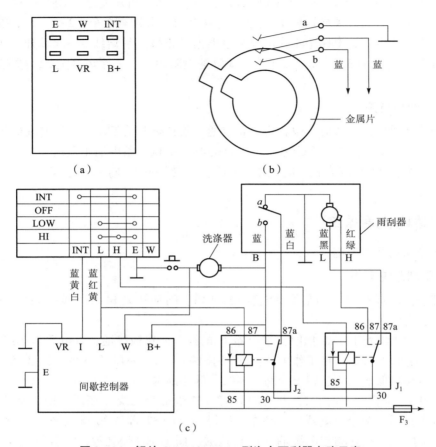

图 2-16 解放 CA1110PK2L2 型汽车雨刮器电路示意
(a) 间歇控制器；(b) 雨刮器电路；(c) 复位开关
1—洗涤泵；2—雨刮器

通过前面的学习，读者基本掌握了国产货车电路原理图的识读方法。但不难发现，要想用这样的电路原理图指导实际工作还存在一定的困难。为此，在有些电路原理图中对导线和插接器进行编号，标注出导线颜色和走线位置。尽管如此，电路原理图仍然不能表达出各电气设备在车上的实际位置。如果在实际应用中电路原理图与布线图配合使用就会收到良好效果。例如，解放 CA1110PK2L2 型汽车的布线图如图 2-17 所示。在图上该车的线路走向及各电气设备的实际位置非常直观，便于查找和安装。

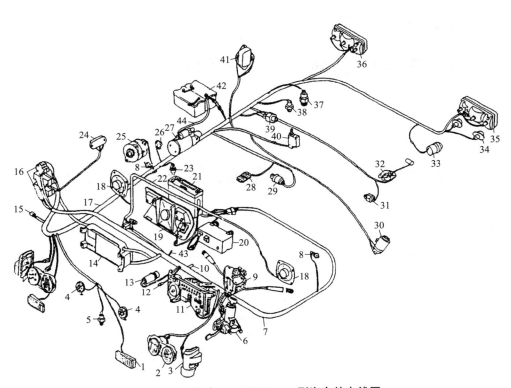

图 2-17 解放 CA1110PK2L2 型汽车的布线图

1—左、右雾灯总成；2—左、右前照灯总成；3—左、右前小灯总成；4—喇叭总成；5—前制动灯开关；6—起动开关总成；7—车身线束总成；8—车门警报开关总成；9—组合开关；10—空调器按钮；11—仪表盘总成；12—烟灰盒照明灯；13—点烟器总成；14—熔断器总成；15—洗涤器接线；16—插接器；17—底盘线束总成；18—扬声器总成（放音机用）；19—驾驶室室内灯总成；20—收音机总成；21—放音机总成；22—室内灯线束总成；23—水温表预热控制器传感器；24—交流发电机调节器总成；25—交流发电机总成；26—机油报警开关；27—起动机总成；28—空气加热器；29—机油压力表及报警指示灯传感器；30—起动继电器总成；31—气压报警开关；32—油量表传感器；33—倒车蜂鸣器总成；34—牌照灯总成；35—左组合后灯；36—右组合后灯；37—气制动报警开关；38—后制动灯开关；39—倒车灯开关；40—驾驶室翻转开关；41—起动预热继电器总成；42—蓄电池总成；43—暖风电动机接线；44—起动机接蓄电池电线总成

模块三 一汽红旗轿车电路图读图方法

学习任务一　红旗轿车电路读图的一般方法

学习任务单

任务名称		红旗轿车电路读图的一般方法
学习目标	专业能力	掌握红旗轿车电路图中符号的含义； 掌握红旗轿车电路图中使用的缩写词、线束符号、导线颜色代码； 掌握红旗轿车电路图组成； 能够初步读懂红旗轿车简单系统电路图； 能够应用布线图在实车查找到各电气部件的位置； 能够实施5S管理； 知晓相关安全、环保等法规、规范要求。
	社会能力	具备团队学习能力； 具备良好的沟通能力及与小组成员协作的能力； 具有为客户服务的意识； 具有安全、环保责任意识。
	方法能力	扩展相应的信息收集能力； 能独立使用各种媒介完成学习任务； 能够进行学习结果的评价与反思。
思政素养		1958年5月12日，国产第一辆小轿车在长春试制成功。第一辆国产小轿车名为"东风"，是红旗轿车的前身。1958年5月21日，毛主席在中南海后花园观看并乘坐了该轿车。毛主席高兴地说："坐了我们自己制造的小汽车了。"红旗品牌是民族汽车品牌的象征。请你通过查阅历史资料，讲述关于红旗轿车发展历程中的励志故事。
学习准备		预习汽车电气基础知识，准备可上网查阅资料的计算机、红旗轿车电路图、学习软件、红旗轿车电气实验台或实验车辆等。

续表

任务名称	红旗轿车电路读图的一般方法
方法建议	建议小组学习,分工协作,共同完成; 制订学习计划; 做好记录,各小组选派代表展示学习成果; 评议各小组展示的学习成果。
学习总结	提炼出学习难点,总结学习任务完成情况。
探讨题	搜集某一型号红旗轿车的相关资料,整理出与该车中央配电盒相关的信息。

相关知识

一、红旗轿车电路图中的符号及含义

红旗轿车电路图中的符号及含义见表3-1。

表3-1 红旗轿车电路图中的符号及含义

符号	含义	符号	含义
蓄电池 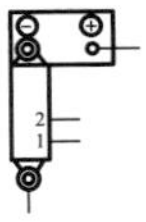	• 通过化学反应产生电流; • 向电路提供直流电	熔断器 	电流超过电路规定的电流值时,熔断器熔断。 备注: 不要使用超过规定容量的熔断器进行更换
接地(1) 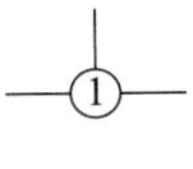	如果有电流从蓄电池的正极向负极流动,则连接点到车身或其他接地线的连接情况如下: • 接地(1)表明接地点通过线束与接地体之间的连接; • 接地(2)表明接地点(即部件)直接与接地体相连; • 接地(3)表明电线与接地体相连。 备注: 若接地有故障,则电流将不能形成回路	熔断器(适用于强电流的熔断器) 熔性连接 	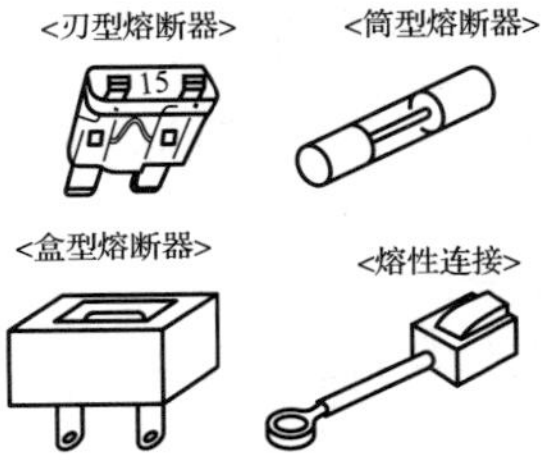 <刃型熔断器> <筒型熔断器> <盒型熔断器> <熔性连接>
接地(2) 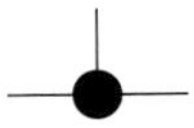		晶体管(1) 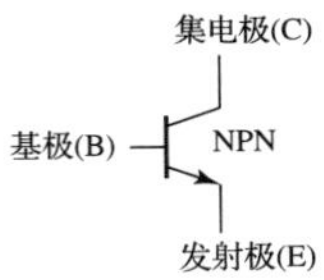 集电极(C) 基极(B) NPN 发射极(E)	• 电气开关的组件。 • 电压加载在基极(B)上时,开关打开。 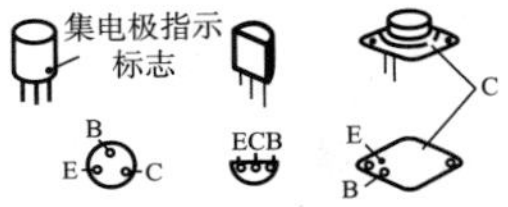 集电极指示标志 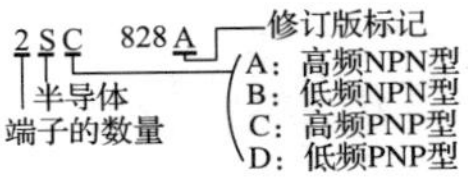
接地(3) 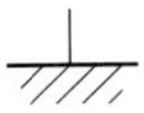		晶体管(2) 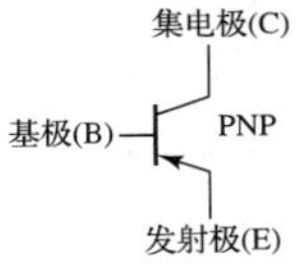 集电极(C) 基极(B) PNP 发射极(E)	• 查阅代码: 2SC 828A 修订版标记 半导体 A:高频NPN型 端子的数量 B:低频NPN型 C:高频PNP型 D:低频PNP型

续表

符　号	含　义	符　号	含　义
照明灯 3.4W	• 电流流过灯丝时发光、发热	加热器	有电流通过时产生热量
电阻器	• 电阻值恒定的电阻器； • 通过保持额定电压来保护电路中的电气部件	点火开关 A F(B2) F(B1) (ST)(OF)(OFF) (IG2)C(ACC) B D	转动点火钥匙能够接通各电路中的组件
电动机	把电能转变成机械能	开关（1） 断开（OFF）	通过断开或闭合开关，中断或允许电流通过电路
泵	吸入、排放气体与液体	开关（2） 闭合（ON）	
点烟器	产生热量的电阻线圈	自动切断开关	满足某些条件时，自动切断电路
附件插座	内部电源	电气配线 连接 如果电路 C–D 与电路 A–B 相连，则用黑色的小圆点表示连接点 D。 连接 根据车辆的装备用白色的小圆点表示不同电路的改向点 D	A　　D　　B C 装备 ABS（TCS）的车辆，使用 A–B 电路。 带ABS(TCS) A D B 带DSC系统 C 装备 DSC 系统的车辆，使用 C–B 电路
喇叭 扬声器	有电流通过时发出声音		
继电器（1） 常开（NO）	流过线圈的电流产生电磁力，导致触点闭合 没有电流流过线圈　无电流流动　　有电流流过线圈　有电流流动		

续表

符　号	含　义	符　号	含　义
继电器（2） 常闭（NC）	流过线圈的电流产生电磁力，导致触点断开 没有电流流过线圈　　　有电流流过线圈 　　有电流流动　　　　　×无电流流动		
传感器（1）	根据阻抗的变化检测某些特性，例如：进气歧管真空度及空气流量	电磁线圈	流过线圈的电流产生电磁力，由此操作柱塞
传感器（2）	根据其他部件的操作检测阻抗的变化	二极管	也被称为半导体整流器，二极管只允许电流朝一个方向流动 阴极(K)　　阳极(A) 　电流的流动方向 K—AK—AK—A
传感器（3）	• 阻抗随温度的变化而发生变化的电阻器； • 温度升高时，阻抗减小	发光二极管（LED）	• 有电流流过时，二极管能够发光； • 与普通的灯泡不同，二极管发光时，并不产生热量 阴极(K)　阳极(A) 　　　阴极(K) 　　　阳极(A) 电流的流动方向
传感器（4）	检测旋转物体发出的脉冲信号		
传感器（5）	施加张力或压力时会产生电势差	稳压二极管 （齐纳二极管）	允许电流朝一个方向流动直至达到电压值，一旦电压超过该值则允许电流朝另一个方向流动
电容器	能够暂时存储电荷的部件		
接线位置的变化范围（1）		接线位置可以在连接器内自由互换	
接线位置的变化范围（2）		接线位置只能按照下列组合自由互换： 在A与B之间、在C与D之间、在E与F之间	

续表

符　号	含　义
接线位置的变化范围（3） 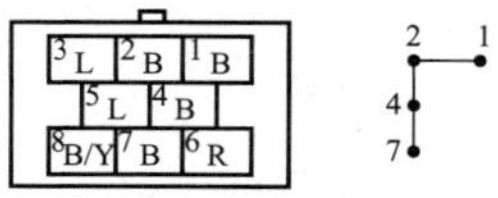	● 接线位置只能按照下列组合进行自由互换：在 1、2、4 与 7 之间； ● 可以用某些连接器的编号来表示接线位置

二、红旗轿车电路图中使用的缩写词及含义

红旗轿车电路图中使用的缩写词及含义见表 3-2。

表 3-2　红旗轿车电路图中使用的缩写词及含义

缩写词	含义	缩写词	含义
A	安培	DLC	数据链路连接器
A/C	空调	DOHC	双顶置凸轮轴
ABS	防抱死制动系统	DTC	诊断故障码（S）
ACC	主动巡航	DTM	诊断测试模式
ACU	安全气囊控制模块	ECT	发动机控制
AFS	自适应前照灯控制系统	EGR	废气再循环
AMP	放大器	ELR	紧急锁紧式安全带卷收器
ANT	天线	ET	电子节气门
AT	自动变速器	EPB	电子驻车制动
ATX	自动变速驱动桥	EPS	电动转向装置
B+	电池正极电压	ESP	电子稳定程序
BCM	车身控制器	EVAP	燃油蒸发排放物
CAN	控制器区域网	F	前
CIS	连续燃油喷射系统	FM	调频
CKP	曲轴位置传感器	FP	燃油泵
CM	控制模块	FPR	燃油泵继电器
CMP	凸轮轴位置传感器	GEN	发电机
COMBI	结合	GND	接地
CON	调节器	H/D	发热器/除霜装置
CONT	控制	HEAT	发热器
DEF	除霜装置	HI	高

续表

缩写词	含义	缩写词	含义
HO_2S	加热氧传感器	OBD	车载故障诊断系统
HU	液压装置	OFF	关闭
IAC	怠速空气控制	ON	打开
IAT	进气温度	OSC	振荡器
IG	点火	P	动力
ILLUMI	照明	P/S	动力转向装置
INT	间歇	PCM	动力传动控制模块
JB	接线盒	PEPS	进入、防盗及起动系统
KS	爆震传感器	PJB	乘客分线盒
LCD	液晶显示器	PRG	清洗电磁阀
LF	左前方	LO	低
LH	左手	LR	右后方
EHPS	电液助力转向	PSP	动力转向压力
EI	电子点火	PWM	脉宽调制
ELEC	电	R	后
M	电动机	RF	右前方
MAF	质量空气流量	RH	右手
MAP	进气歧管绝对压力	RPM	每分钟转数
MFI	多点燃油喷射	RR	右后方
MID	中间	SECTION	部分
MIL	故障指示灯	SFI	连续多点燃油喷射
MIN	分钟	ST	起动
MIX	混合气	SW	座椅加热
MPX	多路传输	TCC	液力变矩器离合器
MT	手动变速器	TCU	变速器（变速驱动桥）控制模块
MTX	手动变速驱动桥		
N	空挡	TCS	牵引力控制系统
NC	常闭	TEMP	温度
NO	常开	TFT	变速驱动桥油的温度
O_2S	氧传感器	TNS	车尾号码侧灯

续表

缩写词	含义	缩写词	含义
TP	节气门位置传感器	VSS	车速传感器
TR	变速器（变速驱动桥）的范围	VTCS	可变进气涡流控制系统
		W	瓦特
V	伏特	WOT	节气门全开

三、红旗轿车电路图中的线束符号与导线颜色代码

红旗轿车电路图中的线束符号见表3-3，导线颜色代码见表3-4。

表3-3　红旗轿车电路图中的线束符号

电气配线的名称	符号		电气配线的名称	符号	
车身线束总成	(B)	 ▦	行李舱盖线束总成	R	—
动力总成线束总成	(P)	 ◆◆◆	发电机电源线束总成	E	—
仪表线束总成	(I)	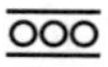 ooo	左前轮线束总成	W1	
前部线束总成	(F)	 ▨	右前轮线束总成	W2	
前部2号线束总成	(F2)	—	左后轮线束总成	W3	
前保险杠线束总成	(FF)		右后轮线束总成	W4	
左前门线束总成	(DR1)	—	左前门过渡线束	SH1	
右前门线束总成	(DR2)	—	右前门过渡线束	SH2	
左后门线束总成	(DR3)		左后门过渡线束	SH3	
右后门线束总成	(DR4)		右后门过渡线束	SH4	
顶棚线束总成	IN		仪表板过渡线束	SH5	
后保险杠线束总成	RR	—	蒸发器线束	(A)	—

表3-4　红旗轿车电路图中的导线颜色代码

颜色	代码	颜色	代码
黑色	B	橙色	O
蓝色	L	粉色	P
棕色	Br	红色	R
灰色	Gr	紫色	V
绿色	G	白色	W
黄色	Y	浅绿色	LG

四、红旗轿车中央配电盒

红旗轿车中央配电盒 F–01~F–03 如图 3–1~图 3–3 所示。

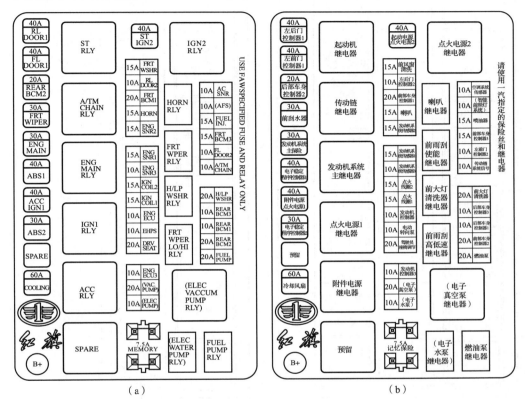

图 3–1　红旗轿车中央配电盒 F–01

(a) 英文；(b) 中文

注：标签中括号内的熔断丝或继电器回路代表选装配置。

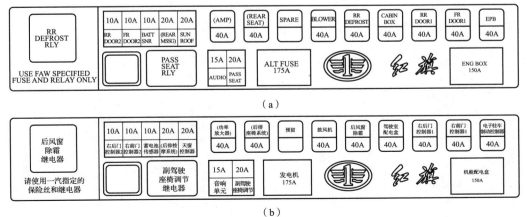

图 3–2　红旗轿车中央配电盒 F–02

(a) 英文；(b) 中文

注：标签中括号内的熔断丝或继电器回路代表选装配置。

(SHIFT LOCK RLY)	15A	(SEAT VENT)		SPARE
	15A	(D.SEAT HTR)		SPARE
	15A	(P.SEAT HTR)	10A	(REAR CURTAIN)
(REAR SEAT RLY)	10A	PEPS1	10A	CONT SW
	10A	ECM	15A	PWR OUTLET
SPARE	15A	(FRIDGE)	15A	CIGAR
	10A	AC	10A	AUDIO
SPART	10A	PEPS2		SPARE
	20A	ESCL	10A	DR MODULE
SPART	10A	PEPS3	10A	BCM
	10A	(AT TCU1)	15A	(AT TCU2)
SPART	15A	(DCT TCU1)	10A	(DCT TCU2)
	10A	IC1	10A	ESP
SPART	10A	IC2	10A	IC2
	10A	DIAG	10A	IC3
	10A	GATE WAY	10A	AIR BAG

USE FAW SPECIFIED FUSE AND RELAY ONLY

(a)

（换挡电磁阀继电器）	15A	（后座椅通风系统）		预留
	15A	（驾驶员座椅加热控制器）		预留
	15A	（副驾驶员座椅加热控制器）	10A	（后风窗遮阳帘）
（后排座椅继电器）	10A	智能进入、智能起动控制器1	10A	中控面板开关
	10A	内后视镜	15A	备用电源
预留	15A	（车载冷暖箱）	15A	点烟器
	10A	前空调控制器	10A	音响单元
预留	10A	智能进入、智能起动控制器2		预留
	20A	电子转向柱锁	10A	车门控制器
预留	10A	智能进入、智能起动控制器3	10A	车身控制器
	10A	（自动变速器控制器1）	15A	（自动变速器控制器2）
预留	15A	（双离合变速器控制器1）	10A	（双离合变速器控制器2）
	10A	组合仪表1	10A	电子稳定程序控制器
预留	10A	组合仪表2	10A	倒车雷达控制器
	10A	诊断接口	10A	组合仪表3
	10A	网关控制器	10A	安全气囊控制器

请使用一汽指定的保险丝和继电器

(b)

图3-3 红旗轿车中央配电盒 F-03

(a) 英文；(b) 中文

注：标签中括号内的熔断丝或继电器回路代表选装配置。

各中央配电盒（熔断丝盒）在车上的位置示意如图3-4所示。

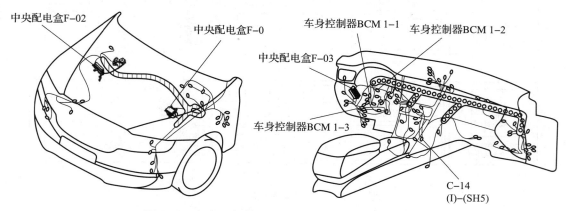

图3-4 中央配电盒（熔断丝盒）在车上的位置示意

五、红旗轿车电路图组成

（一）接地点与线束插接器

在电路图中接地点与线束插接器的表示方法如图 3-5 所示。在电路图中电气配线接地与装置直接接地有不同的表示方法，如图 3-6 所示。

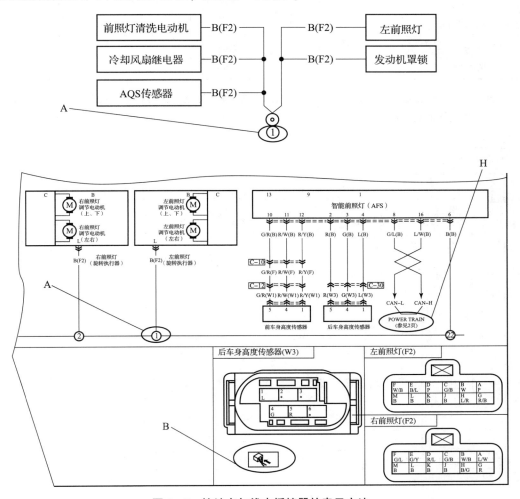

图 3-5 接地点与线束插接器的表示方法

A—接地点表示方法；B—观看线束插头的方向是从线束入线端查看（如果没有特殊说明，就表示从线束出线端查看线束插头，即从电气部件上拔下插头，对着线束插头观看）；H—总线传输，多路通信

在电路图与连接示意图中，阴、阳连接器（插座、插头）的表示方法如图 3-7 所示。

（二）系统电路示意图

（1）系统电路的表示方法。图 3-8 ~ 图 3-10 所示意图表明每个系统从电源到接地的电路。电源在电路图的上部，接地点在电路图的下部。对于示意图所描述的电路，点火开关是关闭的，处于断电状态。电路图中包括了系统名称、系统代码、插接器（连接器）和导线特征、部件名称等大量信息。

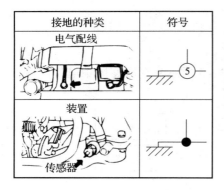

图 3-6 电气配线接地与装置直接接地的表示方法

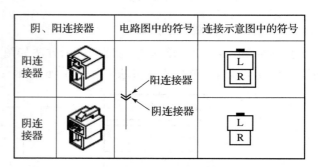

图 3-7 阴、阳连接器（插座、插头）的表示方法

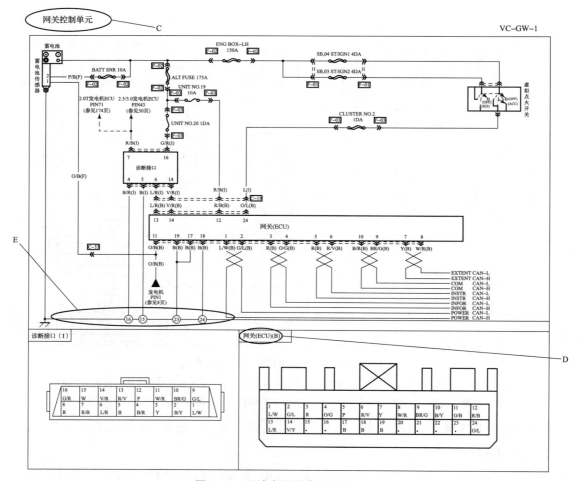

图 3-8 系统电路的表示方法（一）

C—系统名称；D—连接器名称［网关（ECU）（B）表示连接网关控制单元的线束插头］；E—接地编号

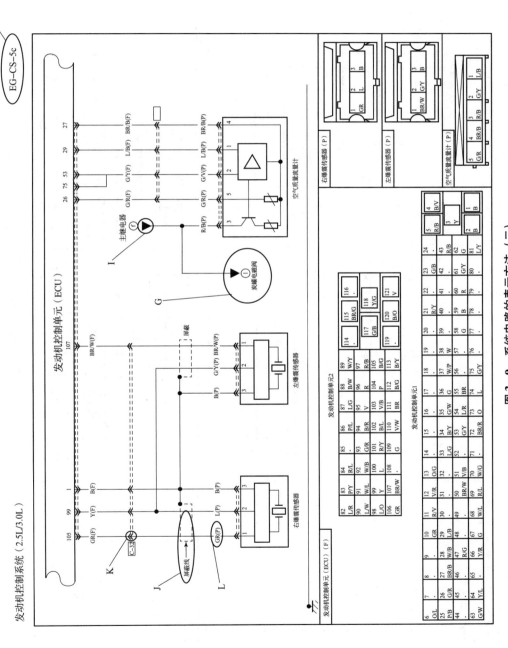

图 3-9 系统电路的表示方法（二）

F—系统代码；G—电路一直延续到相关的系统示意；I—电流符号（电流按前箭头所指的方向流动）；J—屏蔽线；K—连接器符号；L—导线颜色符号

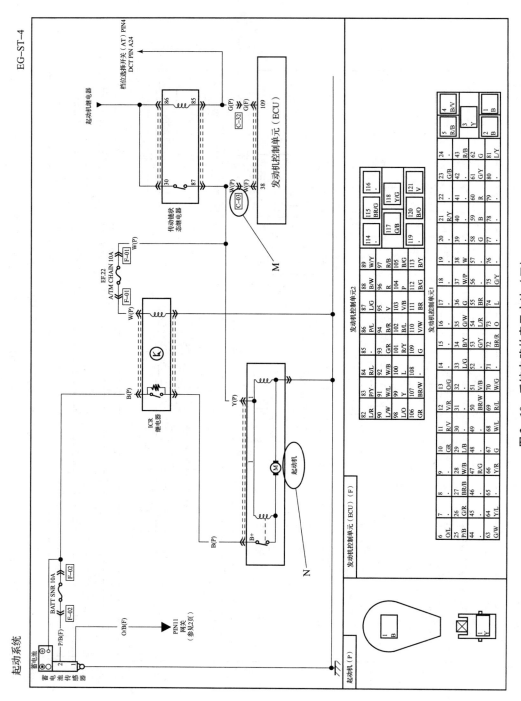

图 3-10 系统电路的表示方法（三）

M—连接器符号（常用连接器用 C-××表示）；N—部件名称

（2）电路图接续的表示方法。电路图 3-9 中的"G"表明电路一直延续到相关的系统电路，如图 3-11 所示。

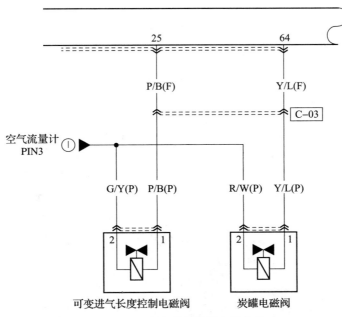

图 3-11　电路图接续的表示方法

（3）电路图中导线颜色的表示方法。电路图 3-9 中的"L"表明导线颜色特征，如图 3-12 所示。

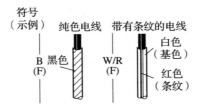

图 3-12　电路图中导线颜色的表示方法
F—导线所在线束位置为前部线束总成

（三）零部件位置图

零部件位置图可以看成布线图，它很清楚地标明了零部件在车辆上的位置。图 3-13 所示是红旗 H7 轿车发动机舱内零部件位置图，在阅读零部件位置图时配合插接器符号会获得更多电路信息。

（四）电源配电图

电源配电图如图 3-14 和图 3-15 所示，它表明各个系统的电源供电电路。

（五）网关电路

红旗 H7 轿车网关电路如图 3-16 所示。可以简单地把网关看成各控制电源之间的插接器。

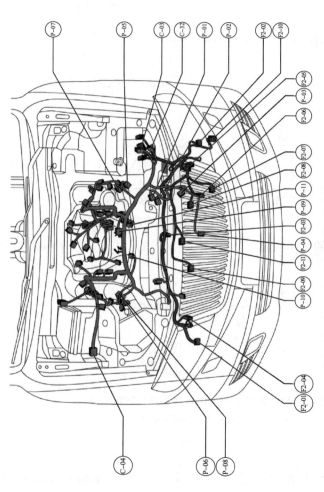

图 3-13 红旗 H7 轿车发动机舱内零部件位置图

F2-01—右前照灯；F2-02—左前照灯；F2-03—冷却风扇电动机；F2-04—右前加速度传感器；F2-05—左前加速度传感器 4（排气2）；F2-06—空调压力传感器；F2-07—AQS 传感器；F2-08—低音喇叭；F2-09—高音喇叭；F2-10—前照灯清洗泵；F2-11—发动机罩锁；P-01—起动机；P-02—起动机吸开关；P-03—空调压缩机；P-04—机油压力方传感器；P-05—可变凸轮轴正时；P-06—可变凸轮轴正时 3（排气1）；P-07—可变凸轮轴正时 2（进气2）；P-08—可变凸轮轴正时 1（进气1）；P-09—可变进气长度控制电磁阀；P-10—右爆震传感器；P-11—左爆震传感器；C-××—常用连接器（表明不同线束之间的连接）

模块三 一汽红旗轿车电路图读图方法

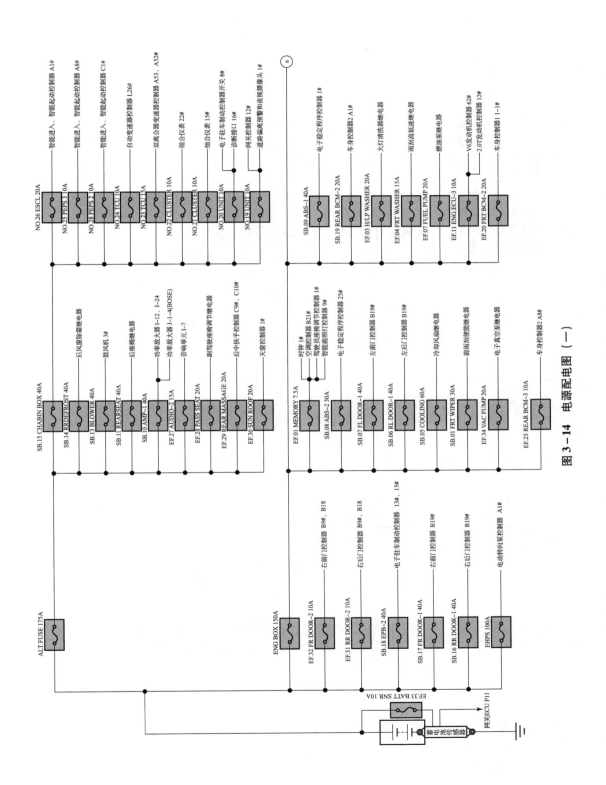

图3-14 电源配电图（一）

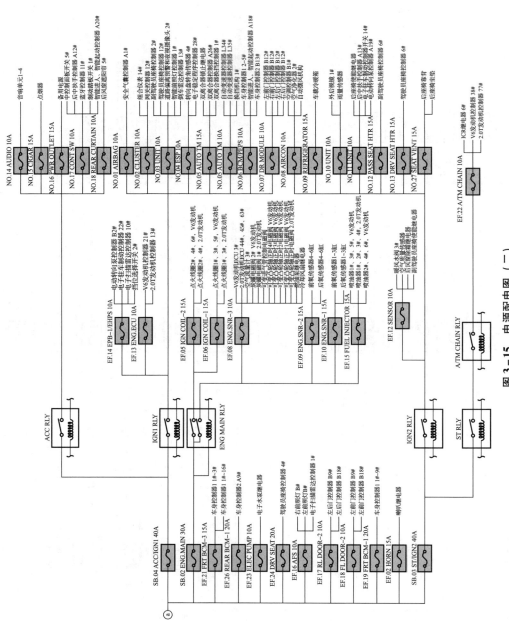

图 3-15 电源配电图（二）

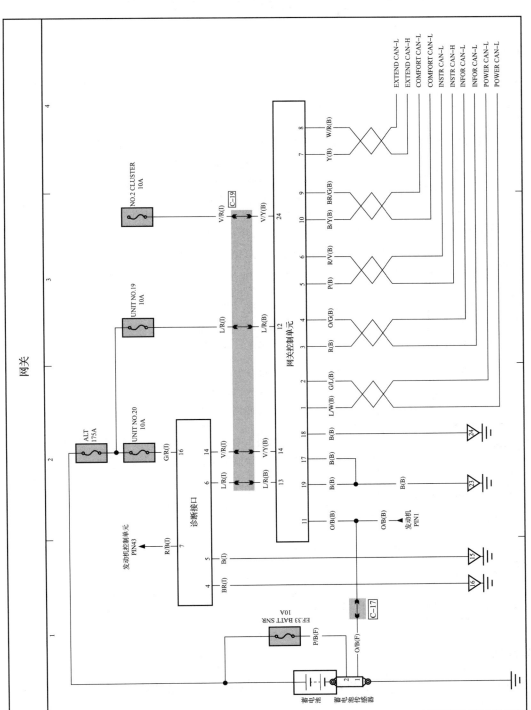

图 3-16 红旗 H7 轿车网关电路

学习任务二　红旗轿车电路读图实例

学习任务单

任务名称	红旗轿车电路读图实例	
学习目标	专业能力	能够读懂红旗 H7 轿车自动空调系统电路原理图； 能够读懂红旗 H7 轿车自动空调系统电路图； 能够比较系统电路图与电路原理图的异同； 能够应用电路图在实车查找相关部件的位置； 应用电路图分析系统部件或线路出现的故障可能给空调系统工作带来的影响； 能够实施 5S 管理； 知晓相关安全、环保等法规、规范要求。
	社会能力	具备团队学习能力； 具备良好的沟通能力及与小组成员协作的能力； 具有为客户服务的意识； 具有安全、环保责任意识。
	方法能力	扩展相应的信息收集能力； 能够独立使用各种媒介完成学习任务； 能够进行学习结果的评价与反思。
学习准备	预习汽车空调知识，准备可上网查阅资料的计算机、红旗 H7 轿车自动空调系统电路图、学习软件、红旗轿车电气实验台或实验车辆等。	
方法建议	建议小组学习，分工协作，共同完成； 制订学习计划； 做好记录，各小组选派代表展示学习成果； 评议各小组展示的学习成果。	
学习总结	提炼出学习难点，总结学习任务完成情况。	
探讨题	搜集红旗轿车电路图，选择某一系统进行电路分析。	

相关知识

下面以红旗 H7 轿车自动空调系统电路为例介绍红旗轿车电路读图方法。

一、红旗 H7 轿车自动空调系统电路原理图

红旗 H7 轿车自动空调系统电路原理图如图 3-17 和图 3-18 所示。

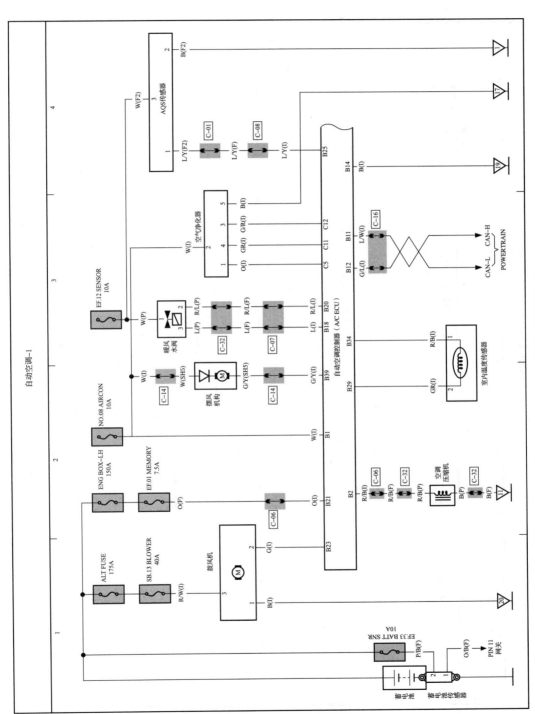

图 3-17 自动空调系统电路原理图(一)

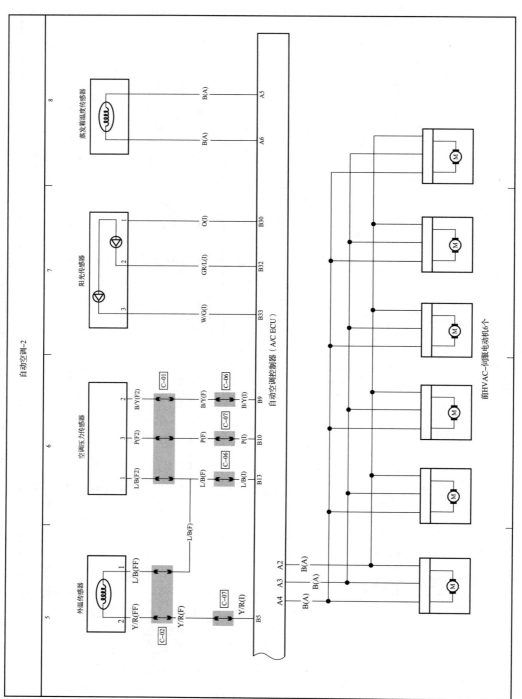

图 3-18 自动空调系统电路原理图（二）

自动空调控制器是自动空调系统的中枢，它通过各传感器、开关等获取各种信息，包括制冷系统压力参数、环境温度状况、乘员操作开关等。自动空调控制器根据这些信息经过运算发出指令，控制空调压缩机、鼓风机、伺服电动机、各电磁阀等执行器工作，从而完成空调系统的自动控制。

（一）鼓风机电路

（1）鼓风机供电电路：蓄电池→发电机 175A 熔断器→SB13 号 40A 熔断器→红白双色导线（I 表示在仪表线束总成中）→鼓风机插头 3 号插脚。

（2）鼓风机搭铁电路：鼓风机插头 1 号插脚→黑色导线（在仪表线束总成中）→20 号搭铁点。

（3）鼓风机控制电路：自动空调控制器（A/C ECU）B 插头的 23 号插脚→绿色导线（在仪表线束总成中）→鼓风机插头 2 号插脚。

通过电路分析可知，鼓风机的工作状态是由自动空调控制器（A/C ECU）控制的。

（二）空调压缩机电路

空调压缩机的工作由自动空调控制器（A/C ECU）控制，其电路：自动空调控制器（A/C ECU）B 插头的 2 号插脚→红黑双色导线（在仪表线束总成中）→C-06 连接器→红黑双色导线（F 表示在前部线束总成中）→C-32 连接器→红黑双色导线（P 表示在动力总成线束总成中）→空调压缩机电磁离合器→黑色导线（在动力总成线束总成中）→C-32 连接器→黑色导线（在前部线束总成中）→11 号搭铁点。

（三）AQS（空气质量）传感器电路

AQS 传感器用于检测空气的浊度、湿度，判断是否有污染，进而控制空调的内、外循环工作。当 AQS 传感器检测到大气中含有有害气体后，空调将会自动从外循环工作转换为内循环工作。

（1）AQS 传感器供电电路：由 12 号 10A 熔断器→白色导线（F2 表示在前部 2 号线束总成中）→AQS 传感器插头 3 号插脚。

（2）AQS 传感器搭铁电路：AQS 传感器插头 2 号插脚→黑色导线（在前部 2 号线束总成中）→1 号搭铁点。

（3）AQS 传感器输出信号电路：AQS 传感器插头 1 号插脚→蓝黄双色导线（在前部 2 号线束总成中）→C-01 连接器→蓝黄双色导线（在前部线束总成中）→C-08 连接器→蓝黄双色导线（在仪表线束总成中）→自动空调控制器（A/C ECU）B 插头的 25 号插脚。

二、红旗 H7 轿车自动空调系统电路图

红旗 H7 轿车自动空调系统电路图如图 3-19 和图 3-20 所示。系统电路图可以看作内容更加丰富的电路原理图，特别是配合布线图、线束图使用能够传递更多信息。红旗 H7 轿车自动空调系统布线图如图 3-21 和图 3-22 所示。

下面通过系统电路图和布线图来分析鼓风机、空调压缩机、AQS 传感器电路。

（一）鼓风机电路

（1）鼓风机供电电路：蓄电池→中央配电盒 F-02→机舱 150A 熔断器→中央配电盒 F-02→发电机 175A 熔断器→中央配电盒 F-02→SB13 号鼓风机 40A 熔断器→红白双色导

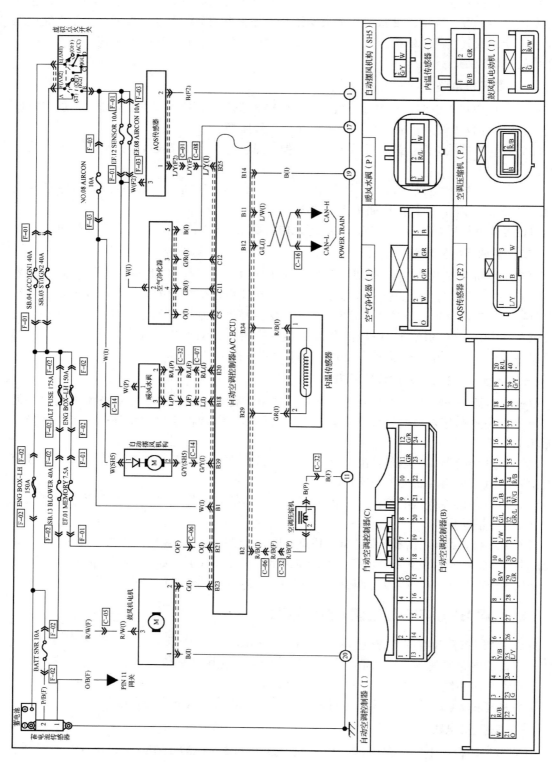

图 3-19 红旗 H7 轿车自动空调系统电路图（一）

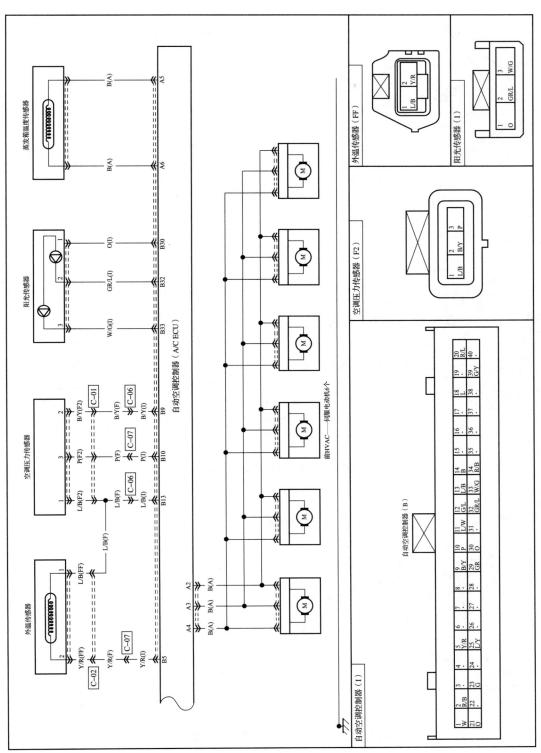

图 3-20 红旗 H7 轿车自动空调系统电路图（二）

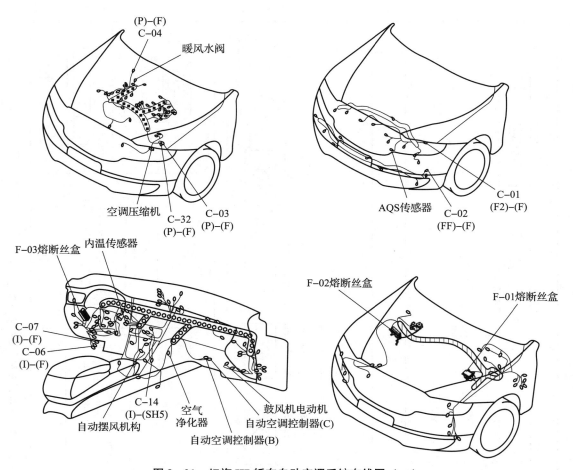

图 3-21 红旗 H7 轿车自动空调系统布线图(一)

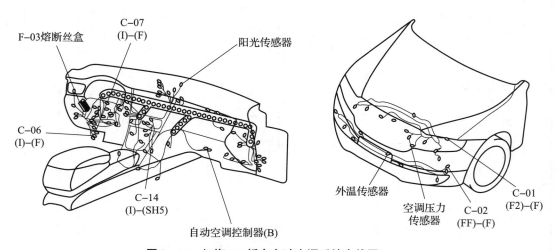

图 3-22 红旗 H7 轿车自动空调系统布线图(二)

线（F 表示在前部线束总成中）→C‐05 连接器→红白双色导线（I 表示在仪表线束总成中）→鼓风机插头 3 号插脚。

（2）鼓风机搭铁电路：鼓风机插头 1 号插脚→黑色导线（在仪表线束总成中）→20 号搭铁点。

（3）鼓风机控制电路：自动空调控制器（A/C ECU）B 插头的 23 号插脚→绿色导线（在仪表线束总成中）→鼓风机插头 2 号插脚。

在系统电路图的下部清楚地表述出与电气元件连接的各插头信息，如自动空调控制器（A/C ECU）B 插头的 40 个插脚排列分布情况以及与各插脚连接的导线颜色。

在图 3‐21 中可以很容易地知道各电气元件、中央配电盒（熔断丝盒）、连接器等在车辆上的位置信息，在实际检修电路时很有帮助。

（二）空调压缩机电路

空调压缩机工作电路：自动空调控制器（A/C ECU）B 插头的 2 号插脚→红黑双色导线（在仪表线束总成中）→C‐06 连接器→红黑双色导线（F 表示在前部线束总成中）→C‐32 连接器→红黑双色导线（P 表示在动力总成线束总成中）→空调压缩机电磁离合器→黑色导线（在动力总成线束总成中）→C‐32 连接器→黑色导线（在前部线束总成中）→11 号搭铁点。

这里只是对空调压缩机供电进行直观分析，其实在空调压缩机控制电路中最为关键的是自动空调控制器（A/C ECU）B 插头的 2 号插脚何时供电、何时断电，空调压缩机工作需要满足许多条件，如空调制冷系统压力、外部环境温度、蒸发箱温度等，请结合空调系统相关知识学习，在掌握相关系统的结构与工作原理的基础上结合电路分析能够取得相得益彰的效果。

（三）AQS 传感器电路

（1）AQS 传感器供电电路：蓄电池→中央配电盒 F‐02→发动机舱 150A 熔断器→中央配电盒 F‐01→SB03 号 40A 起动点火电源 2 的熔断器→虚拟点火开关（点火开关处于点火挡时 IG2 供电，即 B 脚有电）→中央配电盒 F‐01→12 号 10A 熔断器→白色导线（在前部 2 号线束总成中）→AQS 传感器插头 3 号插脚。

（2）AQS 传感器搭铁电路：AQS 传感器插头 2 号插脚→黑色导线（在前部 2 号线束总成中）→1 号搭铁点。

（3）AQS 传感器输出信号电路：AQS 传感器插头 1 号插脚→蓝黄双色导线（在前部 2 号线束总成中）→C‐01 连接器→蓝黄双色导线（在前部线束总成中）→C‐08 连接器→蓝黄双色导线（在仪表线束总成中）→自动空调控制器（A/C ECU）B 插头的 25 号插脚。

同样，在布线图中可以很轻松地找到各电气元件、中央配电盒（熔断丝盒）、连接器等在车辆上的位置信息。

模块四 大众轿车电路读图方法

学习任务一　大众轿车电路读图的一般方法

学习任务单

任务名称		大众轿车电路读图的一般方法
学习目标	专业能力	掌握大众轿车电路图中符号的含义； 掌握大众轿车电路图的组成； 掌握大众轿车电路图的特点； 能够初步读懂该车系简单电路； 能够实施5S管理； 知晓相关安全、环保等法规、规范要求。
	社会能力	具备团队学习能力； 具备良好的沟通能力及与小组成员协作的能力； 具有为客户服务的意识； 具有安全、环保责任意识。
	方法能力	扩展相应的信息收集能力； 能够独立使用各种媒介完成学习任务； 能够进行学习结果的评价与反思。
学习准备		预习汽车电气基础知识，准备可上网查阅资料的计算机、大众轿车电路图、学习软件、大众轿车电气实验台或实验车辆等。
方法建议		建议小组学习，分工协作，共同完成； 制订学习计划； 做好记录，各小组选派代表展示学习成果； 评议各小组展示的学习成果。
学习总结		提炼出学习难点，总结学习任务完成情况。
探讨题		搜集某一型号大众轿车的相关资料，整理出与该车中央配电盒相关的信息。

模块四 大众轿车电路读图方法

相关知识

德国大众系列汽车在我国的轿车工业中已占据了主导地位，如一汽-大众公司生产的奥迪、捷达、宝来、高尔夫、速腾轿车以及上海-大众公司生产的桑塔纳、帕萨特轿车等，这些产品的电路图与其他系列汽车电路图相比，具有许多不同之处，它既不同于其他汽车的接线图，也不同于其他汽车的电路原理图。实际上它可以看作电路原理图，但实质上更接近接线图。

一、电路图中符号的含义

下面以捷达轿车的转向和报警闪光灯部分电路为例说明电路图中符号的含义，如图4-1所示。

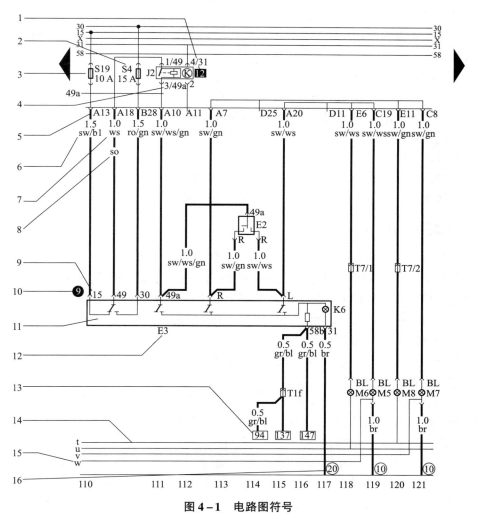

图4-1 电路图符号

E2—转向开关；E3—报警闪光灯开关；J2—闪光灯继电器；K6—报警闪光灯；M5—左前转向灯；M6—左后转向灯；M7—右前转向灯；M8—右后转向灯；T7—七孔插座连接（在中央配电盒内）；⑩—接地点（在中央配电盒内）；⑳—接地连接（接线柱31，在仪表板线束内）

图4-1中各部分的含义如下：

1——继电器位置号，表明继电器在中央配电盒上的位置。
2——中央配电盒上的继电器或控制器符号，在说明中可以找到它的名称。
3——熔断器符号。例如：熔断器座上的19号熔断器（10 A）。
4——中央配电盒上的插接件符号。例如："3/49a"中"3"表示中央配电盒上12号继电器座的3号插孔；"49a"表示继电器/控制器上的49a插头。
5——中央配电盒上的连接件符号，指出一个带线束的多孔或单孔插头的位置。例如：A13为多孔插头A的13触点。
6——导线截面面积，单位：mm^2。
7——导线颜色。此缩写是线色代码，电路图旁注有说明。
8——白色线上印刷的标记号，用于区分一根线束中的不同白色线。
9——接线柱符号，可在零件图上找到标记。
10——故障诊断程序用的检测点。在插图或电路图中可找到同样的黑色圆内的数字，用于故障诊断程序。
11——线路标记。此处为报警灯开关。
12——零件符号。在说明中可以找到零件名称。
13——导线连接端。方框内的数字表明电路图中的接续导线。
14——内部连线（细线）。此连接仅是内部电路连接，没有导线，可以依次追踪电路构件和线束内部的电流走向。
15——内部连接线符号，字母表示下一电路图的连接线。
16——接地点标记符号，可在说明中查到接地点在车身上的位置。

二、电路图的构成

大众轿车电路图（见图4-1）大体上可以分解为以下几部分：

（1）外线部分。外线部分在图上以粗实线画出，集中在图的中间部分。每条线上都有导线的颜色、导线截面面积的标注。线端都有接线柱号或插口号标示其连接关系。颜色标记以字母表示。对应关系：ws = 白色，sw = 黑色，ro = 红色，br = 棕色，gn = 绿色，bl = 蓝色，gr = 灰色，li = 紫色，ge = 黄色。

如果导线是双色的，则以两种颜色的字母共同标记，例如 ro/sw、sw/ge 等。导线截面面积以数字标示在导线颜色上方，单位是 mm^2，例如4.0、6.0等。

（2）内部连接部分。内部连接部分在图上以细线画出。这部分连接是存在的，但线路是不存在的。标示线路只是为了说明这种连接关系，同时使电路图更加容易被理解。

（3）电气元件部分。电路图本身就是表达电气元件之间的连接关系的。因此，电气元件在电路图中是主体。电气元件在电路图中用框图辅以相应的标号表示。每个电气元件都有一个代号，如A表示蓄电池，V7表示散热器风扇等。电气元件的接线点都用标号标出，标号在电气元件上可以找到。例如，起动机B有两个接点，一个标记30，一个标记50。

（4）继电器、熔断器及其连接件部分。这一部分表示在电路图的上部，反映的内容有：继电器位置号、继电器名称、中央配电盒上插接元件符号、中央配电盒上连接件符号、熔断器标号及熔断器容量等，并且熔断器容量用不同的颜色加以区别。车上大部分继电器和熔断器都安装在中央配电盒的正面，几乎全部主线束均从中央配电盒背面插接通往各用电设备。

（5）电路接续号。电路接续号在电路图的最下方，这一标号只是制图和识图的标记号，数字的大小没有实际的物理意义。电路接续号有两个作用，一个作用是顺序表达整车的全部电路内容，便于每一部分既相对独立又相互联系；另一个作用是便于反映在一部分电路图中难以表达的接续部分。

三、电路图的特点

（1）接点标记具有固定的含义。在大众轿车电路图中经常遇到接点标记的数字及字母，它们都具有固定的含义。如数字 30 代表来自蓄电池正极的供电线；数字 31 代表接地线；数字 15 代表来自点火开关的点火供电线；数字 50 代表点火开关在起动挡时的起动供电线；X 代表受控的大容量用电设备供电线（来自卸荷继电器的供电线）等。无论这些标记出现在电路图的什么位置，相同的标记都代表相同的接点。

（2）所有电路都是纵向排列，不互相交叉。大众轿车电路图采用断线代号法处理电路复杂交错的问题。例如，假设某条电路的上半段在电路续号为 116 的位置上，下半段在电路接续号为 147 的位置上。这时，在上半段电路的终止处画一个标有 147 的小方格，在下半段电路的开始处画一个标有 116 的小方格，通过 116 和 147 就可以将上、下半段电路连在一起。

（3）整个电路以中央配电盒为中心。大众轿车电路图在表示电路走向的同时，还表达了电路的结构。中央配电盒的正向插有各种继电器和熔断器。在电路图上的继电器标有 4/49、3/49a 等数字，如图 4-2 所示。其中分子数 4、3 是指中央配电盒插孔代号，分母 49、49a 是指继电器的插脚代号。4/49 就表示出了继电器插脚与插孔的配合关系。

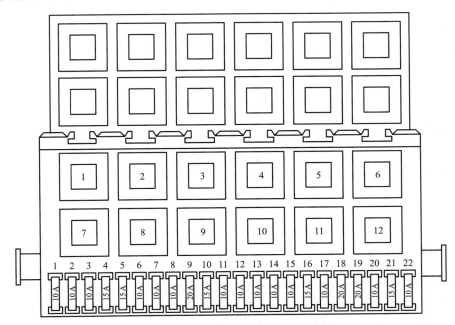

图 4-2 中央配电盒正面布置示意

学习任务二 捷达轿车电路读图实例

学习任务单

任务名称		捷达轿车电路读图实例
学习目标	专业能力	能够读懂捷达轿车各系统电路图； 能够应用电路图在实车查找相关部件的位置； 能够应用电路图分析某一系统的部件或电路可能出现的故障； 能够实施5S管理； 知晓相关安全、环保等法规、规范要求。
	社会能力	具备团队学习能力； 具备良好的沟通能力及与小组成员协作的能力； 具有为客户服务的意识； 具有安全、环保责任意识。
	方法能力	扩展相应的信息收集能力； 能够独立使用各种媒介完成学习任务； 能够进行学习结果的评价与反思。
学习准备		可上网查阅资料的计算机、捷达轿车电路图、学习软件、捷达轿车电气实验台或实验车辆等。
方法建议		建议小组学习，分工协作，共同完成； 制订学习计划； 做好记录，各小组选派代表展示学习成果； 评议各小组展示的学习成果。
学习总结		提炼出学习难点，总结学习任务完成情况。
探讨题		选择捷达轿车某一系统电路并将其转化成电路原理图。

相关知识

一、中央配电盒的布置

整车电路是以中央配电盒为中心的。图4-2所示为捷达轿车中央配电盒正面布置，各熔断器及继电器在中央配电盒上的布置见表4-1，各线束插头与中央配电盒插座的连接关系（中央配电盒背面布置）如图4-3所示。

表 4-1 熔断器及继电器在中央配电盒上的布置

熔断器							
序号	用电器	容量/A	颜色	序号	用电器	容量/A	颜色
1	左近光灯	10	红色	12	右远光灯	10	红色
2	右近光灯	10	红色	13	喇叭、散热器风扇	10	红色
3	仪表板照明灯、牌照灯	10	红色	14	倒车灯	15	蓝色
4	杂物箱灯	15	蓝色	15	发电机电子装置	10	红色
5	雨刮器、洗涤器	15	蓝色	16	组合仪表	15	蓝色
6	空调、鼓风机	20	黄色	17	转向灯、报警灯	10	红色
7	右尾灯、右停车灯	10	红色	18	电动燃油泵	20	黄色
8	左尾灯、左停车灯	10	红色	19	散热器风扇	30	绿色
9	后窗除霜加热器	20	黄色	20	制动灯	10	红色
10	雾灯、后雾灯	15	蓝色	21	车内照明、行李仓灯、时钟	15	蓝色
11	左远光灯	10	红色	22	收音机、点烟器	10	红色
继电器							
位置号	继电器名称	外壳上的号码		位置号	继电器名称	外壳上的号码	
1	空调继电器	13		14	起动保护继电器 散热器风扇起动控制单元 催化反应器报警控制单元 进气歧管预热继电器	53 31 44 1	
4	卸荷继电器	18		15	ABS 液压泵继电器	78	
6	闪光器	21		16	ABS 继电器	79	
8	间歇清洗/刮水继电器	19		17	空		
10	雾灯继电器	53		18	电动座椅调整机构或 自由轮锁止机构继电器	83	
11	双音喇叭继电器	53		19	自动变速器继电器	53	
12	进气歧管预热继电器 燃油泵继电器 预热塞继电器	1 67 60		20	自由轮锁止机构继电器 自动预热控制继电器	83 47	
13	散热器风扇启动继电器 燃油泵起动控制单元 怠速提升控制单元	31 91 82		21	车窗玻璃升降继电器	24	

续表

继电器			
22	ABS液压泵熔断器	24	车窗玻璃升降器熔断器
23	空调、电动座椅调整装置、双频道收放机熔断器		

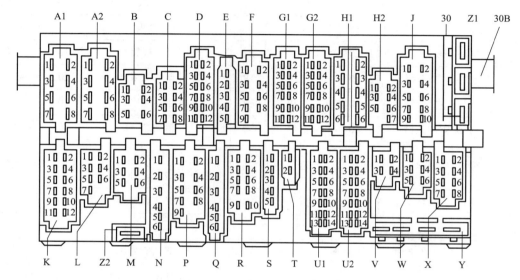

图4-3 中央配电盒背面布置

A1，A2—8孔插头（黄色），前照灯线束；B—6孔插头（绿色），用于前照灯清洗系统；C—8孔插头（黄色），用于任选线束；D—12孔插头（绿色），用于附加设备；E—5孔插头（绿色），仪表线束；F—9孔插头（白色），发动机舱右侧线束；G1，G2—12孔插头（白色），发动机舱右侧线束；H1，J—10孔插头（红色），转向柱开关线束；H2—8孔插头（红色），转向柱开关线束；K—12孔插头（黑色），尾部线束；L—7孔插头（黑色），尾部线束；M—6孔插头（黑色），尾部线束；N—6孔插头（绿色），空调线束；P—9孔插头（蓝色），后风窗及前雾灯开关线束；Q—6孔插头（蓝色），仪表线束；R—10孔插头（蓝色），灯光开关线束；S—5孔插头（白色），发动机舱右侧线束；T—2孔插头（绿色）；U1，U2—14孔插头（蓝色），仪表板线束；V—4孔插头（绿色），多功能指示器线束；W—6孔插头（绿色），ABS线束；X—8孔插头（绿色），报警指示灯（拖挂设备、ABS）线束；Y—单孔插头，接线柱30；Z1—单孔插头；Z2—单孔插头，接线柱31；30—单孔插头，接线柱30；30B—单孔插头

二、电路分析

捷达轿车主要由电源、起动、发动机冷却液温度控制、自动阻风门、进气歧管预热、怠速燃油截断部分负荷冷态加热、冷起动热时间阀、点火照明及停车信号灯、电动雨刮器和空调系统等电路组成。

（1）电源电路（见图4-4）。

将点火开关D转到点火挡15位置，发电机励磁电流由蓄电池A的正极经闭合的点火开关 D 的 15 点火挡、S_{16} 熔断器、中央配电盒的 U1/4 端进入组合仪表的 $T_{28/13}$ 端，经充电指示灯 K_2，从组合仪表的 $T_{28/16}$ 端流出，再经中央配电盒的 U2/12、A2/1、发电机 C 的 D+端到发电机 C 的励磁绕组，从电压调节器 C_1 到蓄电池 A 的负极。充电指示灯 K_2 亮时也给发电机 C 提供预励磁电流。发电机 C 正常工作后，其 D+端电压升至电源电压，充电指示灯 K_2 因两端等电位而熄灭，表示发电机 C 工作正常。

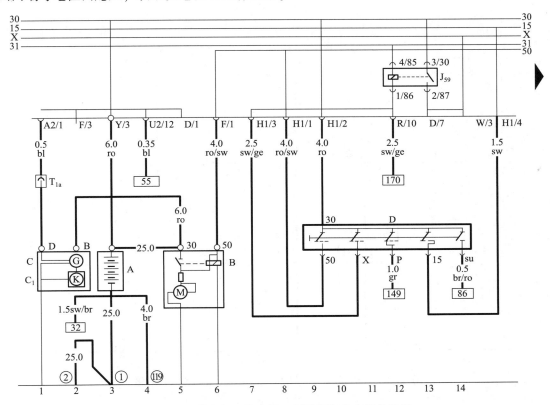

图 4-4　发电机、蓄电池、起动机和点火开关电路

A—蓄电池；B—起动机；C—发电机；C_1—电压调节器；D—点火开关；J_{59}—负荷继电器；
T_{1a}—单孔接头（蓄电池附近）；①—搭铁线（蓄电池—车身）；
②—搭铁线（变速器—车身）；⑲—搭铁连接点（前大灯线束内）

（2）起动电路（见图 4-4）。

将点火开关 D 转到起动挡 50 位置时，电路的工作电流由蓄电池 A 的正极即中央配电盒的 30 及 H1/2 端回到点火开关 D 闭合的 50 挡。经起动机电磁开关的吸拉线圈、起动机电枢绕组到蓄电池 A 的负极，同时经起动机电磁开关的保持线圈到搭铁端。在两组线圈磁力的共同驱动下，电磁开关的主触点闭合。蓄电池 A 的正极经闭合的主触点、起动机电枢绕组到搭铁端，给起动机的电枢绕组施加蓄电池 A 的全部电压，使起动机 B 进入起动状态。

（3）发动机冷却液温度控制电路（见图 4-5）。

发动机冷却液温度控制为双温双速电动风扇结构，同时具有发动机温升超高自动冷却的功能。

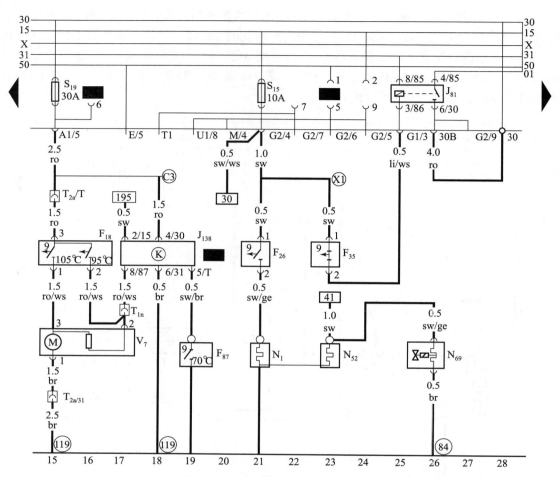

图 4-5 散热器风扇、自动阻风门、进气歧管预热电路

F_{18}—散热器风扇温度开关；F_{26}—自动阻风门温度开关；F_{35}—进气管预热温度开关；F_{87}—风扇起动温度开关；J_{81}—进气管预热继电器；J_{138}—散热器风扇起动控制单元；N_1—自动阻风门；N_{52}—加热电阻（部分负荷处喉管加热-化油器）；N_{69}—冷起动热时间阀；T_{1n}—单孔插头（左前照灯附近）；T_{2a}—两孔插头（左前照灯附近）；V_7—散热器风扇；⑧④—搭铁连接点（发动机搭铁，右前线束内）；⑪⑨—搭铁连接点（前照灯线束内）；C3—正极连接点（30，左前线束内）；X1—正极连接点（15，化油器线束内）

当发动机的冷却液温度达到 95 ℃时，温度开关 F_{18} 的第 1 对触点闭合，接通风扇低速旋转电路。其工作电流：蓄电池 A 的正极经熔断器 S_{19}、中央配电盒 A1/5、温度开关 F_{18} 的 3 端及 2 端、风扇电动机 V_7 的 2 端及 1 端到搭铁端。

当发动机的冷却液温度达到 105 ℃时，温度开关 F_{18} 的第 2 对触点闭合，接通风扇高速旋转电路，使发动机的冷却液温度快速下降。其工作电流：蓄电池 A 的正极经熔断器 S_{19}、中央配电盒 A1/5、温度开关 F_{18} 的 3 端及 1 端、风扇电动机 V_7 的 3 端及 1 端到搭铁端。

当发动机熄火后甚至在关掉点火开关之后，由于热积累，引起发动机冷却液温度升高；或由于强烈阳光照射，发动机舱内温度升高，发动机变热。当发动机舱温度达到 70 ℃时，风扇启动温度开关 F_{87} 便会自动闭合，风扇还可继续运转直到温度降低为止。

(4) 自动阻风门电路（见图 4-5）。

自动阻风门 N_1 由自动阻风门温度开关 F_{26} 控制。起动发动机时，如果发动机温度低于开关闭合值，自动阻风门温度开关 F_{26} 接通，自动阻风门加热装置通电加热，使自动阻风门控制机构受热变形，这时操纵阻风门打开。当发动机温度高于开关闭合值时，自动阻风门温度开关 F_{26} 断开，切断电加热控制阻风门系统。当发动机热起动后便由发动机冷却液温度控制阻风门，使其处于打开状态。

(5) 进气歧管预热电路（见图 4-5 和图 4-6）。

进气歧管预热继电器 J_{81}、进气歧管预热温度开关 F_{35} 和进气歧管预热加热电阻 N_{51} 组成了进气歧管预热起动系统。其目的是在发动机低温起动时加热混合气，确保低温顺利起动。

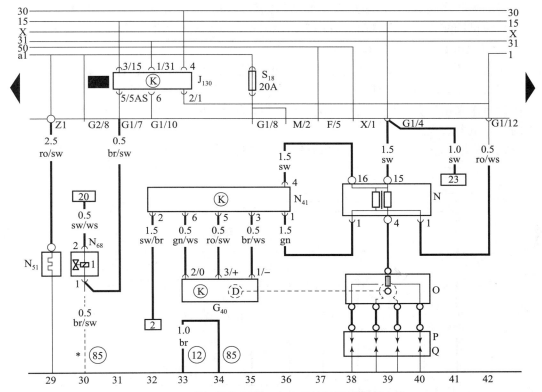

图 4-6 进气歧管预热、点火系统和超速切断电路

G_{40}—霍尔传感器；J_{130}—扭速切断控制器单元（仅用于 1.8L 发动机）；N—点火线圈；N_{41}—晶体管点火系统控制单元（压力通风舱左侧）；N_{51}—进气歧管预热加热电阻；N_{68}—怠速/超速控制阀；D—分电器；P—火花塞插头；Q—火花塞；⑫—搭铁点（在发动机舱左侧）；㉞—搭铁连接点（在发动机舱线束内）；
* —不适用于 1.8L 发动机

当发动机冷却液温度低于 F_{35} 的闭合温度值时，F_{35} 便接通 J_{81} 的线圈电流回路，使其触点闭合，闭合触点接通 N_{51}（见图 4-6）的电流回路，使 N_{51} 通电工作，加热混合气。

当发动机水温升高至 F_{35} 的断开温度值时，F_{35} 便切断 J_{81} 的线圈电流回路，使其触点断开，切断 N_{51} 的电流回路，进气歧管预热起动系统工作完毕。

(6) 怠速燃油截断电路（见图 4-5 和图 4-6）。

怠速燃油截断阀 N_{68} 在接通点火开关 D 后，由熔断器 S_{15} 提供电压，即打开怠速供油通路。当关断点火开关 D 使发动机停止工作时，点火开关 D 同时切断熔断器 S_{15} 的工作电源，截断怠速供油通路，防止发动机继续运转。

(7) 部分负荷冷态加热电路（见图 4-5）。

加热电阻 N_{52} 在部分负荷处的喉管进行加热，防止发动机冷态时混合气凝结在进气歧管壁上，保证发动机在部分负荷时得到最佳混合气。它由点火开关 D 直接控制，只要行车，它便通电加热。当其通电加热经过一段时间变热后，由于其本身的正温度系数特性变成了高阻器件，电流相当微小，其本身温度自动下降，直到温度下降到接通值后，电阻变小，电流增加，再度加热。该加热电阻本身便起到了过热保护作用。

(8) 冷起动热时间阀电路（见图 4-5）。

冷起动热时间阀 N_{69} 在接通点火开关 D 时便被接通。在发动机冷起动的瞬间，该阀与化油器中其他机构配合，使阻风门开启一个初始间隙，满足发动机所需混合气的要求。

(9) 点火电路（见图 4-6）。

普通捷达轿车采用霍尔式无触点电子点火系统，由点火控制器 N_{41}、霍尔传感器 G_{40}、点火线圈 N、分电器 O 等组成。

捷达轿车采用计算机控制点火系统，它是发动机集中控制系统中的子系统，是双缸同时点火的无分电器点火系统。

(10) 仪表板连接、油压开关和水温传感器电路如图 4-7 所示；仪表板连接、燃油表、

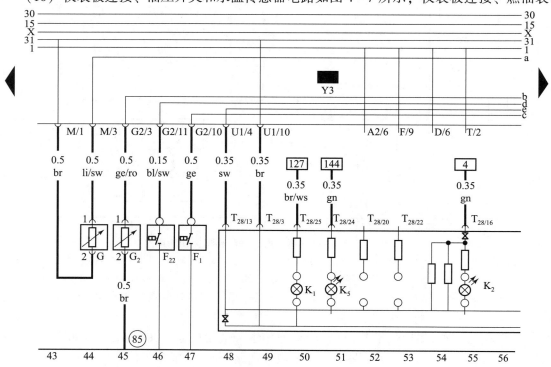

图 4-7 仪表板连接、油压开关和水温传感器电路

F_1—油压开关（180 kPa）；F_{22}—油压开关（30kPa）；G—燃油表传感器；G_2—冷却液温度传感器；K_1—远光报警灯；K_2—发电机报警灯；K_5—转向报警灯；T_{28}—28 孔插头（在仪表板上）；�—搭铁连接点（在发动机舱线束内）

声光油压警报、数字式时钟和转速表电路如图 4-8 所示；驻车制动和制动液面报警、磁带盒照明电路如图 4-9 所示；点烟器、收放机插头、鼓风机电路如图 4-10 所示；车内灯、行车照明灯、牌照灯电路如图 4-11 所示。

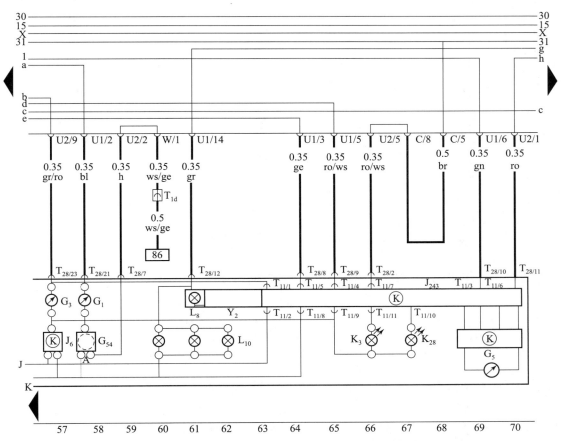

图 4-8　仪表板连接、燃油表、声光油压警报、数字式时钟和转速表电路

G_1—燃油表；G_3—冷却液温度表；G_5—转速表；G_{54}—速度传感器（在仪表板内）；J_6—稳压器；
J_{243}—油压和冷却液报警及转速表控制单元；K_3—油压报警灯；K_{28}—冷却液温度报警灯；
L_8—时钟照明灯；L_{10}—仪表板照明灯；T_{1d}—单孔插接件（在继电器盘后面）；
T_{11}—11 孔插接件（在控制器 J_{243} 上）；T_{28}—28 孔插接件（在仪表板旁）；
Y_2—数字式时钟

（11）照明电路及停车信号灯电路。

照明电路由前照灯电路和雾灯电路组成；信号灯电路由转向灯电路、变道灯电路、危险报警灯电路、停车灯电路、倒车灯电路、制动灯电路及行车灯电路组成。

① 前照灯电路（见图 4-12、图 4-13 和图 4-16）。前照灯电路由近光灯电路、远光灯电路及超车灯电路组成。

a. 近光灯电路。点火开关 D 在点火挡 15 位置，车灯开关 E_1 在第 2 挡，变光开关 E_4 在近光挡时，两前照灯的近光灯亮。其工作电流由蓄电池 A 的正极，经点火开关 D 的 X 挡、车灯开关 E_1 的 7/X 端、车灯开关 E1 闭合的第 2 挡及中央配电盒 R/9，进入中央配电盒内的 P 线，再从变光灯开关 E_4 的 56 端流经近光挡的 56b、中央配电盒的 J/3，进入中央配电盒内

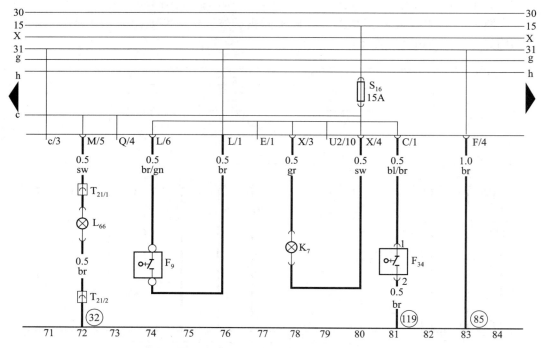

图 4-9 驻车制动和制动液面报警、磁带盒照明电路

F9—驻车制动指示灯开关；F34—制动液面报警开关；K7—双管路制动及驻车制动指示灯；
L66—磁带盒照明灯；T21—两孔插接件（在仪表板后）；㉜—搭铁点（在继电器盘旁）；
㉝—搭铁点（在发动机舱线束内）；⑲—搭铁连接（在前照灯线束内）

的 m 线，经熔断器 S_1、S_{12}、近光灯 L_1 和 L_2 到搭铁端，近光灯亮。

b. 远光灯电路。将变光开关 E_4 打到远光挡 56a。其工作电流由蓄电池 A 的正极到变光开关 E_4 的 56 端，再经变光开关 E_4 的远光挡 56a、中央配电盒的 J/1、熔断器 S_{11} 和 S_2、前照灯 L_1 和 L_2 的远光灯到搭铁端，远光灯亮。

②停车信号灯电路（见图 4-13）。点火开关 D 处于停车挡时，无论钥匙是否拔出，点火开关 D 的 30 触点与 P 接通。如果车停在道路的右边，将停车信号灯开关 E_{19} 拨至左侧，左停车信号灯 M_1 的电流由蓄电池 A 的正极即中央配电盒的 30 端，经点火开关 D 闭合的 P 挡，中央配电盒 H1/10、H2/5，停车信号灯开关 E_{19} 的 P 端，流入停车信号灯开关 E_{19}，再经闭合的 PL 端流经中央配电盒 H2/3、中央配电盒内的 S 线、熔断器 S_8，经左尾信号灯 M_4 搭铁，左尾信号灯亮。另一条经中央配电盒内的 n 线、中央配电盒的 A1/4 端、左停车信号灯 M_1 到搭铁，于是左停车信号灯亮。

如果车停在道路的左侧，将停车信号灯开关 E_{19} 拨至右侧，右停车信号灯 M_3 的电流由蓄电池 A 的正极经点火开关 D 闭合的 P 挡，中央配电盒 H1/10、H2/5，停车信号灯开关 E_{19} 的 P 端，再经闭合的 PR 端流经中央配电盒 H2/2、中央配电盒内的 r 线、熔断器 S_7，经右尾信号灯 M_2 搭铁，右尾信号灯亮。另一条经中央配电盒内的 O 线、中央配电盒 A2/2、右停车信号灯 M_3 到搭铁，于是右停车信号灯亮。

③转向灯电路（见图 4-14 和图 4-15）。点火开关 D 在 ON 挡时拨动转向灯开关 E_Z，

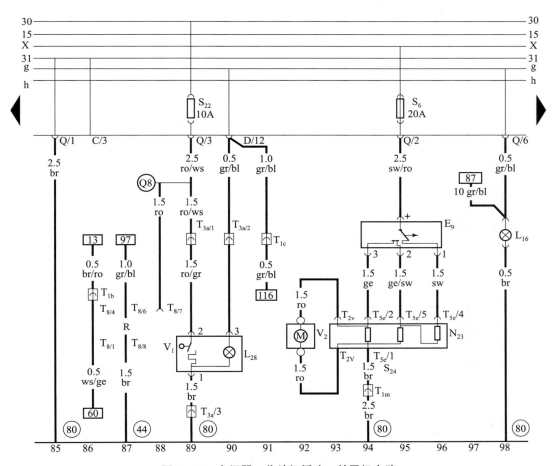

图 4-10 点烟器、收放机插头、鼓风机电路

E_9—鼓风机开关；L_{16}—空调控制板照明灯；L_{28}—点烟器照明灯；N_{23}—鼓风机串联电阻；R—收放机插头；S_{24}—过热熔丝；T_{1b}—单孔插接件（在继电器盘后面）；T_{1c}—单孔插接件（在继电器盘后面）；T_{1m}—单孔插接件（在仪表板的右后面）；T_{2V}—两孔插接件（在鼓风机串联电阻上）；T_{3a}—3孔插接件（在仪表板后）；T_{5e}—5孔插接件（在鼓风机串联电阻上）；T_8—8孔插接件（在收放机上）；V_1—点烟器；V_2—鼓风机；㊹—搭铁点（在接线柱A左下面）；㉚—搭铁连接（在仪表线束内）；㊊—搭铁点（30，在仪表线束内）

可实现左、右转向灯亮。其工作电流从蓄电池A的正极，经闭合的点火开关D的15端、熔断器S_{17}，从中央配电盒H1/5流入报警开关E_3的常闭触点，经闪光继电器J_2的4/49端流入闪光继电器J_2的触点，从闪光继电器J_2的2/49a端流出，再经报警开关K_6的49a端流入转向灯开关E_2的动触点。左转弯时，转向灯开关已被拨至左侧，电流从转向灯开关E_2的$T_{7a/3}$流出，经中央配电盒H2/6、中央配电盒内的u线，从A1/2及K/1流出，再经前、后左转向灯及左侧停车转向灯到搭铁端，左转向灯全亮。右转弯时，转向灯开关E_2被拨至右侧，电流从转向灯开关E_2的$T_{7a/7}$流出，经中央配电盒H2/4、中央配电盒内的t线，从K/7及A2/4流出，再经前、后右转向灯及右侧停车转向灯到搭铁端，右转向灯全亮。

组合仪表内的转向指示灯K_5的闪亮由闪光继电器J_2的触点控制。触点闭合使K_5两端为

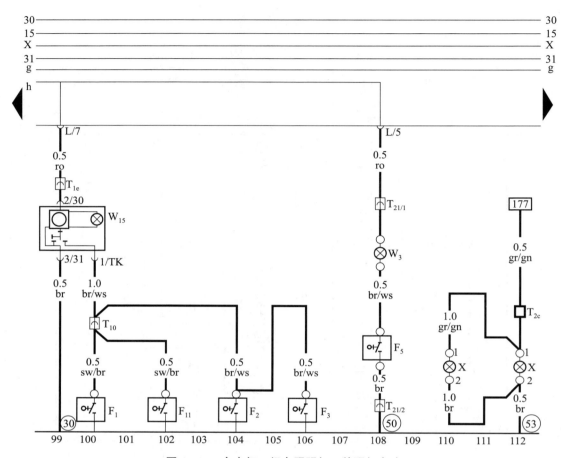

图 4-11 车内灯、行车照明灯、牌照灯电路

F_2—左前门联锁开关；F_3—右前门联锁开关；F_5—行李舱照明灯开关；F_{10}—左后门联锁开关；F_{11}—右后门联锁开关；T_{1e}—单孔插接件（在继电器盘上部）；T_{10}—单孔插接件（在继电器盘上部）；T_{2e}—2孔插接件（在行李舱左后部）T_{21}—2孔插接件（在行李舱左侧）；W_3—行李舱灯；W_{15}—带延迟关闭的内饰灯；X—牌照灯；㉚—搭铁点（在继电器盘旁）；㊿—搭铁点（在行李舱左侧）；㊾—搭铁点（在后挡板右侧）

等电位，转向指示灯 K_5 熄灭；触点断开，闪光继电器 J_2 将为 K_5 提供低电位，使 K_5 闪亮。可见转向指示灯 K_5 的闪亮与转向灯的闪亮相反，即转向灯亮时，转向指示灯灭；转向灯灭时，转向指示灯亮。

④危险报警灯电路（见图 4-14 和图 4-15）。点火开关 D 在任何位置，危险报警灯都可以工作。使用危险报警灯信号时，只要将报警开关 E_3 闭合，这时的工作电流由蓄电池 A 的正极即中央配电盒的 30 端及 J/4，经变光开关 E_4 的 30 端经 g 线引入报警开关 E_3 内部，通过报警开关 E_3 的闭合触点从 49 端与闪光继电器 J_2 的 4/49 相接，再经 49a 端进入报警开关 E_3，此时报警开关 E_3 同时接通左、右转向灯，再经前、后左转向灯或前、后右转向灯与搭铁形成回路，使所有转向灯同时闪亮以示报警。组合仪表内的报警指示灯 K_6 的亮灭与转向指示灯 K_5 相同，也由闪光继电器 J_2 的触点控制。

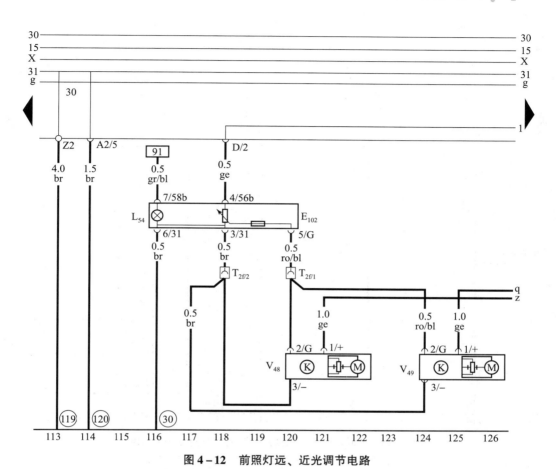

图 4-12 前照灯远、近光调节电路

E_{102}—灯光距离调节器；L_{54}—灯光调节器照明灯；T_{2f}—2 孔插接件（在车身左前围板上）；V_{48}—左灯光调节电动机；V_{49}—右灯光调节电动机；㉚—接地点（在继电器盘附近）；⑲—搭铁点（在前照灯线束内）；⑳—搭铁点（在前照灯线束内）

⑤制动灯电路（见图 4-16）。无论汽车处于何种状态，只要踩下制动踏板，制动灯就会亮。其工作电流由蓄电池 A 的正极至点火开关 D 的 30 端、熔断器 S_{20}、闭合的制动开关 F、中央配电盒的 E/3 及 K/4、制动灯 M_9 和 M_{10} 到搭铁端。

⑥行车灯电路（见图 4-16）。无论汽车处于何种状态，只要将车灯开关 E_1 打到第 1 挡或第 2 挡，两个行车灯就会被点亮。其工作电流由蓄电池 A 的正极至点火开关 D 的 30 端、车灯开关 E_1 的 8/30 端、闭合的车灯开关 E_1 的 10/58L 及 11/58R、中央配电盒内的 r 及 s 线、S_7 及熔断器 S_8、右和左尾灯 M_2 和 M_4 到搭铁端。

⑦倒车灯电路（见图 4-17）。点火开关 D 在 ON 挡，倒车灯开关 F_4 闭合，两个倒车灯 M_{16}、M_{17} 被点亮。其工作电流由蓄电池 A 的正极至点火开关 D 的 30 端、经 15 端、熔断器 S_{14}、中央配电盒内的 j 线、中央配电盒的 F/6、闭合的倒车灯开关 F_4、中央配电盒的 F/7 及 K/8 至倒车灯 M_{16} 和 M_{17} 到搭铁端。

⑧雾灯电路（见图 4-18 和图 4-19）。雾灯电路由前雾灯电路和后雾灯电路组成。

a. 前雾灯电路。点火开关 D 处于 ON 挡，车灯开关 E_1 在第 1 挡，雾灯继电器 J_5 工作。

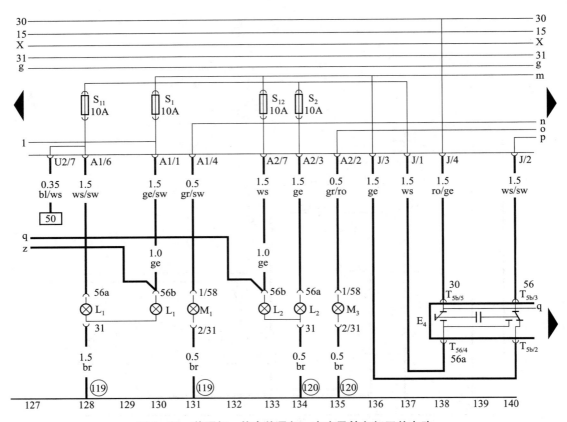

图 4-13 前照灯、停车信号灯、变光及转向灯开关电路

E_4—变光及转向灯开关；L_1—左前照灯双丝灯；L_2—右前照灯双丝灯；M_1—左停车信号灯；M_3—右停车信号灯；T_{5b}—5 孔插接件（在转向柱后面）；⑲—搭铁连接点（在前照灯线束内）；⑳—搭铁连接点（在前照灯线束内）

其线圈的工作电流由蓄电池 A 的正极经闭合的车灯开关 E_1 的 9/58 流出，进入中央配电盒内的 V 线，雾灯继电器 J_5 的线圈经中央配电盒内的 P 线、变光灯开关 E_4 的 56 端，经前照灯 L_1 和 L_2 的近光灯丝，到蓄电池 A 的负极，雾灯继电器 J_5 的触点闭合。若雾灯开关 E_{23} 在第 1 挡，前雾灯的工作电流由蓄电池 A 的正极，经闭合的卸荷继电器 J_{59} 触点、中央配电盒内的 X 线，闭合的雾灯继电器 J_5 触点、熔断器 S_{10}、雾灯开关 E_{23} 的 83、83a、前雾灯 L_{22}、L_{23}，到搭铁端，前雾灯 L_{22}、L_{23} 亮。此状态后雾灯 L_{20} 不工作。前雾灯也可由雾灯开关 E_{23} 的第 2 挡接通，其工作电流同上，但此时后雾灯 L_{20} 同时工作。

b. 后雾灯电路。后雾灯 L_{20} 的工作电流从雾灯开关 E_{23} 的 83 端流入，从 83b 端流出，再从 P/6 进入中央配电盒，从 K/10 流出，经后雾灯 L_{20} 到搭铁端，流入雾灯开关 E_{23} 的 83 端以前的工作电流同前雾灯。使用雾灯开关 E_{23} 的第 2 挡，使后雾灯 L_{20} 工作时也将前雾灯 L_{22}、L_{23} 同时点亮。

（12）风窗电动雨刮器电路（见图 4-20 和图 4-21）。

该电路由点火开关 D、触点卸荷继电器 J_{59}、间歇控制继电器 J_{31}、雨刮器开关 E_{22}、前风窗雨刮器电动机 V 及洗涤泵 V_{59} 组成。风窗电动雨刮器有慢速、快速、短时及间歇 4 个功能。风窗电动雨刮器必须在点火开关 D 处于 ON 挡时才能工作。

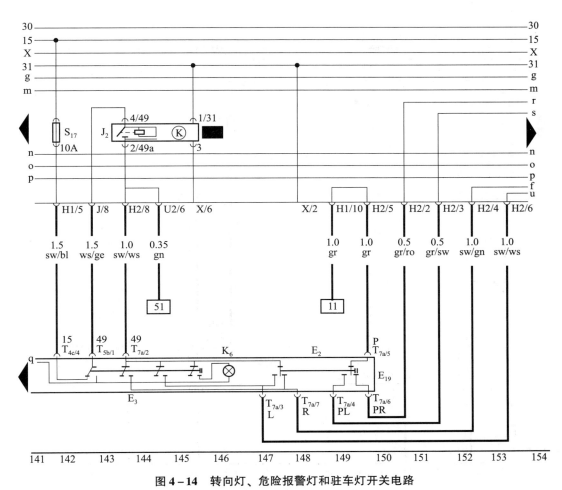

图 4-14 转向灯、危险报警灯和驻车灯开关电路

E_2—转向灯开关；E_3—危险报警灯开关；T_{5b}—5 孔插接件（在转向柱后）；T_{7a}—7 孔插接件（在转向柱后）

①短时工作。短时工作时，必须用手按住雨刮器开关 E_{22} 的 T 挡，当手松开时，前风窗雨刮器电动机 V 停止。其目的是让驾驶员根据需要控制刮水装置的工作时间。将雨刮器开关 E_{22} 打到短时工作 T 挡，前风窗雨刮器电动机 V 的工作电流由蓄电池 A 的正极经触点卸荷继电器 J_{59} 闭合的触点、X 线、熔断器 S_5、雨刮器开关 E_{22} 的 53a 端、闭合的 T 挡、雨刮器开关 E_{22} 的 53 端、中央配电盒 J/5、间歇控制继电器 J_{31} 的常闭触点及 5/53M、中央配电盒 S/2、前风窗雨刮器电动机 V 的 4/53 端、前风窗雨刮器电动机 V 的低速绕组到搭铁，于是前风窗雨刮器电动机 V 慢速旋转。

②慢速工作。将雨刮器开关 E_{22} 拨至 1 挡，前风窗雨刮器电动机 V 的工作电流经蓄电池 A 的正极、触点卸荷继电器 J_{59} 的闭合触点、X 线、熔断器 S_5、雨刮器开关 E_{22} 的 53a 端、闭合的慢速挡、雨刮器开关 E_{22} 的 53 端、间歇控制继电器 J_{31} 的常闭触点及 5/53M、中央配电盒 S/2、前风窗雨刮器电动机 V 的 4/53 端、前风窗雨刮器电动机 V 的低速绕组到搭铁，前风窗雨刮器电动机 V 即慢速旋转。

③快速工作。将雨刮器开关 E_{22} 打到 2 挡，前风窗雨刮器电动机 V 的工作电流由蓄电池

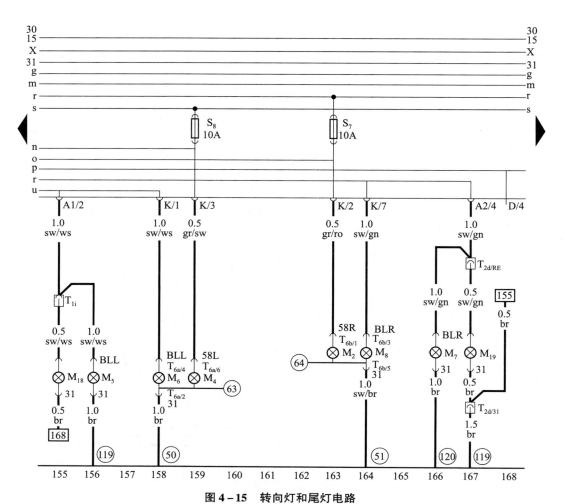

图 4-15 转向灯和尾灯电路

M_2—右尾信号灯；M_4—左尾信号灯；M_5—左前转向灯；M_6—左后转向灯；M_7—右前转向灯；M_8—右后转向灯；M_{18}—左侧停车转向灯；M_{19}—右侧停车转向灯；T_{1i}—单孔插接件（在左减振器支柱后）；T_{2d}—2 孔插接件（在左减振器支柱后）；T_{6a}—6 孔插接件（在左尾灯上）；T_{6b}—6 孔插接件（在右尾灯上）；㊿—搭铁点（在行李舱盖左侧）；㈤—搭铁点（在行李舱盖右侧）；㉓—搭铁点（在左尾灯灯架处）；㉔—搭铁点（在右尾灯灯架处）；⑲—搭铁连接点（在前照灯线束内）；⑳—搭铁连接点（在前照灯线束内）

A 的正极、触点卸荷继电器 J_{59} 的闭合触点、X 线、熔断器 S_5、雨刮器开关 E_{22} 的 53a 端、闭合的快速挡、雨刮器开关 E_{22} 的 53b 端、中央配电盒 J/10、前风窗雨刮器电动机 V 的 2/53b 端、前风窗雨刮器电动机 V 的高速绕组到搭铁，前风窗雨刮器电动机 V 即高速旋转。

④间歇工作。将雨刮器开关 E_{22} 打到 J 挡，间歇控制继电器 J_{31} 的 2/J 端便得到了正的触发电位，间歇控制继电器 J_{31} 的常开触点闭合，使前风窗雨刮器电动机 V 慢速旋转。其工作电流经触点卸荷继电器 J_{59} 的闭合触点、X 线、熔断器 S_5、间歇控制继电器 J_{31} 的 3/15 及 5/53M 端、前风窗雨刮器电动机 V 的 4/53 端、前风窗雨刮器电动机 V 的低速绕组到搭铁。当前风窗雨刮器电动机 V 旋转到停位挡时，间歇控制继电器 J_{31} 的 4/53S 端由前风窗雨刮器

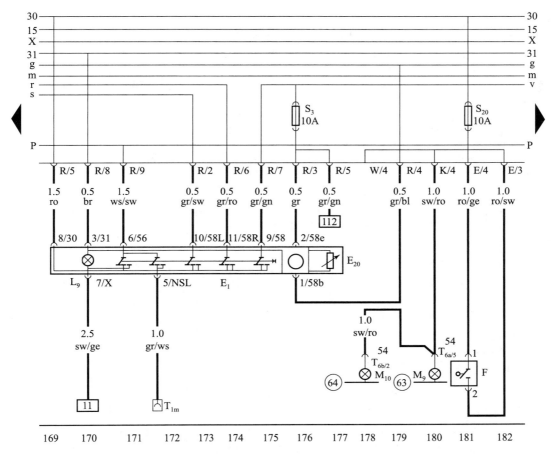

图 4-16 灯光开关和制动灯电路

E_1—灯光开关；E_{20}—车灯控制开关和仪表；F—制动灯开关；L_9—车灯开关照明灯；M_9—左制动灯；M_{10}—右制动灯；T_{1m}—单孔插接件（在插在继电器位置10插孔3上）；T_{6a}—6孔插接件（在左尾灯上）；T_{6b}—6孔插接件（在右尾灯上）；㉓—搭铁点（在左尾灯灯架处）；㉔—搭铁点（在右尾灯灯架处）

电动机 V 的停位挡的 1/53a 及 3/53e，雨刮器开关 E_{22} 的 53e 及 53 获得正电位，使间歇控制继电器 J_{31} 触点恢复到常闭状态。前风窗雨刮器电动机 V 自动复位机构的触点 5/31 及 3/53e 闭合，经雨刮器开关 E_{22} 的 J 挡到间歇继电器 J_{31} 的 4/53S 及 5/53M 端，使前风窗雨刮器电动机 V 的 4/53 与 5/31 连通，前风窗雨刮器电动机 V 能耗制动，立即停止在该位置。在此期间，间歇控制继电器 J_{31} 内部延时电路工作，经过一段时间又使该间歇控制继电器 J_{31} 的常开触点闭合，前风窗雨刮器电动机 V 进行第二次慢速刮水工作。其中间歇控制继电器 J_{31} 常开触点的断开到闭合的时间，就是刮水机构慢速刮水的间歇时间，一般为 4~6 s。

⑤前风窗雨刮器电动机 V 的自动复位。前风窗雨刮器电动机 V 无论以何种方式工作，最后都要使其常动摆杆及刮片停在风窗玻璃的下沿处。该功能由前风窗雨刮器电动机 V 内的复位机构来完成。当雨刮器开关 E_{22} 回到 0 位置时，前风窗雨刮器电动机 V 并没有停在规定位置，因为其自动复位机构将其 1/53a 及 3/53e 触点接通，使其电枢绕组继续通入电流而低速旋转。工作电流经闭合的卸荷继电器触点 J_{59}、X 线、熔断器 S_5、前风窗雨刮器电动机 V 的触点 1/53a

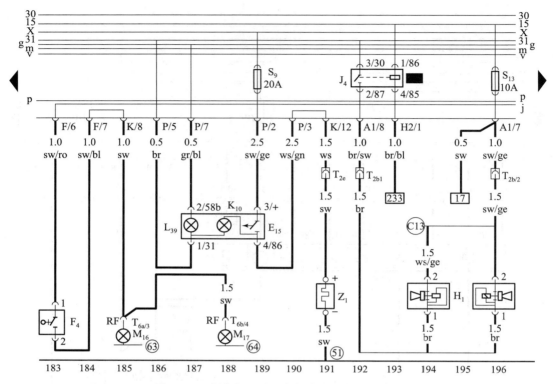

图 4-17 倒车灯、后风窗加热和双声喇叭电路

E_{15}—后风窗加热开关;F_4—倒车灯开关;H_1—双声喇叭;J_4—双声喇叭继电器;K_{10}—后风窗加热指示灯;L_{39}—后风窗加热开关照明灯;M_{16}—左倒车灯;M_{17}—右倒车灯;T_{2b}—2孔插接件(在继电器盘后面);T_{2e}—2孔插接件(在行李舱左后侧);T_{6a}—6孔插接件(在左尾灯上);T_{6b}—6孔插接件(在右尾灯上);Z_1—后风窗加热;㉛—搭铁点(在行李舱右侧);㉝—搭铁点(在左尾灯灯架处);㉞—搭铁点(在右尾灯灯架处);⑰—电源线连接点(在双声喇叭线束内)

及3/53e、雨刮器开关E_{22}的53e及53端、间歇控制继电器J_{31}的常闭触点、前风窗雨刮器电动机V的4/53端、前风窗雨刮器电动机V的电枢绕回到搭铁,于是自动复位机构旋转,直到前风窗雨刮器电动机V的触点5/31及3/53e接通,将前风窗雨刮器电动机V的电枢短路。由于前风窗雨刮器电动机V旋转时的惯性,它仍继续旋转,这时便以发电机运行发电,其电枢绕组产生的反电势与外加电压相反,电流便从前风窗雨刮器电动机V的4/53端、中央配电盒S/2、间歇控制继电器J_{31}的触点5/53M、常闭触点及4/53S触点、雨刮器开关E_{22}的53及53e端、前风窗雨刮器电动机V的3/53e及5/31端,形成回路,产生与前风窗雨刮器电动机V旋转方向相反的转动力矩,使前风窗雨刮器电动机V迅速停止,前风窗雨刮器电动机V带动的摆杆及刮片便停在风窗玻璃的下沿处。

(13)空调系统电路(见图4-22和图4-23)。

采用冷暖合一的空调系统,由空调开关E_{35}、鼓风机开关E_9、鼓风机变速电阻N_{23}、鼓风电动机V_2、空调继电器J_{32}、蒸发器温度开关E_{73}、急速提升双通阀N_{62}、低压开关F_{73}、空调电磁离合器N_{25}、起动继电器J_{69}和高压开关F_{23}组成。

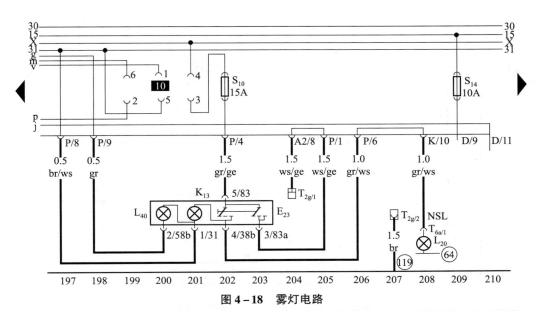

图4-18 雾灯电路

E_{23}—前后雾灯开关；K_{13}—后雾灯指示灯；L_{20}—后雾灯；L_{40}—前、后雾灯开关照明灯；T_{2g}—2孔插接件（在左后悬架上）；T_{6a}—6孔插接件（在左尾灯上）；⑪⑨—搭铁连接点（在前照灯线束内）；㉔—搭铁点（在右尾灯灯架处）

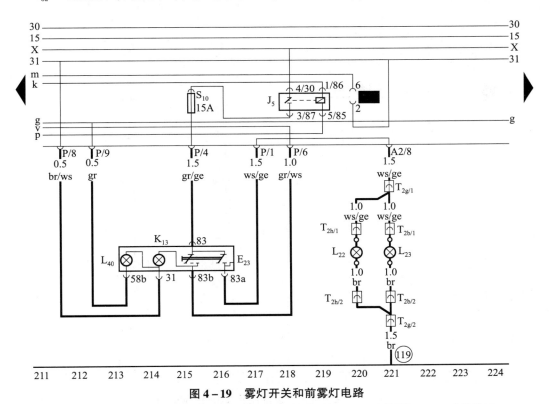

图4-19 雾灯开关和前雾灯电路

E_{23}—前后雾灯开关；J_5—前雾灯继电器；K_{13}—后雾灯指示灯；L_{22}—左前雾灯；L_{23}—右前雾灯；L_{40}—前、后雾灯开关照明灯；T_{2b}—2孔插接件（在右前照灯附近）；T_{2g}—2孔插接件（在左后悬架上）；T_{2h}—2孔插接件（在左前照灯附近）；⑪⑨—搭铁连接点（在前照灯线束内）

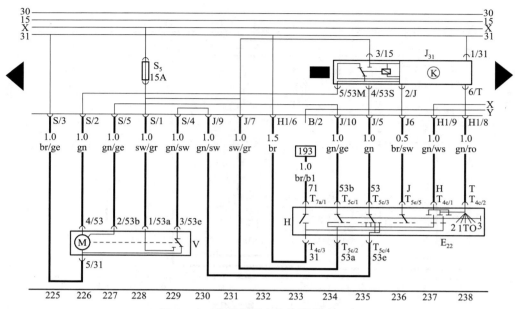

图 4-20 前风窗刮水和洗涤电路示意

E_{22}—间歇工作的前风窗雨刮器开关；H_1—喇叭开关；J_{31}—洗涤/刮水间歇控制继电器；T_{4c}—4 孔插接件（在转向柱后）；T_{5c}—5 孔插接件（在转向柱后）；T_{7a}—7 孔插接件（在转向柱后）；V—前风窗雨刮器电动机

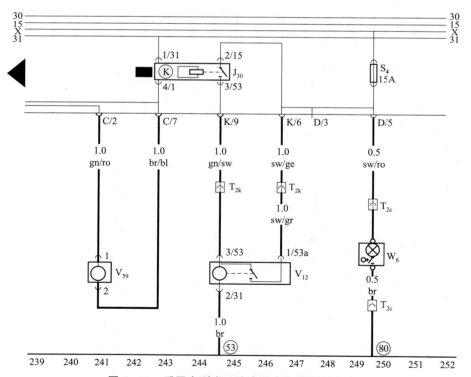

图 4-21 后风窗刮水、洗涤及杂物箱照明电路

J_{30}—后风窗雨刮器和洗涤器继电器；T_{2c}—2 孔插接件（在仪表板右后部）；T_{2k}—2 孔插接件（在行李舱左后部）；V_{12}—后风窗雨刮器电动机；V_{59}—前、后风窗洗涤泵；W_6—杂物箱照明灯；㊼—搭铁点（在后挡板右侧）；⑧⓪—搭铁连接点（在仪表线束内）

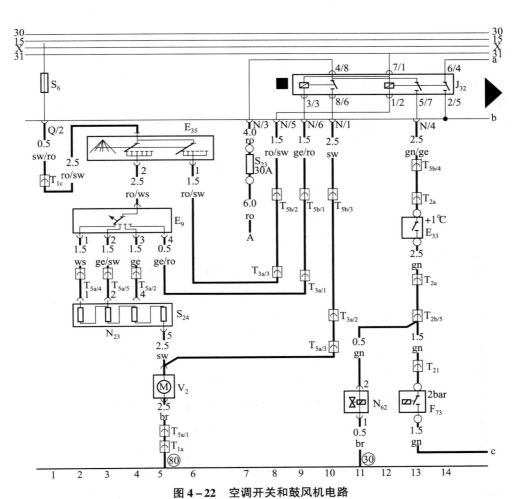

图 4-22 空调开关和鼓风机电路

A—蓄电池；E_9—鼓风机开关；E_{33}—蒸发器温度开关（温度低开 +1℃时断开）；E_{35}—空调开关；F_{73}—制冷液管路低压开关（压力低于 0.2 MPa 时断开）；J_{32}—空调继电器；N_{23}—鼓风机变速电阻；N_{62}—怠速提升双通阀；S_{23}—主熔丝；S_{24}—过热熔丝；T_{1a}—单孔插接件（在仪表板后）；T_{1c}—单孔插接件（在仪表板后）；T_{2a}—2 孔插接件（在仪表板后）；T_{21}—2 孔插接件（在发动机舱前）；T_{3a}—3 孔插接件（在仪表板后）；T_{5a}—5 孔插接件（在仪表板后）；T_{5b}—5 孔插接件（在仪表板后）；V_2—鼓风电动机；㉚—搭铁点（在继电器盘旁）；⑧⓪—搭铁连接点（在仪表线束内）

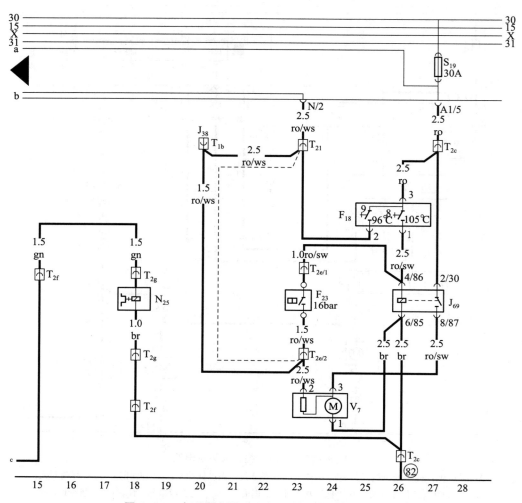

图 4-23 电磁离合器、压力开关和散热器风扇电路

F_{18}—散热器风扇热敏开关；F_{23}—空调管路上的高压开关；J_{69}—起动继电器；
J_{38}—散热器风扇控制单元；N_{25}—空调电磁离合器；T_{1b}—单孔插接件；
T_{2c}—2孔插接件（在发动机舱前）；T_{2e}—2孔插接件（在发动机舱前）；
T_{2f}—2孔插接件（在发动机舱前）；T_{2g}—2孔插接件（在发动机舱前）；
T_{21}—2孔插接件（在发动机舱前）；V_7—散热器风扇；
㉘—搭铁点（在左前线束内）

（14）收放机、前扬声器和拉杆天线电路如图 4-24 所示。

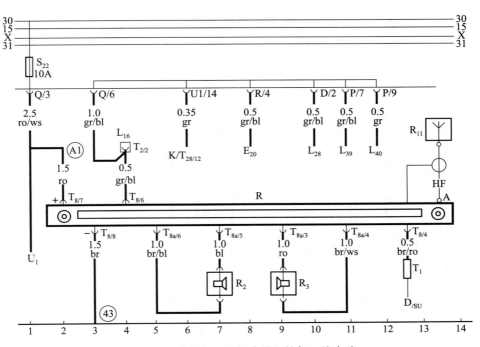

图 4-24　收放机、前扬声器和拉杆天线电路

D—点火开关；E_{20}—开关及仪表照明调节器；K—仪表部件；L_{16}—空调调节器照明灯；
L_{28}—点烟器照明灯；L_{39}—后风窗加热开关照明灯；L_{40}—前、后雾灯开关照明灯；
R—带双声调谐的收放机；R_2—左前扬声器；R_3—右前扬声器；
R_{11}—天线；T_1—单孔插接件（在继电器盘后）；
T_2—2 孔插接件（在仪表板中后部）；T_8—8 孔插接件（在收放机上）；
T_{8a}—8 孔插接件（在收放机上）；T_{28}—28 孔插接件（在仪表板上）；
U_1—点烟器；㊸—搭铁点（在接线柱 A 右下部）；
Ⓐ1—电源正极连接点（30 a，在仪表板线束内）

(15) 电控燃油喷射系统电路如图 4-25~图 4-30 所示。

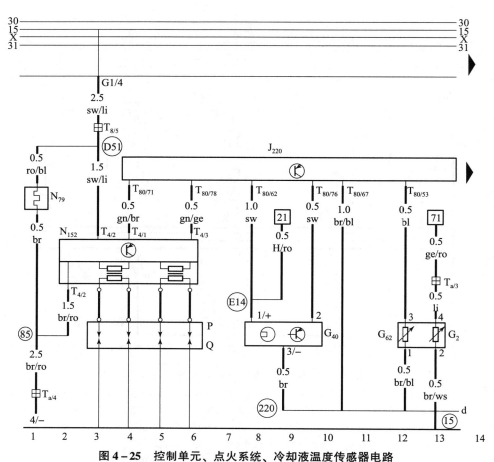

图 4-25 控制单元、点火系统、冷却液温度传感器电路

G_2、G_{62}—水温传感器；G_{40}—霍尔传感器；J_{220}—控制单元；N_{79}—加热电阻（曲轴箱通风）；
N_{152}—点火线圈；P—火花塞插头；Q—火花塞；T_4—4 孔插头；T_8—8 孔插头；T_{80}—80 孔插头；
⑮—搭铁点（在汽缸盖上）；⑧⑤—搭铁连接点（在发动机舱线束内）；
㉒⓪—搭铁连接点（传感器搭铁，在发动机线束内）；
D51—正极连接点（15，在发动机舱线束内）；
E14—连接点（在控制单元线束内）

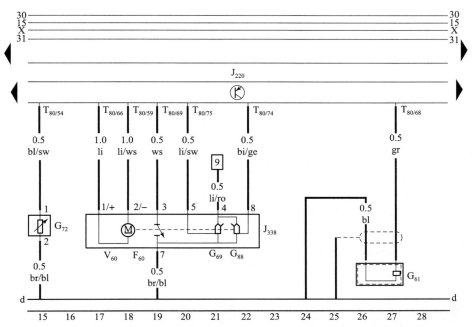

图 4-26 控制单元、节气门体、爆震传感器 1 和进气温度传感器电路

F_{60}—怠速开关；G_{61}—爆震传感器 1；G_{69}—节气门电位计；G_{72}—进气温度传感器；G_{88}—节气门调节器电位计；J_{220}—控制单元；J_{338}—节气门体控制单元；T_{80}—80 孔插头；V_{60}—节气门调节器

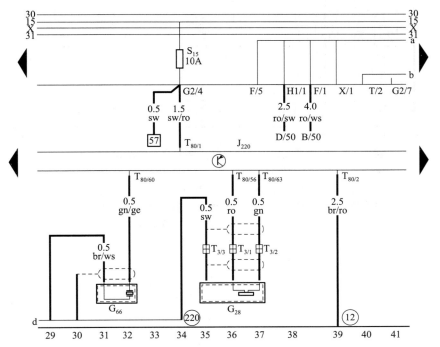

图 4-27 控制单元、发动机转速传感器和爆震传感器 2 电路

B—起动机；D—点火开关；G_{28}—发动机转速传感器；G_{66}—爆震传感器 2；J_{220}—控制单元；T_3—3 孔插头（靠近发动机转速传感器）；T_{80}—80 孔插头；⑫—搭铁点（在发动机舱左侧）；㉒—搭铁连接点（传感器搭铁，在发动机线束内）

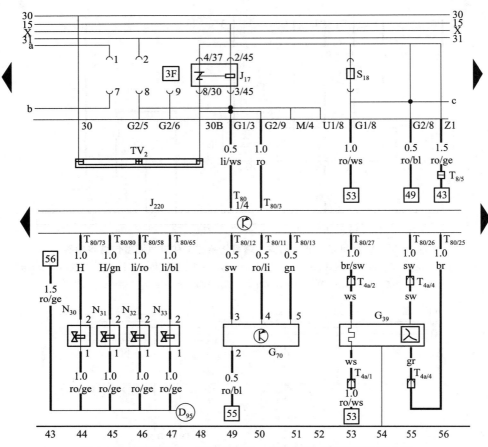

图 4-28 控制单元、空气流量计、燃油泵继电器和喷油器电路

G39—λ 传感器；G70—空气流量计；J17—燃油泵继电器；J220—控制单元；
N30—1 缸喷油器；N31—2 缸喷油器；N32—3 缸喷油器；N33—4 缸喷油器；
T_{4a}—4 孔插头；T_{80}—80 孔插头；TV2—30 号接线柱（分线器，在继电器盘后）；
D_{95}—连接点（喷油器，在发动机舱线束内）

模块四　大众轿车电路读图方法

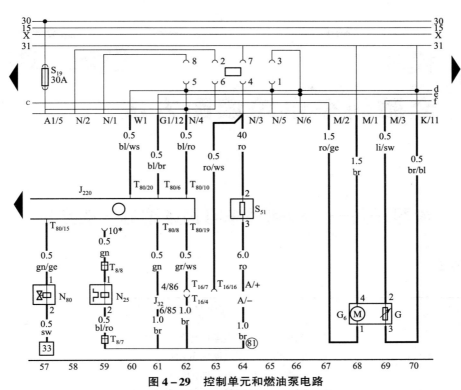

图 4-29　控制单元和燃油泵电路

A—蓄电池；G—燃油表传感器；G_6—燃油泵；J_{32}—空调继电器（在继电器盘上）；
J_{220}—控制单元；N_{25}—空调装置电磁离合器；N_{80}—活性炭罐电磁阀1；
S_{51}—熔丝；T_8—8孔插头；T_{16}—16孔插头（VAG1551自诊断接口）；
T_{80}—80孔插头；㉛—搭铁连接点（在仪表板线束内）；
*—散热器风扇控制单元

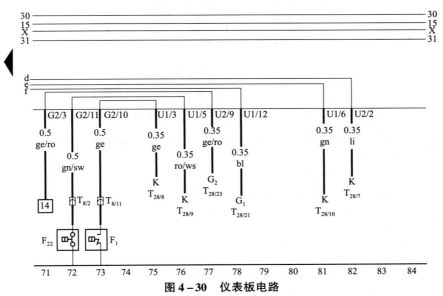

图 4-30　仪表板电路

F_1—机油压力开关；F_{22}—机油压力开关（30kPa）；G_1—燃油表；G_2—冷却液温度表；
K—仪表板；T_8—8孔插头；T_{28}—28孔插头（在仪表板上）

模块五

奔驰轿车电路读图方法

学习任务一　奔驰轿车电路读图的一般方法

学习任务单

任务名称		奔驰轿车电路读图的一般方法
学习目标	专业能力	掌握奔驰轿车电路图中符号的含义； 掌握奔驰轿车电路图的组成； 掌握奔驰轿车电路图的特点； 能够初步读懂该车系的简单电路图； 能够实施 5S 管理； 知晓相关安全、环保等法规、规范要求。
	社会能力	具备团队学习能力； 具备良好的沟通能力及与小组成员协作的能力； 具有为客户服务的意识； 具有安全、环保责任意识。
	方法能力	扩展相应的信息收集能力； 能够独立使用各种媒介完成学习任务； 能够进行学习结果的评价与反思。
学习准备		可上网查阅资料的计算机、奔驰轿车电路图、学习软件、奔驰轿车电气实验台或实验车辆等。
方法建议		建议小组学习，分工协作，共同完成； 制订学习计划； 做好记录，各小组选派代表展示学习成果； 评议各小组展示的学习成果。
学习总结		提炼出学习难点，总结学习任务完成情况。
探讨题		搜集某一型号奔驰轿车的相关资料，整理出与该车中央配电盒相关的信息。

相关知识

一、奔驰轿车电路图中符号的含义

奔驰轿车电路图中符号的含义见表5-1。

表5-1 奔驰轿车电路图中符号的含义

符　号	含　义	符　号	含　义
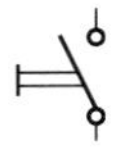	手动开关		磁极
	手动按键开关	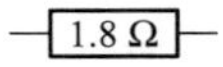 1.8Ω	电阻
	常开触点		电位计
	常闭触点	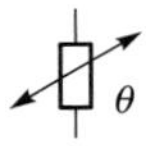	可变电阻
	压簧自动开关		二极管
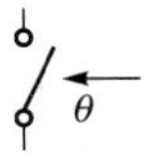	温度开关		电子元件
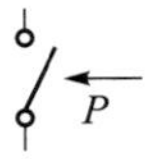	压力开关	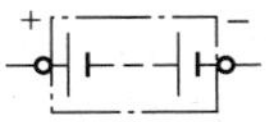	蓄电池
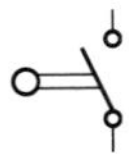	自动开关		直流电动机
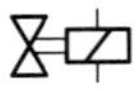	电磁阀		螺钉连接
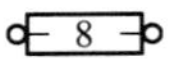	熔丝		焊接连接
	指示仪表		平插头
	电磁线圈		圆插头
		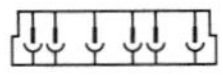	接线板

二、奔驰轿车电路图中导线颜色代码的含义

奔驰轿车电路图中导线颜色代码的含义见表5-2。

表5-2 奔驰轿车电路图中导线颜色代码的含义

导线颜色代码	含义
GN (gn)	绿色
BK (sw)	黑色
BR (br)	棕色
RD (rd)	红色
YL (ge)	黄色
BU (be)	蓝色
VI (vio)	紫色
GR (gr)	灰色
WT (ws)	白色
PK (rs)	粉色

在早期的奔驰车电路图中，导线颜色代码大多采用两位大写的英文缩写。近些年来，广泛采用小写的德文缩写。除单色线外，奔驰轿车还采用双色线及三色线，在电路图中，用VI/YL、SW/WS、BK/YL RD、br/gn ws 等形式表示。

导线的标识不仅有线色，还有粗细。在奔驰轿车电路图中，导线的标称截面面积写在导线颜色代码之前，如0.75RD、2.5BK/YL WT 等。

三、奔驰轿车电路图各部分的含义

奔驰轿车电路图各部分的含义如图5-1所示。

模块五 奔驰轿车电路读图方法

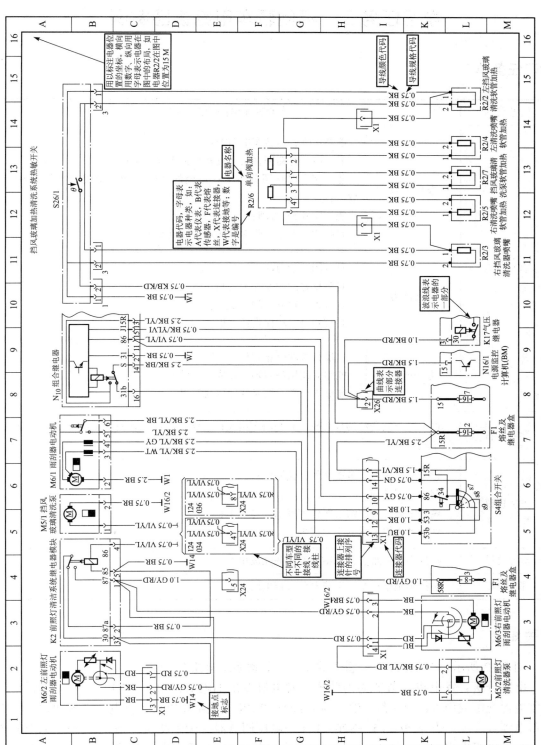

图 5-1 奔驰轿车电路图各部分的含义

学习任务二 奔驰轿车电路读图实例

学习任务单

任务名称	奔驰轿车电路读图实例	
学习目标	专业能力	能够读懂奔驰轿车电路图； 能够应用电路图在实车查找相关部件的位置； 能够应用电路图分析某一系统的部件或线路出现及可能出现的故障； 能够实施5S管理； 知晓相关安全、环保等法规、规范要求。
	社会能力	具备团队学习能力； 具备良好的沟通能力及与小组成员协作的能力； 具有为客户服务的意识； 具有安全、环保责任意识。
	方法能力	扩展相应的信息收集能力； 能独立使用各种媒介完成学习任务； 能够进行学习结果的评价与反思。
学习准备	可上网查阅资料的计算机、奔驰轿车电路图、学习软件、奔驰轿车电气实验台或实验车辆等。	
方法建议	建议小组学习，分工协作，共同完成； 制订学习计划； 做好记录，各小组选派代表展示学习成果； 评议各小组展示的学习成果。	
学习总结	提炼出学习难点，总结学习任务完成情况。	
探讨题	选择奔驰轿车某一系统电路进行电路分析。	

相关知识

图 5-2 所示是奔驰 M202 型轿车的充电、起动系统电路图。

电路分析：发电机调节器为内装式，发电机发出的电流由 B+→X12/3→X4→X4/22，对蓄电池充电或由 X4/22→蓄电池（+）经 50.0 BK 导线给用电设备供电。刚起动时，电流由蓄电池（+）→仪表板→e5→X26→D+→电压调节器→励磁绕组→搭铁，充电指示灯 e5 亮。当发电机发出的电压达 14 V 左右时，充电指示灯 e5 两端电位几乎相等，充电指示灯灭。起动的过程如下：点火开关打到起动挡时，点火开关的 8 端子有电，当防盗计算机

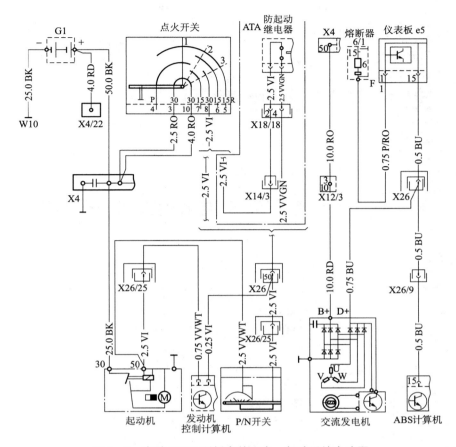

图 5-2 奔驰 M202 型轿车的充电、起动系统电路图

（ATA）解除防盗状态时，即防盗系统的防起动继电器工作时，电流可由点火开关的 8 端子→26→空挡起动开关（P/N 开关）→起动电动机的 50 端子。这时起动电动机的电磁开关得电，电流由蓄电池（+）→起动电动机的 30 端子→电枢绕组→搭铁→蓄电池（-），起动电动机工作，发动机被起动。松开点火开关的钥匙，起动电动机的 50 端子无电，起动电动机停止工作。

模块六 宝马轿车电路读图方法

学习任务一　宝马轿车电路读图的一般方法

学习任务单

任务名称		宝马轿车电路读图的一般方法
学习目标	专业能力	掌握宝马轿车电路图中符号的含义； 掌握宝马轿车电路图的组成； 掌握宝马轿车电路图的特点； 能够初步读懂该车系的简单电路图； 能够实施5S管理； 知晓相关安全、环保等法规、规范要求。
	社会能力	具备团队学习能力； 具备良好的沟通能力及与小组成员协作的能力； 具有为客户服务的意识； 具有安全、环保责任意识。
	方法能力	扩展相应的信息收集能力； 能够独立使用各种媒介完成学习任务； 能够进行学习结果的评价与反思。
学习准备		可上网查阅资料的计算机、宝马轿车电路图、学习软件、宝马轿车电气实验台或实验车辆等。
方法建议		建议分组学习，分工协作，共同完成； 制订学习计划； 做好记录，各小组选派代表展示学习成果； 评议各小组展示的学习成果。
学习总结		提炼出学习难点，总结学习任务完成情况。
探讨题		搜集某一型号宝马轿车的相关资料，整理出与该车中央配电盒相关的信息。

相关知识

一、宝马轿车电路图中符号的含义

宝马轿车电路图中符号的含义见表6-1。

表6-1　宝马轿车电路图中符号的含义

符　号	含　义	符　号	含　义
	半导体	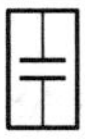	电容
	电动机		二极管
	鼓风机用电动机		线圈
	带吸拉线圈的起动电动机	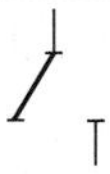	开关
	交流发电机	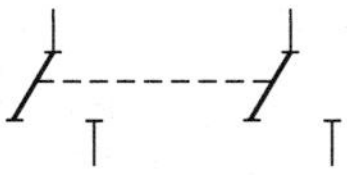	虚线指示两开关之间的机械联动
	灯、前照灯		开关（机械式）
	双丝灯	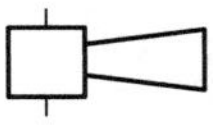	喇叭
	发光二极管	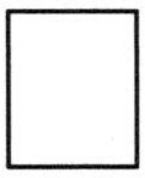	整体元件
	蓄电池		元件的一部分
			元件内部的连接
装有手动变速器的车型　装有自动变速器的车型 2.5 BK YL　2.5 BK	括号表示了车上可供选择项目在电路上的区分		铰接点
		●	固定连接
	熔丝	○	可拆离连接
	电阻		接地

续表

符　号	含　义	符　号	含　义
5 GY/RD 4 C209 0.5 RD	接在元件引出线上的连接器	1.5 BR 4	附在元件上的连接器
			导线延续

二、宝马轿车电路图各部分的含义

宝马轿车电路图各部分的含义如图 6-1 所示。

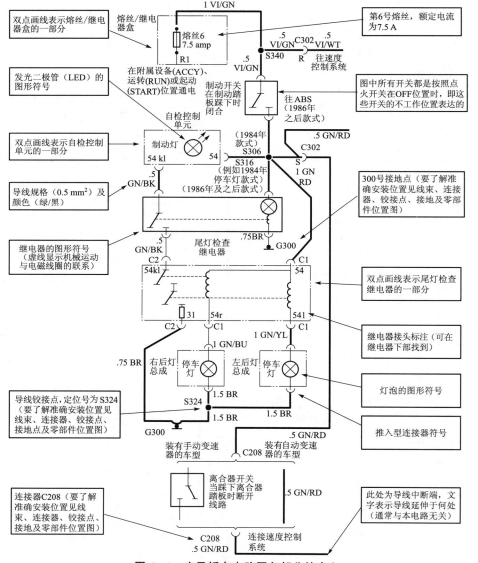

图 6-1　宝马轿车电路图各部分的含义

学习任务二　宝马轿车电路读图实例

学习任务单

任务名称		宝马轿车电路读图实例
学习目标	专业能力	能够读懂宝马轿车电路图； 能够应用电路图在实车查找相关部件的位置； 能够应用电路图分析某一系统的部件或线路出现以及可能出现的故障； 能够实施5S管理； 知晓相关安全、环保等法规、规范要求。
	社会能力	具备团队学习能力； 具备良好的沟通能力及与小组成员协作的能力； 具有为客户服务的意识； 具有安全、环保责任意识。
	方法能力	扩展相应的信息收集能力； 能够独立使用各种媒介完成学习任务； 能够进行学习结果的评价与反思。
学习准备		可上网查阅资料的计算机、宝马轿车电路图、学习软件、宝马轿车电气实验台或实验车辆等。
方法建议		建议分组教学，分工协作，共同完成； 制订学习计划； 做好记录，各小组选派代表展示学习成果； 评议各小组展示的学习成果。
学习反思		提炼出学习难点，总结学习任务完成情况。
探讨题		搜集宝马轿车电路图，并对某一系统电路进行电路分析。

相关知识

图 6-2 所示是宝马轿车前照灯电路图。

一、主电路

（一）远光灯主电路

30 号插脚（常通电）→远光灯继电器 30 号插脚→触点→继电器 87 号插脚→1、2 号熔断器→左、右远光灯（4 灯）插脚→远光灯丝→S100、S114 铰接点→G104 接地点。仪表盘

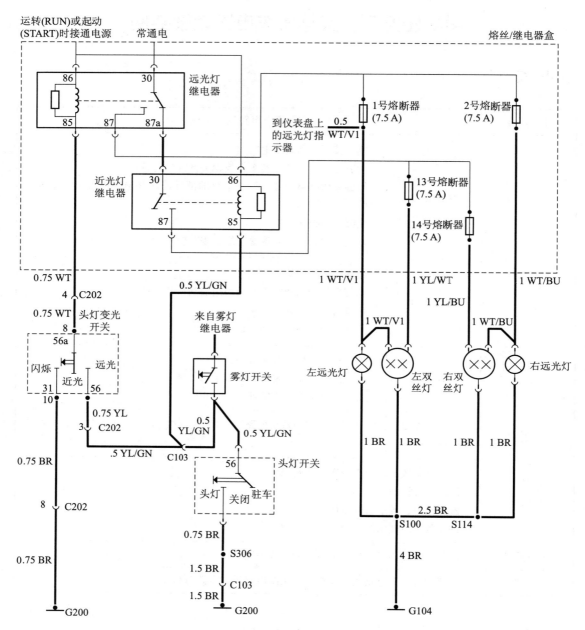

图6-2 宝马轿车前照灯电路图

远光指示灯由1号熔断器供电并被点亮。

（二）近光灯主电路

30号插脚（常通电）→远光灯继电器30号插脚→触点→继电器87a号插脚→近光灯继电器30号插脚→触点→继电器87号插脚→13、14号熔断器→左、右近光灯（两灯）插脚→近光灯丝→S100、S114铰接点→G104接地点。

二、控制电路

(一) 远光灯控制电路

点火开关（运转、起动时接通电源）→远光灯继电器 86 号插脚→继电器电磁线圈→继电器 85 号插脚→C202 插接器 4 号针→变光开关 56a 号插脚（变光开关远光挡）→变光开关 56 号插脚→C202 插接器 3 号针→C103 插接器→头（大）灯开关 56 号插脚→头灯开关→头灯挡→S306 铰接点→C103 插接器→G200 接地点。

(二) 近光灯控制电路

点火开关（运转、起动时接通电源）→近光灯继电器 86 号插脚→继电器电磁线圈→继电器 85 号插脚→C103 插接器（变光开关近光挡）→头灯开关 56 号插脚→头灯开关→头灯挡→S306 铰接点→C103 插接器→G200 接地点。

(三) 远光灯变光控制电路

点火开关（运转、起动时接通）→远光灯继电器 86 号插脚→继电器电磁线圈→继电器 85 号插脚→C202 插接器 4 号针→头灯变光开关 56a 号插脚→闪烁挡触点→变光开关 31 号插脚→C202 插接器 8 号针→G200 接地点。

模块七 雪铁龙轿车电路读图方法

学习任务一 雪铁龙轿车电路读图的一般方法

学习任务单

任务名称		雪铁龙轿车电路读图的一般方法
学习目标	专业能力	掌握雪铁龙轿车电路图中符号的含义； 掌握雪铁龙轿车电路图的组成； 掌握雪铁龙轿车电路图的特点； 能够初步读懂该车系的简单电路图； 能够实施5S管理； 知晓相关安全、环保等法规、规范要求。
	社会能力	具备团队学习能力； 具备良好的沟通能力及与小组成员协作的能力； 具有为客户服务的意识。 具有安全、环保责任意识。
	方法能力	扩展相应的信息收集能力； 能够独立使用各种媒介完成学习任务； 能够进行学习结果的评价与反思。
学习准备		可上网查阅资料的计算机、雪铁龙轿车电路图、学习软件、雪铁龙轿车电气实验台或实验车辆等。
方法建议		建议分组学习，分工协作，共同完成； 制订学习计划； 做好记录，各小组选派代表展示学习成果； 评议各小组展示的学习成果。
学习总结		提炼出学习难点，总结学习任务完成情况。
探讨题		1. 探讨雪铁龙轿车电路图中点火开关、插接器的表示方法； 2. 搜集某一型号雪铁龙轿车的相关资料，整理出与该车中央配电盒相关的信息。

相关知识

一、雪铁龙轿车电路图中符号的含义

雪铁龙轿车电路图中符号的含义见表 7-1。

表 7-1 雪铁龙轿车电路图中符号的含义

符 号	含 义	符 号	含 义
	线头焊片节点		手动开关
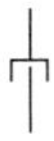	插头节点	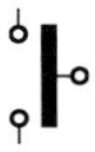	机械开关
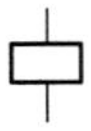	插接器节点		压力开关
	带有分辨记号的插接器节点		温度开关
	不可拆节点（铰接）		延时断开触点
	不可拆节点（焊接）	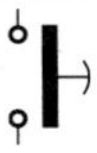	延时闭合触点
	经线头焊片搭铁		摩擦式触点
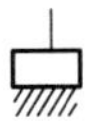	经插接器搭铁	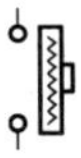	带电阻的手动开关（点烟器）
	经零件外壳搭铁		电阻
	开关（无自动回位）		可变电阻
	手动开关		手动可变电阻
	转换开关		机械可变电阻
	常开触点（自动回位）		热敏电阻
	常闭触点（自动回位）		压力可变电阻

续表

符 号	含 义	符 号	含 义
	可变电阻		发声元件
	分流器		电子控制组件
	线圈		继电器组件
	指示灯		零件框图（带有原理图）
	照明灯		零件框图（无原理图）
	双灯丝的照明灯		零件部分框图
	发光二极管		零件部分框图
	光敏二极管		指示器
	二极管		热电偶
	熔断器		电极
	热断路器		氧探测器
	屏蔽装置		接线柱
	蓄电池单格		NPN型晶体三极管
	电容器		PNP型晶体三极管
	电动机	—·—	联动线（轴）
	双速电动机	( )	备用头
	交流发电机	—	—

二、雪铁龙轿车电路图的标识方法

雪铁龙轿车电路图在表现形式上与通常的电路图有较大差别,其电路原理图与布线图的标识方法如图7-1所示。

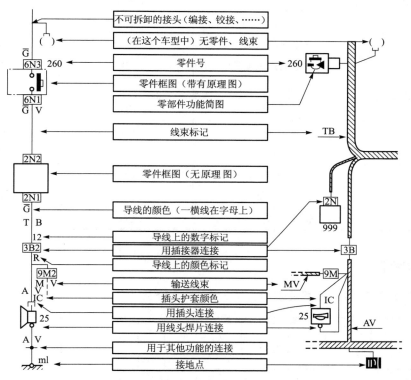

图7-1 雪铁龙轿车电路原理图与布线图的标识方法

三、雪铁龙轿车电路图中的导线颜色与线束代码

雪铁龙轿车电路图中用代码标明了导线颜色,见表7-2。

表7-2 导线颜色代码

代码	导线颜色	代码	导线颜色
N	黑	Bl	湖蓝
M	栗色	MV	深紫
R	大红	Vi	紫罗蓝
Ro	粉红	G	灰色
Or	橙色	B	白色
J	柠檬黄	Lc	透明
V	翠绿	—	—

为了方便查找电路走向，在电路图中各导线都标明其所在线束的代码。线束代码及其含义见表7-3。

表7-3 线束代码及其含义

线束代码	含义	线束代码	含义
AV	前部	MT	发动机
CN	蓄电池负极电缆	MV	电动风扇
CP	蓄电池正极电缆	PB	仪表板
EF	行李舱照明灯	PC	驾驶员侧门
FR	尾灯	PD	右后门
GC	空调	PG	左后门
HB	驾驶室	PL	顶灯
PP	乘客侧门	RD	右后部
RG	左后部	RL	侧转向灯
UD	右制动蹄片磨损指示器	UG	左制动蹄片磨损指示器

四、插接器

雪铁龙轿车插接器的种类及表示方法如图7-2所示。

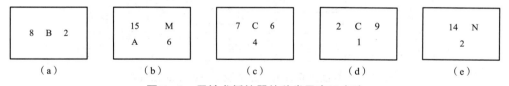

图7-2 雪铁龙插接器的种类及表示方法
(a) 单排插接器；(b) 双排插接器；(c)、(d) 前围板插接器；(e) 14脚圆插接器

（一）单排插接器

单排插接器的插脚或插孔只有一排，在电路图中的表示方法如图7-2 (a) 所示，识别方法如下：

8：通道数，表示该插接器有8个插脚或插孔。

B：插接器的颜色，B表示白色。

2：线号数，表示插接器的第2号线。

（二）双排插接器

双排插接器的插脚或插孔有两排，在电路图中的表示方法如图7-2 (b) 所示，识别方法如下：

15：通道数，表示该插接器有15个插脚或插孔。

M：插接器颜色，M表示栗色。

A：列数，A表示A列。

6：线号数，6表示A列中的第6号线。

模块七 雪铁龙轿车电路读图方法

（三）前围板插接器

前围板插接器位于挡风玻璃左下侧的车身内，有62个通道，用于前部线束和仪表板线束的连接。前围板插接器为黑色，由8组7脚的插孔和3组2脚的插孔组成，如图7-3所示。它在电路图中的表示方法如图7-2（c）所示，识别方法如下：

7：通道数，7表示7个插脚或插孔。
C：表示前围板插接器。
6：组数，6表示第6组。
4：线号数，4表示第6组的第4号线。

图7-2（d）所示前围板插接器的识别方法如下：

2：通道数，2表示2个插脚或插孔。
C：表示前围板插接器。
9：组数，9表示第9组。
1：线号数，1表示第9组的第1号线。

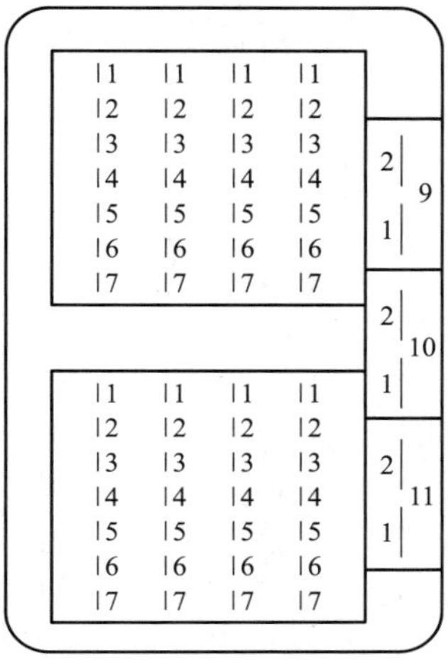

（四）14脚圆插接器

该插接器位于发动机罩下左侧的熔断器盒内，用于前部AV线束与发动机MT线束的连接，它在电路图中的表示方法如图7-2（e）所示，识别方法如下：

14：通道数，14表示该插接器有14个插脚或插孔。
N：插接器的颜色，N表示黑色。
2：线号数，2表示插接器的第2号线。

图7-3 前围板62路插接器布置示意

五、点火开关

雪铁龙轿车点火开关的表示方法如图7-4所示，各挡位工作状态见表7-4。

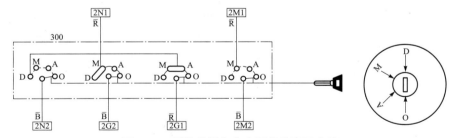

图7-4 雪铁龙轿车点火开关的表示方法

表7-4 雪铁龙轿车点火开关各挡位工作状态

挡位＼端子	2N1（供电端子）	2N2	2G2	2G1	2M1（供电端子）	2M2
O（锁止）						
A（附件）	○———————————————————○					
M（点火）	○———————————○			○———————————○		
D（起动）	○————○	○				

六、雪铁龙轿车电路图各部分的含义

雪铁龙轿车电路图各部分的含义如图7-5所示。

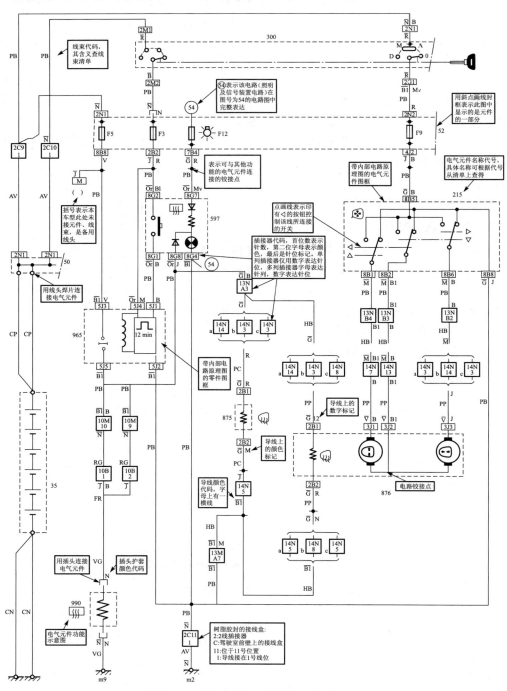

图7-5 雪铁龙轿车电路图各部分的含义

学习任务二　爱丽舍轿车电路读图实例

学习任务单

任务名称	爱丽舍轿车电路读图实例	
学习目标	专业能力	能够读懂爱丽舍轿车电路图； 能够应用电路图在实车查找相关部件的位置； 能够应用电路图分析某一系统的部件或电路出现以及可能出现的故障； 能够实施 5S 管理； 知晓相关安全、环保等法规、规范要求。
	社会能力	具备团队学习能力； 具备良好的沟通能力及与小组成员协作的能力； 具有为客户服务的意识； 具有安全、环保责任意识。
	方法能力	扩展相应的信息收集能力； 能够独立使用各种媒介完成学习任务； 能够进行学习结果的评价与反思。
学习准备	可上网查阅资料的计算机、爱丽舍轿车电路图、学习软件、爱丽舍轿车电气实验台或实验车辆等。	
方法建议	建议小组学习，分工协作，共同完成； 制订学习计划； 做好记录，各小组选派代表展示学习成果； 评议各小组展示的学习成果。	
学习总结	提炼出学习难点，总结学习任务完成情况。	
探讨题	搜集爱丽舍轿车电路图，并对某一系统电路进行电路分析。	

相关知识

一、爱丽舍轿车的熔断器盒

爱丽舍轿车的熔断器盒有两个，一个在发动机舱内，另一个在驾驶室内。

（一）发动机舱内的熔断器盒

发动机舱内的熔断器盒共有 6 路，故也称为 6 路熔断器盒，位于发动机舱左翼子板，其外形示意和内部电路接线原理示意分别如图7-6和图7-7所示，其功能见表7-5。

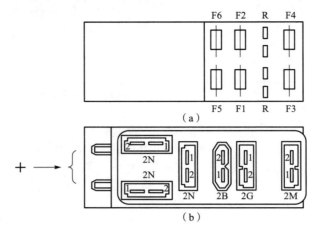

图7-6 发动机舱内的熔断器盒外形示意
（a）正面；（b）背面

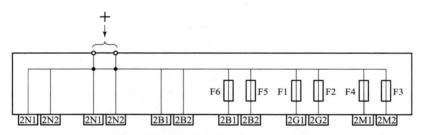

图7-7 发动机舱内的熔断器盒内部电路接线原理示意

表7-5 发动机舱内的熔断器盒的功能

序号	容量/A	颜色	输出插接器	被保护元件
F1	30	绿	2G1	前雾灯
F2	30	绿	2G2	未使用
F3	30	绿	2M2	双电动风扇
F4	30	绿	2M1	电动风扇电源和继电器
F5	20	黄	2B2	发动机点火系统及自动变速器电气系统
F6	20	黄	2B1	发动机点火系统及自动变速器电气系统

（二）驾驶室内的熔断器盒

驾驶室内的熔断器盒共有30路，位于驾驶室仪表板左侧，打开盖板即可看到，其外形示意和内部电路接线原理示意分别如图7-8和图7-9所示，其功能见表7-6。

模块七　雪铁龙轿车电路读图方法

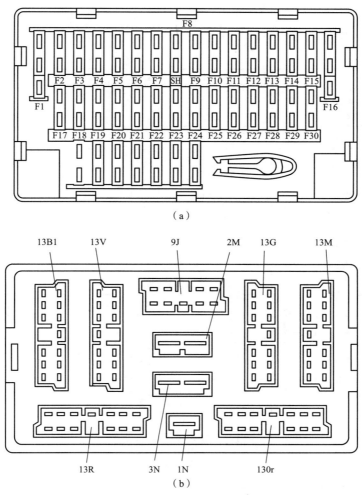

图 7-8　驾驶室内的熔断器盒外形示意
（a）正面；（b）背面

（三）继电器

继电器支架在仪表板下、座舱熔断器盒的后面，其位置示意如图 7-10 所示。

二、电路分析实例

爱丽舍轿车充电、起动系统电路原理图和布线图如图 7-11 和图 7-12 所示。

（一）充电系统电路

点火开关打到 A 挡或 M 挡时，发动机未起动，交流发电机 15 的励磁电流路径为蓄电池正极→黑色的蓄电池正极电缆 CP→黑色 2 脚插接器的 1 号线→点火开关 300→灰色 2 脚插接器的 1 号线（点火开关输出端）→熔断器 F28→仪表盘 40→栗色 23 脚圆插接器的第 5 号线从仪表线束 PB 进入前部线束 AV→黑色 14 脚插接器的 3 号线进入发动机线束 MT→交流发电机 15 的励磁绕组→搭铁→蓄电池负极，形成回路，此时仪表板 40 中的电源指示灯亮；发动机起动运转后，发电机发电，并进入自励状态，仪表盘 40 中的电源指示灯灭。

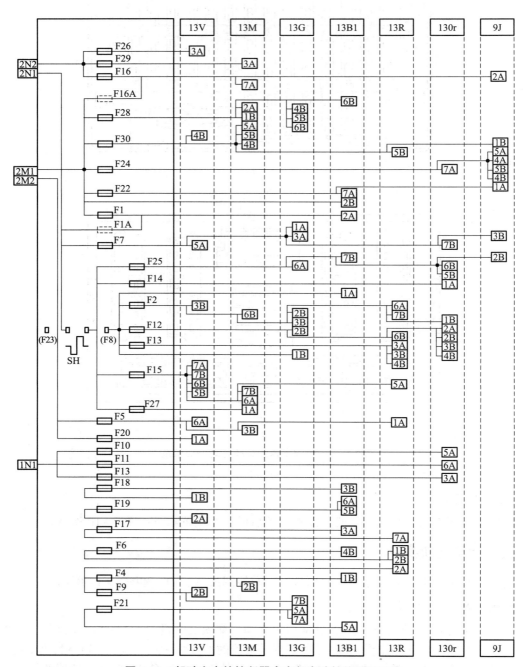

图 7-9 驾驶室内的熔断器盒内部电路接线原理示意

表7-6 驾驶室内的熔断器盒的功能

熔断器	容量/A	颜色	被保护元件
F1	10	红	收放机
F2	5	栗	防盗控制盒、温控盒、空调、空调切断继电器、组合仪表、诊断插头
F3	10	红	ABS电控单元
F4	10	红	近光灯（右）
F5	5	栗	后窗加热延时继电器、鼓风机继电器
F6	10	红	自动变速器变速杆锁止继电器
F7	20	黄	喇叭
F8	—	—	新车交付前将SH熔断器插于此位置
SH	—	—	—
F9	10	红	近光灯（左）
F10	5	栗	左前、右后位置灯
F11	5	栗	右前、左后位置灯
F12	20	黄	组合仪表、制动灯、压力开关、倒车灯
F13	5	栗	仪表板照明灯
F14	10	红	闪光器
F15	20	黄	防盗控制盒（中控锁）、温控盒、中控锁、行李舱照明灯、危险报警灯
F16	20	黄	开关
F17	15	蓝	点烟器
F18	10	红	燃油泵
F19	10	红	后雾灯
F20	30	绿	远光灯（左）
F21	10	红	鼓风机
F22	15	蓝	远光灯（右）
F24	20	黄	（空）
F25	10	红	前雨刮器组合开关、前雨刮器、前雨刮器继电器

续表

熔断器	容量/A	颜色	被保护元件
F26	15	蓝	组合仪表、顶灯、时钟、收放机、诊断插头、防盗控制盒
F27	30	绿	—
F28	15	蓝	电动车窗
F29	30	绿	组合仪表、电动后窗切断开关、电动车窗继电器、转向灯
F30	15	蓝	后窗加热延时继电器、阅读灯、时钟、电动后视镜、电动前窗继电器

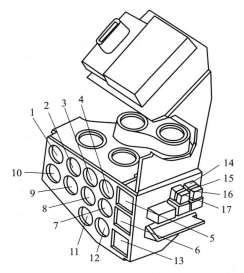

图 7-10 爱丽舍轿车继电器的位置示意

1—电动后窗切断继电器；2，3，4，6，8，9，10，11，16，17—未用；5—前雨刮器延时继电器；
7—鼓风机继电器；9—后窗加热延时器；
12—电动车窗继电器；13—闪光器；14—喇叭继电器；
15—AL4 自动变速器变速杆锁止继电器

（二）起动系电路

点火开关打到 D 挡时，起动机开始工作。起动机电磁开关控制电流路径为蓄电池正极→黑色的蓄电池正极电缆 CP→黑色 2 脚插接器的 1 号线→点火开关 300→栗色 2 脚插接器的 1 号线（点火开关输出端）→栗色 23 脚圆插接器的第 11 号线从仪表线束 PB 进入前部线束 AV→黑色 14 脚插接器的 1 号线（柠檬黄色）进入发动机线束 MT→起动机 350 的吸拉线圈和保持线圈→搭铁→蓄电池负极，形成回路，于是起动机 350 的电磁开关闭合，其电动机由蓄电池通过正极电缆 CP 直接供电，进入工作状态。

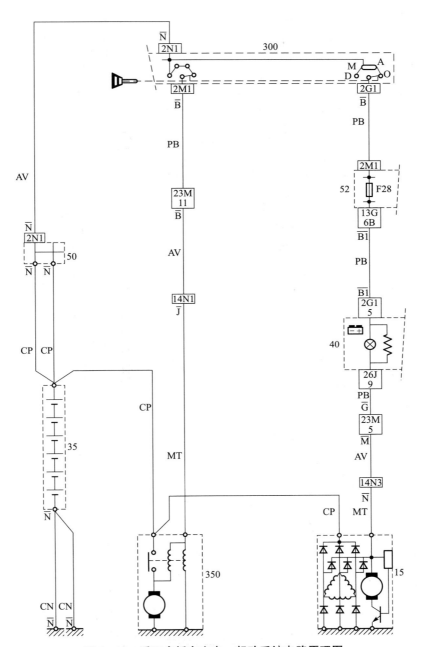

图 7-11 爱丽舍轿车充电、起动系统电路原理图

15—交流发电机；35—蓄电池；40—仪表盘；50—电源盒；52—座舱熔断器盒；300—点火开关；
350—起动机；AV—前部线束；CP—正极电缆；MT—发动机线束；
PB—仪表线束；CN—负极电缆

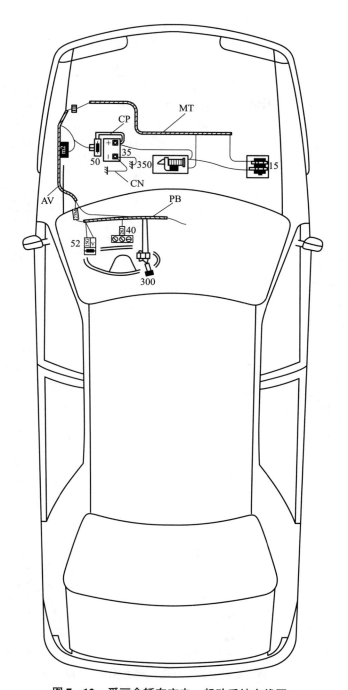

图7-12 爱丽舍轿车充电、起动系统布线图

15—交流发电机;35—蓄电池;40—仪表盘;50—电源盒;52—座舱熔断器盒;300—点火开关;
350—起动机;AV—前部线束;CP—正极电缆;MT—发动机线束;
PB—仪表线束;CN—负极电缆

模块八 丰田轿车电路读图方法

学习任务一　丰田轿车电路读图的一般方法

学习任务单

任务名称		丰田轿车电路读图的一般方法
学习目标	专业能力	掌握丰田轿车电路图中符号的含义； 掌握丰田轿车电路图的组成； 掌握丰田轿车电路图的特点； 能够初步读懂该车系的简单电路图； 能够实施5S管理； 知晓相关安全、环保等法规、规范要求。
	社会能力	具备团队学习能力； 具备良好的沟通能力及与小组成员协作的能力； 具有为客户服务的意识； 具有安全、环保责任意识。
	方法能力	扩展相应的信息收集能力； 能独立使用各种媒介完成学习任务； 能够进行学习结果的评价与反思。
学习准备		可上网查阅资料的计算机、丰田轿车电路图、学习软件、丰田轿车电气实验台或实验车辆等。
方法建议		建议小组学习，分工协作，共同完成； 制订学习计划； 做好记录，各小组选派代表展示学习成果； 评议各小组展示的学习成果。
学习总结		提炼出学习难点，总结学习任务完成情况。
探讨题		搜集某一型号丰田轿车的相关资料，整理出与该车中央配电盒相关的信息。

相关知识

一、丰田轿车电路图中符号的含义

丰田轿车电路图中符号的含义见表 8-1。

表 8-1 丰田轿车电路图中符号的含义

符 号	含 义	符 号	含 义
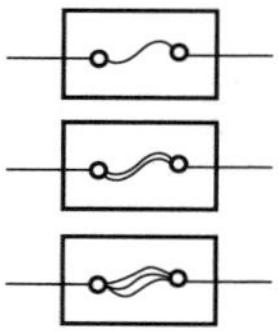	保险丝		电动机
	易熔丝		扬声器
	断路器		发光二极管
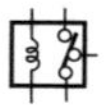	双流向继电器		模拟式仪表
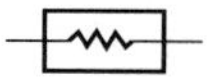	电阻	FUEL	数字式仪表
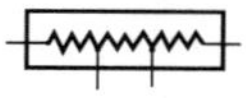	按键式变阻器	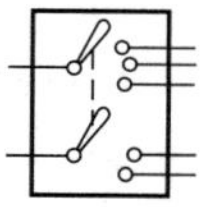	点火开关
	无级可变电阻器		
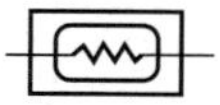	热敏电阻传感器	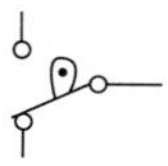	雨刮器停放位置开关
	模拟速度传感器	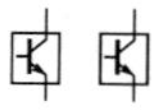	三极管
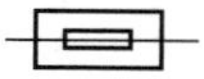	短路插销		配线 1. 不连接 2. 铰接
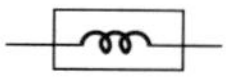	电磁阀或电磁线圈		

二、丰田轿车电路图中各系统的符号及含义

全车电路由各独立的系统组成。丰田轿车电路图中各系统的符号及含义见表 8-2。

表 8－2　丰田轿车电路图中各系统的符号及含义

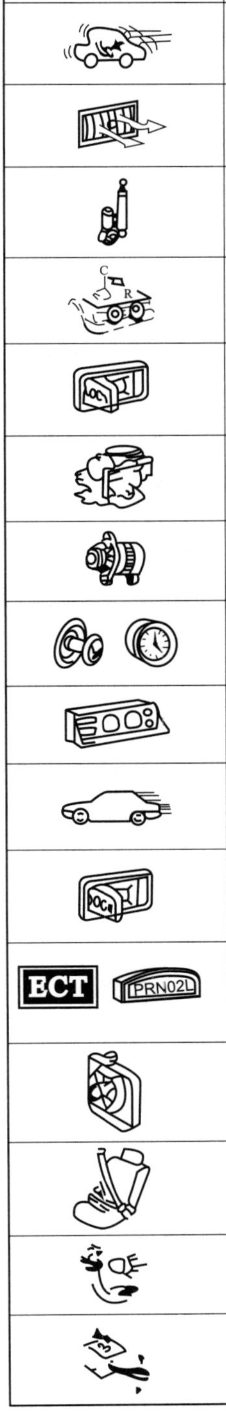

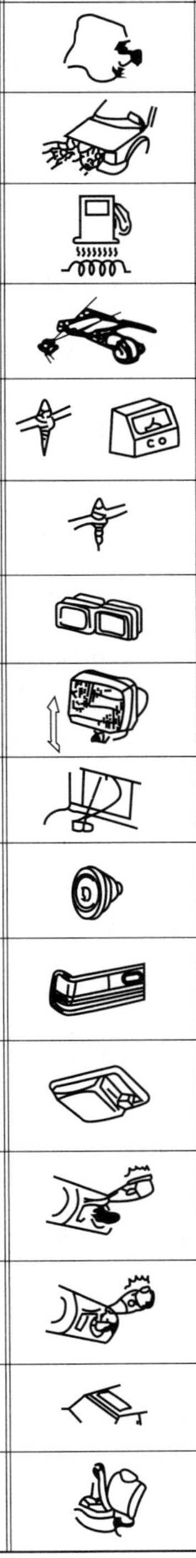

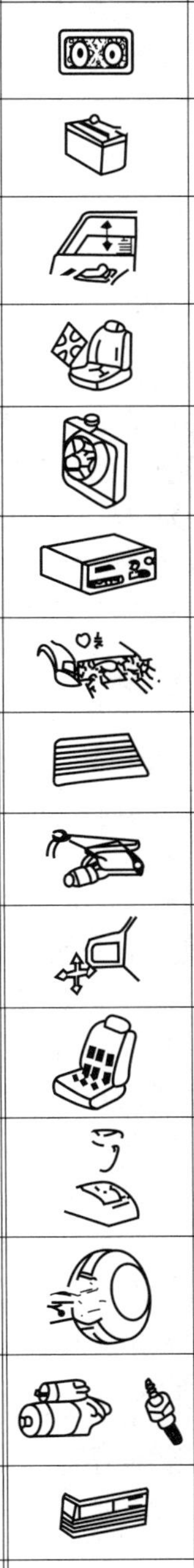

符号	含义	符号	含义	符号	含义
	ABS(防抱死制动系统)		发动机控制		超速驾驶
	AC(空调)		前雾灯		电源
	自动天线		燃油加热器		电动窗
	倒车灯		前雨刮器和洗涤器		电动座位
	背后门锁		电热和废气控制		散热器风扇和冷凝器风扇
	化油器		电热塞		音响
	充电系		大灯		后雾灯
	点烟器和时钟		大灯光束水平控制		后窗除雾器
	组合仪表		大灯清洁器		后雨刮器和洗涤器
	巡航控制		喇叭		遥控后视镜
	门锁		照明		座位加热器
ECT　PRN02L	电子控制变速器和AT/指示灯		车内灯		换挡杆锁
	电控液压冷却风扇		灯光自动切断		SRS(乘员辅助安全系统)
	电控安全带张力减小器		灯光提醒蜂鸣器		起动和点火
	停车信号灯		车顶窗		尾灯
	转向信号灯和危险信号灯		开锁和座位安全带警告灯	—	—

三、导线颜色

在丰田轿车电路图中,导线颜色用字母代号表示,见表8-3。

表8-3 导线颜色

B—黑	L—蓝	R—红	BR—棕	LG—浅绿	V—紫
G—绿	O—橙	W—白	GR—灰	P—粉红	Y—黄

四、丰田轿车电路图的标识方法及各部分的含义

丰田轿车电路图的标识方法如图8-1所示,各部分的含义如图8-2所示。

A表示各子系统的标题符号。

B表示导线颜色。例如,电路图中导线颜色编号为R,说明在实际电路中,导线颜色为红色。如果导线为双色,就用第一个字母表示导线基本颜色,用第二个字母表示导线的条纹颜色。例如,导线颜色编号为L-Y,说明在实际电路中,导线的基本颜色为蓝色,条纹颜色为黄色。

C表示与电气元件连接的配线插接器编号。S40或S41表示与起动继电器连接的配线插接器。

D表示配线插接器的引脚编号,其中插座和插头编号的方法不同。在插座编号中,顺序为从左至右,从上至下;在插头编号中,顺序则为从右至左,从上至下(图8-3)。

E表示继电器盒。圈内数字表示继电器盒号码,图示继电器盒号码为1,表示EFI主继电器在1号位置。

F表示接线盒。圈内数字表示接线盒(J/B)号码,圈旁数字表示该配线插接器插座位置代码。接线盒上一般印上阴影,使其与其他元件区分。不同的接线盒用不同的阴影标出,以便区分。例如,图8-2中的3B表示它在3号接线盒内;数字6和15表示两条导线分别在插接器6号和15号位置。

G表示相互关联的系统。

H导线之间的配线插接器。带插头的导线用符号">"表示,外侧数字12表示引脚号码。

I"( )"中的内容表示同车型不同系列、不同发动机或不同技术下的不同导线或连接。

J表示屏蔽的导线。

K表示接地点位置。接地点在电路图中用"▽"符号表示。

L表示如果系统电路图分开为两页以上,那么相同的导线用同一个数字(如用1,2,3……表示其连接关系)。

五、元器件位置

丰田轿车采用布线图、继电器位置图、接线盒和配线插接器位置图等来表明元器件的位置。

(一)布线图

布线图主要表明电气元件在汽车上的位置,一般包括发动机舱、仪表盘、车身、电动座椅等部位。

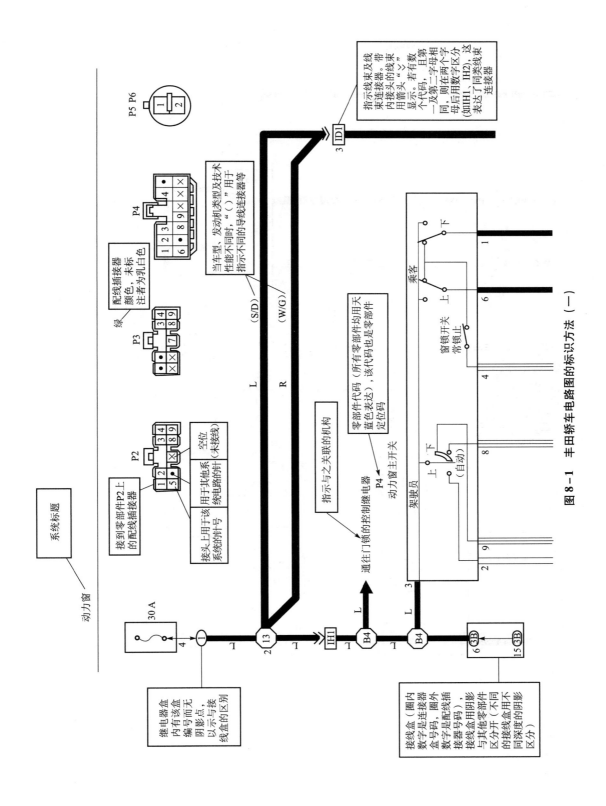

图 8-1 丰田轿车电路图的标识方法（一）

168 汽车电路读图（第5版）

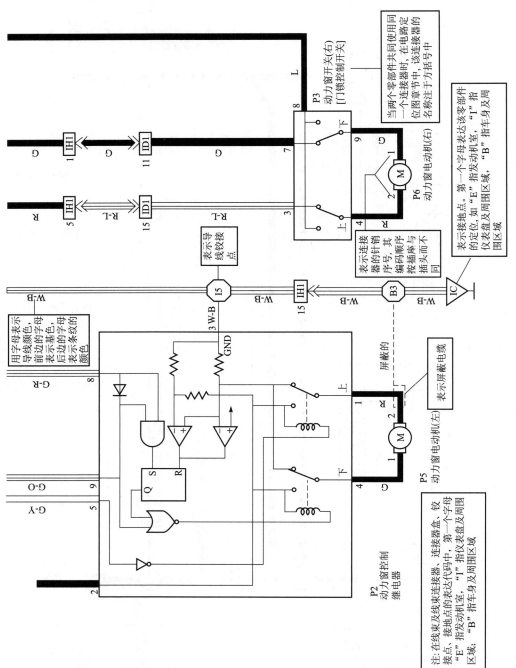

图 8-1 丰田轿车电路图的标识方法（二）

模块八 丰田轿车电路读图方法

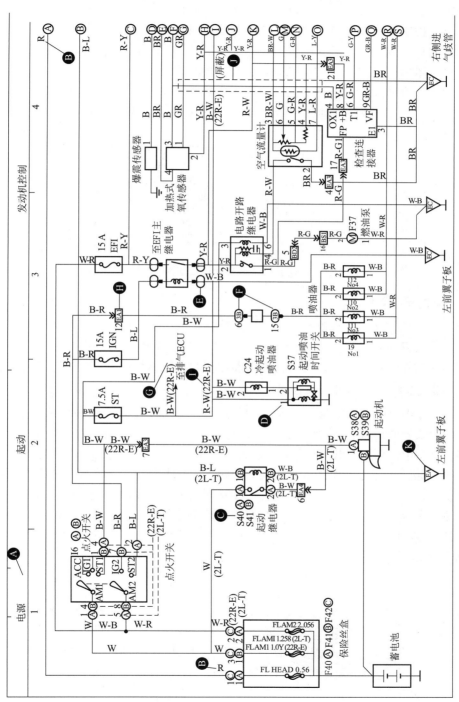

图8-2 丰田轿车电路图各部分的含义

另外，布线图还包括导线插接器、接地点和铰接点位置图。导线插接器用于各元件与导线之间的连接。接地点位置图主要用于检查电路接地点，清理接地点的锈蚀、油污以及拧牢紧固螺栓等，这对保证电路的正常工作是非常重要的。铰接点表示导线之间用铰接形式连接。它在电路图中用相交点"·"来表示，而在电路布线图中则用正八边形来表示，其中正八边形中的字母有特定的含义，"E"表示在发动机室内，"I"表示在仪表盘内，"B"表示在车身上，如图8-4所示。

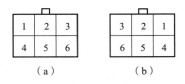

图8-3 插座与插头编号示意
(a) 插座；(b) 插头

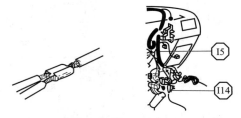

图8-4 导线铰接点示意

（二）继电器位置图

在丰田轿车电路图中，继电器有两种形式分布在汽车中：一种为多个继电器集中安装在一个盒内，称为继电器盒（R/B）；另一种为单个或两个继电器独立存在。

继电器位置图给出了每个继电器在继电器盒中的位置以及继电器盒的内部电路。

（三）接线盒和配线插接器位置图

在丰田轿车电路图中，接线盒也称为J/B，用于汽车的全车配线，通过导线插接器将从各个方向来的导线分配到各个电气元件上，而这些插接器都在一个接线盒内。在每个接线盒和配线插接器位置图中，都标示出从各个方向来的配线插接器的接线端子以及接线盒的内部电路。

在配线插接器中还设有短路端子，同一短路端子簇上，均匀地连接着从汽车内不同元件来的相同颜色的许多导线。当然，在安装上述相同颜色的导线时，可以将它们随意连接在短路端子簇中的任何位置。维修时必须随时检查短路端子簇中的安装状态，以保证接触良好。其外形如图8-5所示，配线插接器短路端子示意如图8-6所示。若插接器端子图中出现"×"，表示该端子暂时没有配线连接，为空端子。

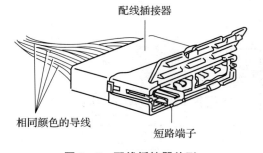

图8-5 配线插接器外形

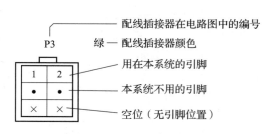

图8-6 配线插接器短路端子示意

学习任务二 凌志轿车电路读图实例

学习任务单

任务名称		凌志轿车电路读图实例
学习目标	专业能力	能够读懂凌志轿车电路图； 能够应用电路图在实车查找相关部件的位置； 能够应用电路图分析某一系统的部件或线路出现以及可能出现的故障； 能够实施5S管理； 知晓相关安全、环保等法规、规范要求。
	社会能力	具备团队学习能力； 具备良好的沟通能力及与小组成员协作的能力； 具有为客户服务的意识； 具有安全、环保责任意识。
	方法能力	扩展相应的信息收集能力； 能够独立使用各种媒介完成学习任务； 能够进行学习结果的评价与反思。
学习准备		可上网查阅资料的计算机、凌志轿车电路图、学习软件、凌志轿车电气实验台或实验车辆等。
方法建议		建议小组学习，分工协作，共同完成； 制订学习计划； 做好记录，各小组选派代表展示学习成果； 评议各小组展示的学习成果。
学习总结		提炼出学习难点，总结学习任务完成情况。
探讨题		搜集丰田轿车电路图，并对某一系统电路进行电路分析。

相关知识

本任务以凌志 LEXUS LS400 UCF10 系列轿车雨刮器电路、洗涤器电路和喇叭电路为例，介绍丰田车系电路的分析方法。

凌志 LEXUS LS400 UCF10 系列轿车雨刮器电路、洗涤器电路、转向信号电路、危险报警电路和喇叭电路如图 8-7、图 8-8 所示。在分析电路之前，首先要弄清以下内容，再进行分析。

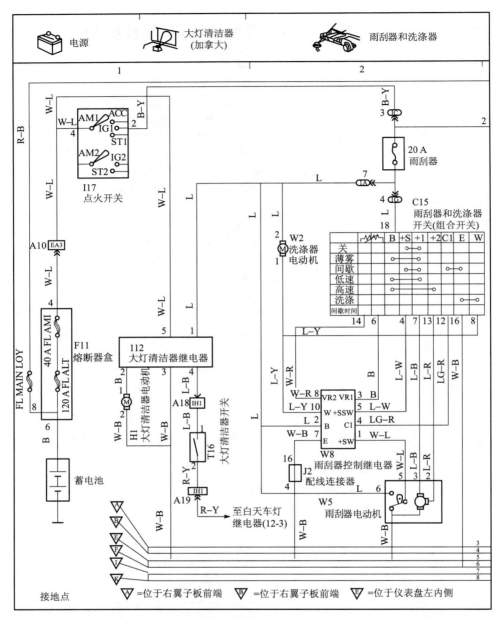

图 8-7 凌志 LEXUS LS400 UCF10 系列轿车雨刮器和洗涤器、转向信号、危险警告和喇叭电路（一）

一、电气元件的安装位置

当拿到电路图时，首先要找到被分析系统的主要电气元件，然后进行电路分析，这样可以避免盲目性。例如：首先找到雨刮器电动机 W5、洗涤器电动机 W2、雨刮器和洗涤器组合开关 C15、雨刮器控制继电器 W8、点火开关 I17 等。配合布线图就能够知道这些电气元件在汽车上的安装位置，如雨刮器电动机 W5、洗涤器电动机 W2 的安装位置可由发动机舱布线图获得，如图 8-9 所示。

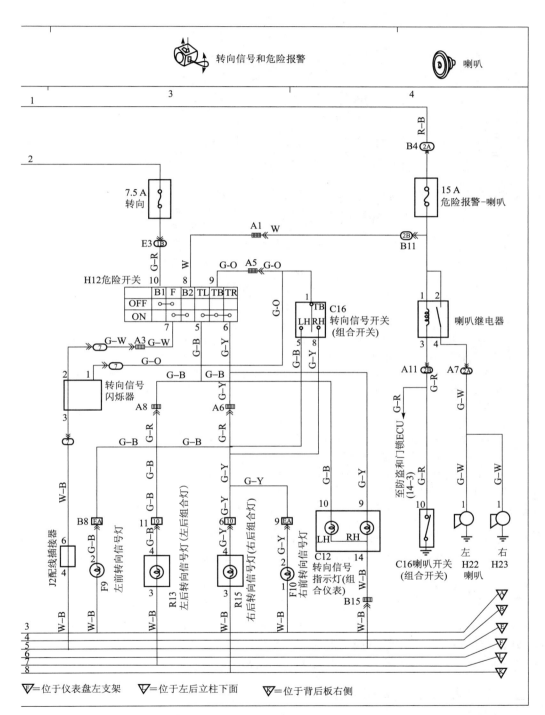

图8-8 凌志LEXUS LS400 UCF10系列轿车雨刮器和洗涤器、转向信号、危险警告和喇叭电路（二）

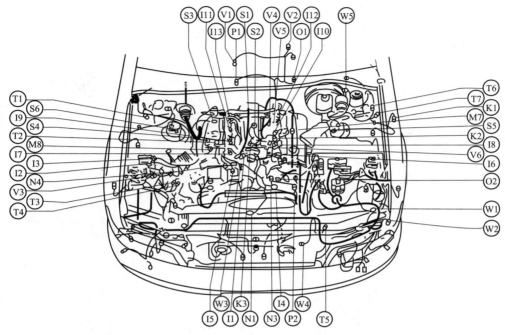

图 8-9 发动机舱布线图

I1—急速空气控制阀（ISC 阀）；I2—1 号点火器；I3—2 号点火器；I4—1 号点火线圈；I5—2 号点火线圈；
I6—1 号喷油器；I7—2 号喷油器；I8—3 号喷油器；I9—4 号喷油器；I10—5 号喷油器；I11—6 号喷油器；
I12—7 号喷油器；I13—8 号喷油器；K1—无钥匙开门蜂鸣器；K2—1 号爆震传感器（左侧）；
K3—2 号爆震传感器（右侧）；M7—加热式主氧传感器（左侧）；M8—加热式主氧传感器（右侧）；
N1—噪声滤波器；N3—1 号凸轮轴位置传感器（左侧）；N4—2 号凸轮轴位置传感器（右侧）；
O1—直接挡离合器速度传感器；O2—机油压力开关；
P1—停车/空挡位置开关（空挡起动开关）、倒车灯开关和 A/T 指示灯开关；P2—PPS 电磁阀；
S1—起动机；S2—起动机（蓄电池）；S3—副节气门执行器；S4—副节气门位置传感器；
S5—左前悬挂控制执行器；S6—右前悬挂控制执行器；T1—防盗喇叭；T2—节气门位置传感器；
T3、T4—牵引制动执行器；T5—牵引电磁阀继电器；T6—牵引电动机继电器；T7—牵引泵和电动机；
V1—1 号车速传感器（速度传感器）；V2—2 号车速传感器（速度传感器，来自电控变速器）；
V3—空气流量计（容积式）；V4—VSV（用于空气泵）；V5—VSV（用于 EVAP）；
V6—VSV（用于燃油压力升高）；W1—洗涤液液位开关；W2—洗涤器电动机；
W3—水温传感器；W4—水温开关（用于冷却风扇）；W5—雨刮器电动机

二、继电器位置

在各系统的工作电路中经常出现一些继电器，这些继电器的位置可通过继电器位置图获得。例如，图 8-7 中的雨刮器控制继电器 W8 可由图 8-10 所示的仪表盘继电器位置图获得；图 8-8 中的喇叭继电器在继电器盒中，如图 8-11 所示。

三、J/B 和 R/B 的构成及内部电路

在对雨刮器和洗涤器电路进行分析时将会遇到 1 号 J/B（接线盒）；在对喇叭电路进行分析时将会遇到 2 号 J/B（接线盒）。了解接线盒的结构及其内部电路将会给电路分析和使用带来很多方便。

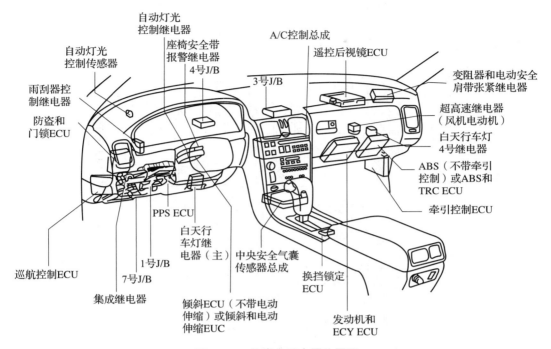

图 8–10　仪表盘继电器位置图

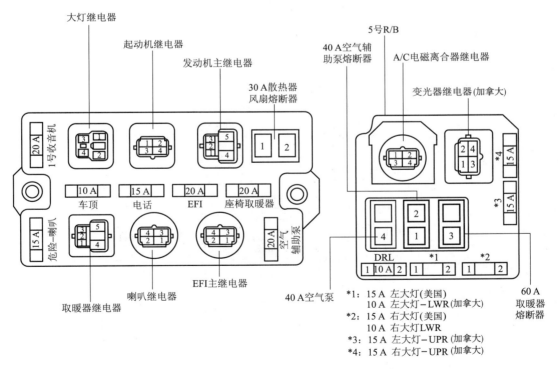

图 8–11　各继电器在继电器盒内的位置示意

例如，1号J/B位于转向柱左侧，和7号R/B相邻。1号J/B的结构示意如图8-12所示，其内部电路示意如图8-13所示。2号J/B位于发动机舱左侧，在5号R/B附近，2号J/B的结构示意如图8-14所示，其内部电路示意如图8-15所示。

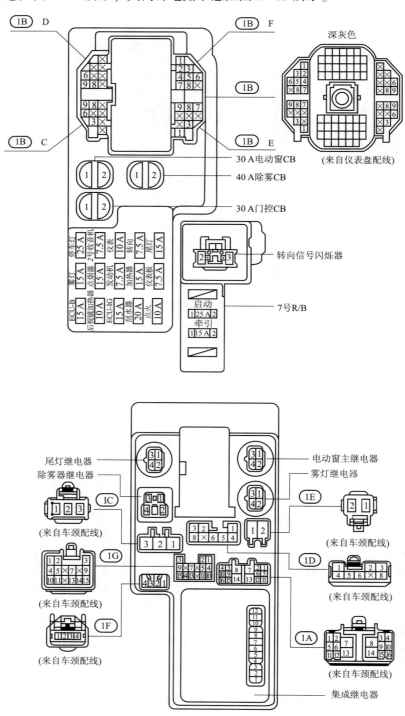

图8-12 1号J/B的结构示意

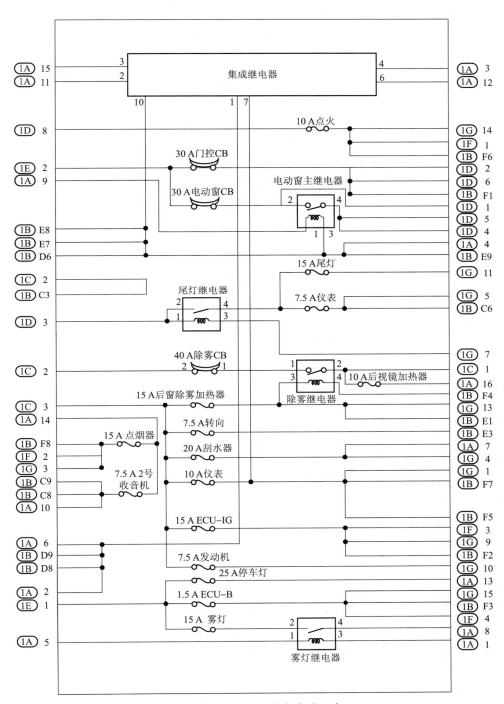

图 8-13　1 号 J/B 内部电路示意

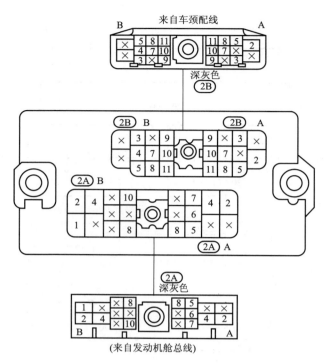

图 8-14 2 号 J/B 的结构示意

四、雨刮器和洗涤器的工作电路

(一) 雨刮器低速工作

将点火开关打到点火挡，雨刮器开关处于低速挡位置。雨刮器低速工作电流通路为：蓄电池正极→120 A 熔断器→40 A 熔断器→配线插接器 EA3 的 A10 端子（白/蓝线）→点火开关 I17 的 AM1 端子→点火开关 I17 的 IG1 端子→1 号 J/B（接线盒）1C 插头的 3 号端子→20 A 熔断器→1 号 J/B（接线盒）1G 插头的 4 号端子→雨刮器和洗涤器组合开关 C15 的 B 端子→雨刮器和洗涤器组合开关 C15 的 7 号端子→雨刮器电动机 W5 的 3 号端子（蓝/黑线）→雨刮器电动机 W5 的 1 号端子（白/黑线）→仪表盘左内侧 E 接地点搭铁→蓄电池负极。

(二) 雨刮器高速工作

将点火开关打到点火挡，雨刮器开关处于高速挡位置。雨刮器高速工作电流通路为：蓄电池正极→120 A 熔断器→40 A 熔断器→配线插接器 EA3 的 A10 端子（白/蓝线）→点火开关 I17 的 AM1 端子→点火开关 I17 的 IG1 端子→1 号 J/B（接线盒）1C 插头的 3 号端子→20 A 熔断器→1 号 J/B（接线盒）1G 插头的 4 号端子→雨刮器和洗涤器组合开关 C15 的 B 端子→雨刮器和洗涤器组合开关 C15 的 13 号端子→雨刮器电动机 W5 的 2 号端子（蓝/红线）→雨刮器电动机 W5 的 1 号端子（白/黑线）→仪表盘左内侧 E 接地点搭铁→蓄电池负极。

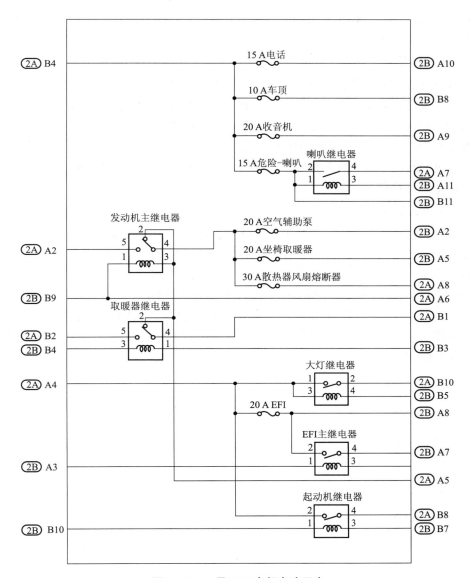

图 8-15　2 号 J/B 内部电路示意

(三) 雨刮器间歇工作

将点火开关打到点火挡，雨刮器开关处于间歇挡位置。雨刮器间歇工作电流通路为：蓄电池正极→120 A 熔断器→40 A 熔断器→配线插接器 EA3 的 A10 端子（白/蓝线）→点火开关 I17 的 AM1 端子→点火开关 I17 的 IG1 端子→1 号 J/B（接线盒）1C 插头的 3 号端子→20 A 熔断器→1 号 J/B（接线盒）1A 插头的 7 号端子（蓝线）→雨刮器控制继电器 W8 的 2 号端子→雨刮器控制继电器 W8 的 5 号端子（蓝/白线）→雨刮器和洗涤器组合开关 C15 的 4 号端子→雨刮器和洗涤器组合开关 C15 的 7 号端子→雨刮器电动机 W5 的 3 号端子（蓝/黑线）→雨刮器电动机 W5 的 1 号端子（白/黑线）→仪表盘左内侧 E 接地点搭铁→蓄电池负极。

在将雨刮器开关打到间歇挡时，雨刮器控制继电器 W8 的 4 号端子由雨刮器和洗涤器组合开关 C15 的 12 号端子与 16 号端子通过接地点 F 搭铁。雨刮器间歇时间由雨刮器控制继电器 W8 决定。

（四）雨刮器停止工作

将雨刮器开关打到停止挡，通过雨刮器和洗涤器组合开关 C15 的 4 号端子与 7 号端子把雨刮器控制继电器 W8 的 5 号端子与雨刮器电动机 W5 的 3 号端子连接起来。雨刮器开关打到停止挡时，如果雨刮器处在规定停止位置，雨刮器电动机 W5 的 5 号端子与其 1 号端子接通，使电动机进行能耗制动，雨刮器电动机停止工作。如果雨刮器处在非规定停止位置，雨刮器电动机 W5 的 5 号端子与其 6 号端子接通，由 6 号端子供电使电动机继续工作，直至雨刮器处在规定的停止位置。

（五）洗涤器工作

将点火开关打到点火挡，洗涤器开关处于洗涤挡位置，洗涤器工作电流通路为：蓄电池正极→120 A 熔断器→40 A 熔断器→配线插接器 EA3 的 A10 端子（白/蓝线）→点火开关 I17 的 AM1 端子→点火开关 I17 的 IG1 端子→1 号 J/B（接线盒）1C 插头的 3 号端子→20 A 熔断器→1 号 J/B（接线盒）1A 插头的 7 号端子→洗涤器电动机 W2→雨刮器和洗涤器组合开关 C15 的 8 号端子→雨刮器和洗涤器组合开关 C15 的 16 号端子→仪表盘左支架接地点 F 搭铁→蓄电池负极。洗涤器工作的同时，将触发雨刮器控制继电器 W8 工作，使雨刮器配合洗涤器工作一段时间。

模块九
本田轿车电路读图方法

学习任务一　本田轿车电路读图的一般方法

学习任务单

任务名称		本田轿车电路读图的一般方法
学习目标	专业能力	掌握本田轿车电路图中符号的含义； 掌握本田轿车电路图的组成； 掌握本田轿车电路图的特点； 能够初步读懂该车系的简单电路图； 能够实施5S管理； 知晓相关安全、环保等法规、规范要求。
	社会能力	具备团队学习能力； 具备良好的沟通能力及与小组成员协作的能力； 具有为客户服务的意识； 具有安全、环保责任意识。
	方法能力	扩展相应的信息收集能力； 能够独立使用各种媒介完成学习任务； 能够进行学习结果的评价与反思。
学习准备		可上网查阅资料的计算机、本田轿车电路图、学习软件、本田轿车电气实验台或实验车辆等。
方法建议		建议小组学习，分工协作，共同完成； 制订学习计划； 做好记录，各小组选派代表展示学习成果； 评议各小组展示的学习成果。
学习总结		提炼出学习难点，总结学习任务完成情况。
探讨题		搜集某一型号本田轿车的相关资料，整理出与该车中央配电盒相关的信息。

相关知识

一、本田轿车电路图中符号的含义

本田轿车电路中符号的含义如图 9-1 和图 9-2 所示。

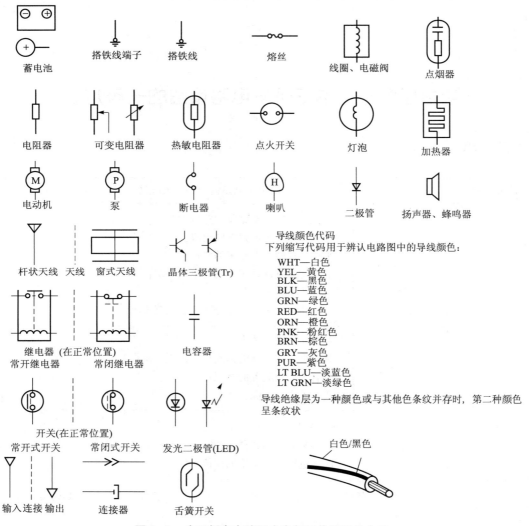

图 9-1 本田轿车电路图中电气元件符号的含义

二、本田轿车电路图的构成

本田轿车电路图的构成及各部分的含义如图 9-3 所示。

(一) 电路部分

在电路图中,电路部分都是以实线画出,集中在电路图的中间部分。每条导线上都有颜色,其是指导线绝缘层的颜色,有单色线和双色线,原版图以英文缩写来表示,对应关系是

模块九 本田轿车电路读图方法

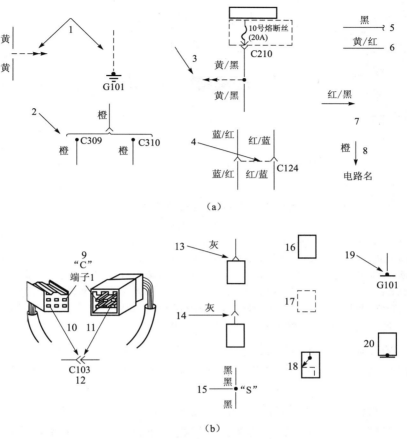

图 9-2 本田轿车电路图中其他符号的含义
(a) 线路符号；(b) 接头、搭铁线连接符号

1—虚线表示图中只显示了部分电路（完整的电路参见箭头所指的系统或元件的电路）；2—根据不同的车型或选装件来选择不同的电路（左边或右边）；3—在导线的连接处只标出了线接头，接线的详情参见箭头所指的系统或元件的电路；4—虚线表示蓝/红和红/蓝导线端子均在 C124 接头上；5—线端的波浪表示该导线在下页继续；6—导线的绝缘层可为单色或一种颜色配上不同颜色的条纹；7—导线接至另一侧（箭头表示电流方向）；8—导线与另一电路相接；9—接头"C"；10—插孔；11—插头；12—每个接头都标有接头号（以字母"C"开头），以备在元件位置索引中查找，从左上开始，对每个接头的插孔和插头进行编号，使对应的插孔和插头编号相同，在电路图上，接头端子标在每个端子旁；13—接头直接与元件连接；14—接头与元件的引线连接；15—导线连接，"S"电路图上的圆点表示线接头；16—实线表示显示了整个元件；17—虚线表示只显示了元件的一部分；18—元件名称出现在符号的右上角，下面是有关元件功能的说明；19—该符号表示导线端子与汽车的金属件连接（每根导线的搭铁都标有以字母"G"开头的搭铁符号，以备在元件位置索引中查找）；20—与元件重叠的搭铁符号（圆点和一条短线），表示元件外壳直接与汽车的金属件连接；

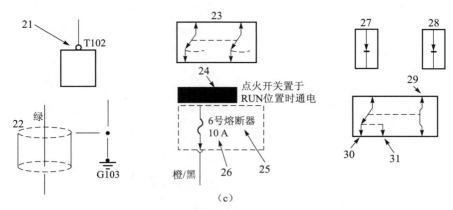

图 9-2 电路中其他符号的含义（续）
(c) 开关、熔断器符号

21—螺纹端子（每个端子都标有以字母"T"开头的端子号，以备在元件位置索引中查找，端子"T"是一种采用螺钉或螺丝进行连接的接头，而不是采用推拉型的插接接头）；22—屏蔽（代表导线周围的无线电频率干涉屏蔽，该屏蔽总是接搭铁）；23—联动开关（虚线表示开关之间的机械连接）；24—表示点火开关处在接通位置；25—熔断器号；26—熔断器的额定电流；27—二极管（整流二极管只允许电流单向流动）；28—齐纳二极管（在正常电压下与整流二极管的作用相同，在高电压时，允许电流反向流动）；29—线圈（这是一个继电器，其线圈内无电流通过）；30—常闭触点；31—常开触点

BLK=黑色，WHT=白色，RED=红色，YEL=黄色，BLU=蓝色，GRN=绿色，ORN=橙色，PNK=粉红色，BRN=棕色，GRY=灰色，PUR=紫色，LT BLU=淡蓝色，LT GRN=淡绿色。

如果导线是双色的，就以两种颜色的英文缩写共同表示，例如"WHT/BLK"中斜杠（/）前面的"WHT"表示导线颜色的本色或底色，而斜杠（/）后面的"BLK"表示条纹部分为黑色，为了方便起见，把它叫作白红线。

同一电气系统中颜色相同但实质不同的导线加上角标以示区别，如 BLU^2 与 BLU^3 是不同的导线。

本田轿车电路图的导线并没有标出导线的截面面积，只是根据和导线相连接的熔断器的通电电流的大小来判断导线的截面面积的大小。

（二）电气元件部分

电路图的作用就是表达电气元件之间的连接关系。因此，电气元件在电路图中是主体，电气元件及部件在电路图中是用虚线框图或实线框图来表示的，而在框图中用汉字标定电气元件的名称，用英文字母或数字标定插点或触点。

（三）继电器、熔断器及其连接部分

此部分反映的内容有继电器的名称、磁场线圈、触点熔断器的号码和容量。车上的大部分继电器和熔断器都安装在继电器盒的正面。几乎全部主线束均从继电器盒的背面插接后通往各用电设备。

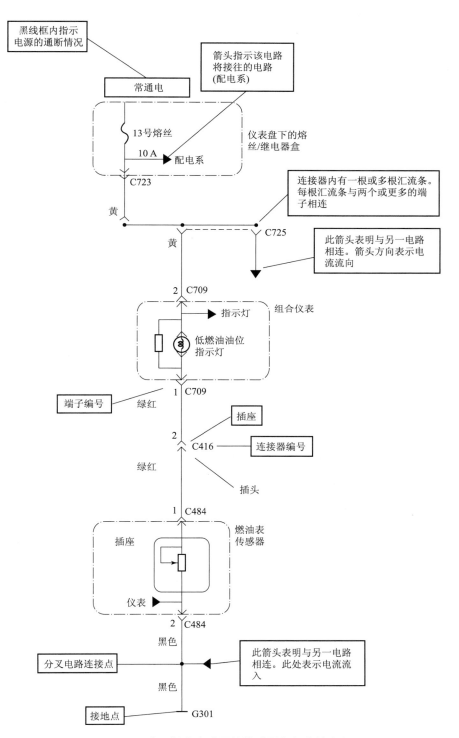

图9-3　本田轿车电路图的构成及各部分的含义

学习任务二　本田雅阁轿车电路读图实例

学习任务单

任务名称		本田雅阁轿车电路读图实例
学习目标	专业能力	能够读懂本田雅阁轿车电路图； 能够应用电路图在实车查找相关部件的位置； 能够应用电路图分析某一系统的部件或电路出现以及可能出现的故障； 能够实施5S管理； 知晓相关安全、环保等法规、规范要求。
	社会能力	具备团队学习能力； 具备良好的沟通能力及与小组成员协作的能力； 具有为客户服务的意识； 具有安全、环保责任意识。
	方法能力	扩展相应的信息收集能力； 能独立使用各种媒介完成学习任务； 能够进行学习结果的评价与反思。
学习准备		可上网查阅资料的计算机、本田雅阁轿车电路图、学习软件、本田雅阁轿车电气实验台或实验车辆等。
方法建议		建议小组学习，分工协作，共同完成； 制订学习计划； 做好记录，各小组选派代表展示学习成果； 评议各小组展示的学习成果。
学习总结		提炼出学习难点，总结学习任务完成情况。
探讨题		搜集本田雅阁轿车电路图，并对某一系统电路进行电路分析。

相关知识

下面以本田雅阁轿车电动后视镜系统为例介绍电路图的分析方法。

本田雅阁轿车的后视镜为电动可伸缩式，驾驶员在车内可方便地调整后视镜的倾斜角度。同时，当车辆驶入自动洗车房或狭窄的车位及路边停放时，其宽大的后视镜可以向后缩回，从而可避免不必要的刮伤。本田雅阁轿车电动后视镜系统电路图如图9-4所示。

模块九　本田轿车电路读图方法

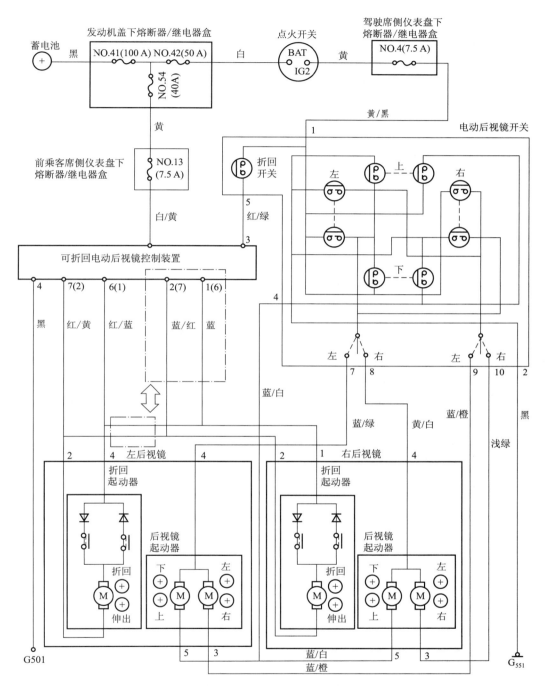

图 9-4　本田雅阁轿车电动后视镜系统电路图

一、左后视镜向上、下倾斜电路和向左、右转电路

（1）左后视镜向上倾斜电路。如图 9-4 所示，将点火开关打到 IG_2 挡，后视镜开关拨到左、上位置时，电路中电流由蓄电池正极→黑线→（发动机盖下熔断器/继电器盒中的熔

断器）NO.41（100 A）、NO.42（50 A）→白线→点火开关→黄线→（驾驶席侧仪表盘下熔断器/继电器盒）熔断器 NO.4（7.5 A）→黄/黑线→后视镜开关 1 号端子→后视镜开关上触点→后视镜开关 4 号端子→蓝/白线→左、右后视镜车镜 5 号端子→上、下移动电动机→左、右后视镜车镜 4 号端子→蓝/绿线→后视镜开关 7 号端子→后视镜开关上触点→后视镜开关 2 号端子→黑线→G551 搭铁→蓄电池负极，左后视镜向上倾斜。

（2）左后视镜向下倾斜电路。如图 9-4 所示，将点火开关打到 IG$_2$ 挡，后视镜开关拨到左、下位置时，电路中电流由蓄电池正极→黑线→（发动机盖下熔断器/继电器盒中的熔断器）NO.41（100 A）、NO.42（50 A）→白线→点火开关→黄线→（驾驶席侧仪表盘下熔断器/继电器盒）熔断器 NO.4（7.5 A）→黄/黑线→后视镜开关 1 号端子→后视镜开关下触点→后视镜开关 7 号端子→蓝/绿线→左、右后视镜车镜 4 号端子→上、下移动电动机→左、右后视镜车镜 5 号端子→蓝/白线→后视镜开关 4 号端子→后视镜开关下触点→后视镜开关 2 号端子→黑线→G551 搭铁→蓄电池负极，左后视镜向下倾斜。

（3）左后视镜向左转电路。如图 9-4 所示，将点火开关打到 IG$_2$ 挡，后视镜开关拨到左、左转位置时，电路中电流由蓄电池正极→黑线→（发动机盖下熔断器/继电器盒中的熔断器）NO.41（100 A）、NO.42（50 A）→白线→点火开关→黄线→（驾驶席侧仪表盘下熔断器/继电器盒）熔断器 NO.4（7.5 A）→黄/黑线→后视镜开关 1 号端子→后视镜开关左移触点→后视镜开关 7 号端子→蓝/绿线→后视镜车镜 4 号端子→左、右回转电动机→后视镜 3 号端子→蓝/橙线→后视镜开关 9 号端子→后视镜开关左移触点→后视镜开关 2 号端子→黑线→G551 搭铁→蓄电池负极，左后视镜向左转。

（4）左后视镜向右转电路。如图 9-4 所示，将点火开关打到 IG$_2$ 挡，后视镜开关拨到左、右转位置时，电路中电流由蓄电池正极→黑线→（发动机盖下熔断器/继电器盒中的熔断器）NO.41（100 A）、NO.42（50 A）→白线→点火开关→黄线→（驾驶席侧仪表盘下熔断器/继电器盒）熔断器 NO.4（7.5 A）→黄/黑线→后视镜开关 1 端子→后视镜开关右移触点→后视镜开关 9 号端子→蓝/橙线→左、右后视镜车镜 3 号端子→左、右回转电动机→左、右后视镜 4 号端子→蓝/绿线→后视镜开关 7 号端子→后视镜开关左移触点→后视镜开关 2 号端子→黑线→G551 搭铁→蓄电池负极，左后视镜向右转。

二、右后视镜向上、下倾斜电路和向左、右转电路

（1）右后视镜向上倾斜电路。如图 9-4 所示，将点火开关打到 IG$_2$ 挡，后视镜开关拨到右、上位置时，电路中电流由蓄电池正极→黑线→（发动机盖下熔断器/继电器盒中的熔断器）NO.41（100 A）、NO.42（50 A）→白线→点火开关→黄线→（驾驶席侧仪表盘下熔断器/继电器盒）熔断器 NO.4（7.5 A）→黄/黑线→后视镜开关 1 号端子→后视镜开关上触点→后视镜开关 4 号端子→蓝/白线→后视镜 5 号端子→右后视镜上、下移动电动机→后视镜 4 号端子→黄/白线→后视镜开关 8 号端子→后视镜开关上触点→后视镜开关 2 号端子→黑线→G551 搭铁→蓄电池负极，右后视镜向上倾斜。

（2）右后视镜向下倾斜电路。如图 9-4 所示，将点火开关打到 IG$_2$ 挡，后视镜开关拨到右、下位置时，电路中电流由蓄电池正极→黑线→（发动机盖下熔断器/继电器盒中的熔断器）NO.41（100 A）、NO.42（50 A）→白线→点火开关→黄线→（驾驶席侧仪表盘下熔断器/继电器盒）熔断器 NO.4（7.5 A）→黄/黑线→后视镜开关 1 号端子→后视镜开关

下触点→后视镜开关 8 号端子→黄/白线→后视镜 4 号端子→右后视镜上、下移动电动机→后视镜 5 号端子→蓝/白线→后视镜开关 4 号端子→后视镜开关下触点→后视镜开关 2 号端子→黑线→G551 搭铁→蓄电池负极，右后视镜向下倾斜。

（3）右后视镜向左转电路。如图 9-4 所示，将点火开关打到 IG_2 挡，后视镜开关打到右、左转位置时，电路中电流由蓄电池正极→黑线→（发动机盖下熔断器/继电器盒中的熔断器）NO.41（100 A）、NO.42（50 A）→白线→点火开关→黄线→（驾驶席侧仪表盘下熔断器/继电器盒）熔断器 NO.4（7.5 A）→黄/黑线→后视镜开关 1 端子→后视镜开关左移触点→后视镜开关 8 号端子→黄/白线→后视镜 4 号端子→右后视镜左、右回转电动机→后视镜 3 号端子→浅绿线→后视镜开关 10 号端子→后视镜开关左移触点→后视镜开关 2 号端子→黑线→G551 搭铁→蓄电池负极，右后视镜向左转。

（4）右后视镜向右转电路。如图 9-4 所示，将点火开关打到 IG_2 挡，后视镜开关打到右、右转位置时，电路中电流由蓄电池正极→黑线→（发动机盖下熔断器/继电器盒中的熔断器）NO.41（100 A）、NO.42（50 A）→白线→点火开关→黄线→（驾驶席侧仪表盘下熔断器/继电器盒）熔断器 NO.4（7.5 A）→黄/黑线→后视镜开关 1 号端子→后视镜开关右触点→后视镜开关 10 号端子→浅绿线→后视镜 3 号端子→右后视镜左、右回转电动机→右后视镜 4 号端子→黄/白线→后视镜开关 8 号端子→后视镜开关右移触点→后视镜开关 2 号端子→黑线→G551 搭铁→蓄电池负极，右后视镜向右转。

三、左、右后视镜伸出/缩回电路

（1）左、右后视镜从伸出位置缩回电路。如图 9-4 所示，将点火开关打到 IG_2 挡，按下后视镜伸缩开关时，电路中电流由蓄电池正极→黑线→（发动机盖下熔断器/继电器盒）熔断器 NO.41（100 A）、NO.42（50 A）→白线→点火开关→黄线→（驾驶席侧仪表盘下熔断器/继电器盒）熔断器 NO.4（7.5 A）→黄/黑线→后视镜开关 1 号端子→后视镜开关 5 号端子→可伸缩式电动车镜控制单元 3 号端子→左、右后视镜伸缩执行机构电磁阀常开触点接通。

此时，电路由蓄电池正极→黑线（发动机盖下熔断器/继电器盒）熔断器 NO.41（100 A）、NO.54（40 A）→黄线→（前乘客席侧仪表盘下熔断器/继电器盒）NO.13（7.5 A）→白/黄线→可伸缩式电动车镜控制单元 3 号端子→可伸缩式电动车镜控制单元 1 号端子→蓝线→右后视镜 1 号端子→右后视镜伸缩执行机构电磁阀常开触点接通→右后视镜伸缩执行机构电动机→右后视镜 2 号端子→红/黄线→可伸缩式电动车镜控制单元 7 号端子→可伸缩式电动车镜控制单元 4 号端子→黑线→G501→蓄电池负极。右后视镜从伸出位置缩回。

同时，电路由蓄电池正极→黑线（发动机盖下熔断器/继电器盒）熔断器 NO.41（100 A）、NO.54（40 A）→黄线→（前乘客席侧仪表盘下熔断器/继电器盒）NO.13（7.5 A）→白/黄线→可伸缩式电动车镜控制单元 3 号端子→可伸缩式电动车镜控制单元 6 号端子→红/蓝线→左后视镜 4 号端子→左后视镜伸缩执行机构电磁阀常开触点接通→左后视镜伸缩执行机构电动机→左后视镜 2 号端子→红/黄线→可伸缩式电动车镜控制单元 7 号端子→可伸缩式电动车镜控制单元 4 号端子→黑线→G501→蓄电池负极。左后视镜从伸出位置缩回。

（2）左、右后视镜从缩回位置伸出电路。如图 9-4 所示，将点火开关打到 IG_2 挡，按下后视镜伸缩开关，开关弹起时，左、右后视镜伸缩执行机构电磁阀常闭触点接通。

此时，电路由蓄电池正极→黑线（发动机盖下熔断器/继电器盒）熔断器 NO.41（100 A）、NO.54（40 A）→黄线→（前乘客席侧仪表盘下熔断器/继电器盒）NO.13（7.5 A）→白/黄线→可伸缩式电动车镜控制单元 3 号端子→可伸缩式电动车镜控制单元 2 号端子→蓝/红线→右后视镜 2 号端子→右后视镜伸缩执行机构电动机→右后视镜伸缩执行机构电磁阀常闭触点→右后视镜 1 号端子→蓝线→可伸缩式电动车镜控制单元 1 号端子→可伸缩式电动车镜控制单元 4 号端子→黑线→G501→蓄电池负极。右后视镜从缩回位置伸出。

同时，电路由蓄电池正极→黑线（发动机盖下熔断器/继电器盒）熔断器 NO.41（100 A）、NO.54（40 A）→黄线→（前乘客席侧仪表盘下熔断器/继电器盒）NO.13（7.5 A）→白/黄线→可伸缩式电动车镜控制单元 3 号端子→可伸缩式电动车镜控制单元 7 号端子→红/黄线→左后视镜 2 号端子→左后视镜伸缩执行机构电动机→左后视镜伸缩执行机构电磁阀常闭触点→左后视镜 4 号端子→红/蓝线→可伸缩式电动车镜控制单元 6 号端子→可伸缩式电动车镜控制单元 4 号端子→黑线→G501→蓄电池负极。左后视镜从缩回位置伸出。

模块十 马自达轿车电路读图方法

学习任务一 马自达轿车电路读图的一般方法

学习任务单

任务名称		马自达轿车电路读图的一般方法
学习目标	专业能力	掌握马自达轿车电路图中符号的含义； 掌握马自达轿车电路图的组成； 掌握马自达轿车电路图的特点； 能够初步读懂该车系的简单电路图； 能够实施 5S 管理； 知晓相关安全、环保等法规、规范要求
	社会能力	具备团队学习能力； 具备良好的沟通能力及与小组成员协作的能力； 具有为客户服务的意识； 具有安全、环保责任意识。
	方法能力	扩展相应的信息收集能力； 能够独立使用各种媒介完成学习任务； 能够进行学习结果的评价与反思。
学习准备		可上网查阅资料的计算机、马自达轿车电路图、学习软件、马自达轿车电气实验台或实验车辆等。
方法建议		建议小组学习，分工协作，共同完成； 制订学习计划； 做好记录，各小组选派代表展示学习成果； 评议各小组展示的学习成果。
学习总结		提炼出学习难点，总结学习任务完成情况。
探讨题		1. 比较马自达轿车与丰田轿车电路图的异同； 2. 搜集某一型号马自达轿车的相关资料，整理出与该车中央配电盒相关的信息。

相关知识

一、马自达轿车电路图中符号的含义

马自达轿车电路图中符号的含义见表 10-1。

表 10-1 马自达轿车电路图中符号的含义

符号	含义	符号	含义
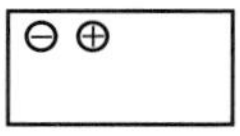	蓄电池	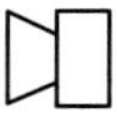	扬声器
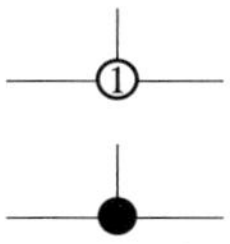	接地 1. 通过导线接地 2. 通过元件外壳接地		加热器
	熔丝 1. 片状熔丝 2. 管状熔丝 3. 主熔丝/易熔导线		速度传感器
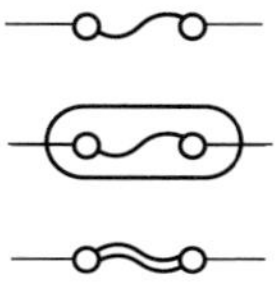		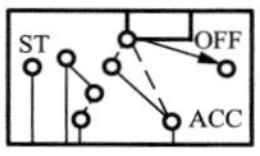	点火开关
	晶体管 1. NPN 型 2. PNP 型	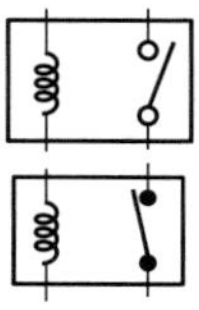	继电器 1. 常开继电器 2. 常闭继电器
	灯	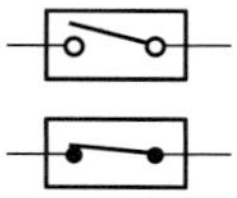	开关 1. 常开开关 2. 常闭开关
	电动机		线束 1. 不连接的交叉导线 2. 有连接点的交叉导线
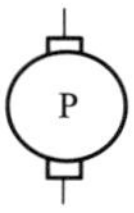	泵		
	点烟器	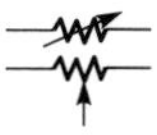	传感器（可变电阻）
			传感器（热敏电阻）
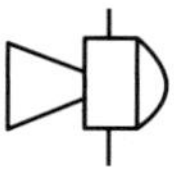	喇叭	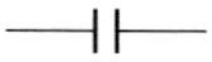	电容器

续表

符　号	含　义	符　号	含　义
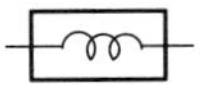 ⟨线圈⟩	电磁线圈	 ⟨二极管符号⟩	稳压二极管
 ⟨二极管符号⟩	二极管	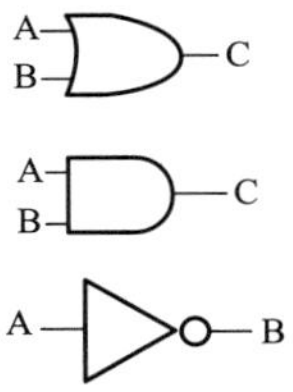 A、B→C (或门) A、B→C (与门) A→B (非门)	逻辑符号 1. 或 2. 与 3. 非
 ⟨LED符号⟩	发光二极管（LED）		

二、马自达轿车电路图中导线颜色代码的含义

马自达轿车电路图中导线颜色代码的含义见表 10-2。

表 10-2　马自达轿车电路图中导线颜色代码的含义

B—黑	L—蓝	R—红	BR—棕	LG—浅绿	V—紫	S—银
G—绿	O—橙	W—白	GR—灰	P—粉红	Y—黄	—

三、马自达轿车电路图各部分的含义

马自达轿车电路图各部分的含义如图 10-1 所示。

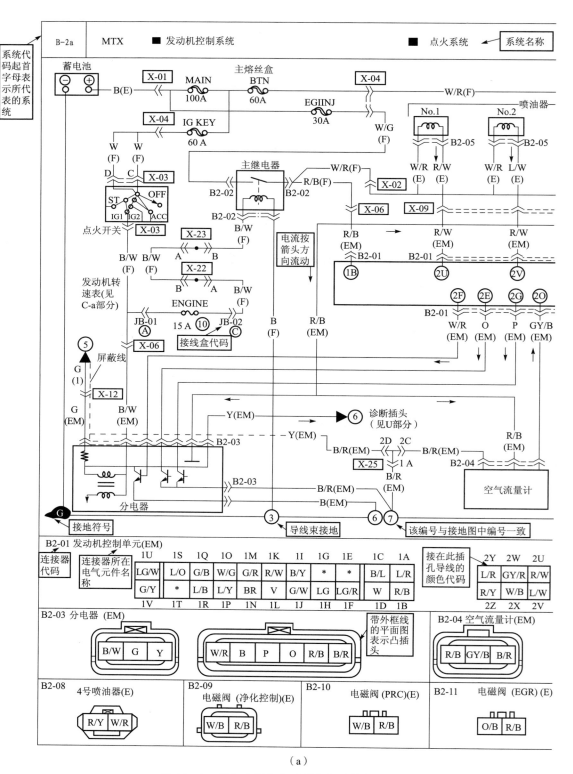

图 10-1 马自达轿车电路图各部分的含义

第十章 马自达轿车电路读图方法

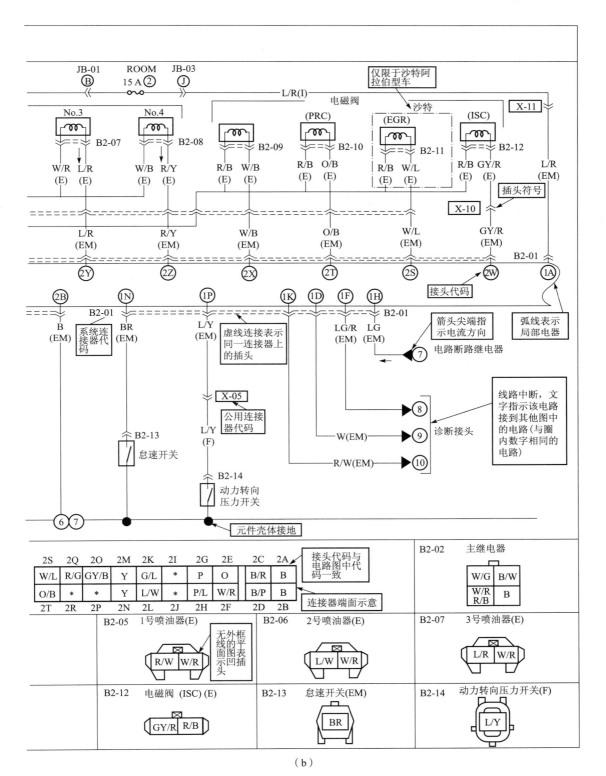

(b)

图10-1 马自达轿车电路图各部分的含义（续）

学习任务二　马自达 6 轿车电路读图实例

学习任务单

任务名称	马自达 6 轿车电路读图实例
学习目标	**专业能力** 能够读懂马自达 6 轿车电路图； 能够应用电路图在实车查找相关部件的位置； 能够应用电路图分析某一系统的部件或电路出现及可能出现的故障； 能够实施 5S 管理； 知晓相关安全、环保等法规、规范要求。 **社会能力** 具备团队学习能力； 具备良好的沟通能力及与小组成员协作的能力； 具有为客户服务的意识； 具有安全、环保责任意识。 **方法能力** 扩展相应的信息收集能力； 能独立使用各种媒介完成学习任务； 能够进行学习结果的评价与反思。
学习准备	可上网查阅资料的计算机、马自达 6 轿车电路图、学习软件、马自达 6 轿车电气实验台或实验车辆等。
方法建议	建议小组学习，分工协作，共同完成； 制订学习计划； 做好记录，各小组选派代表展示学习成果； 评议各小组展示的学习成果。
学习总结	提炼出学习难点，总结学习任务完成情况。
探讨题	搜集马自达 6 轿车电路图，并对某一系统电路进行电路分析。

相关知识

一、中央配电盒

（一）发动机舱内继电器与熔断器的位置

马自达 6 轿车发动机舱内继电器与熔断器的位置如图 10 – 2、表 10 – 3 所示。

第十章 马自达轿车电路读图方法

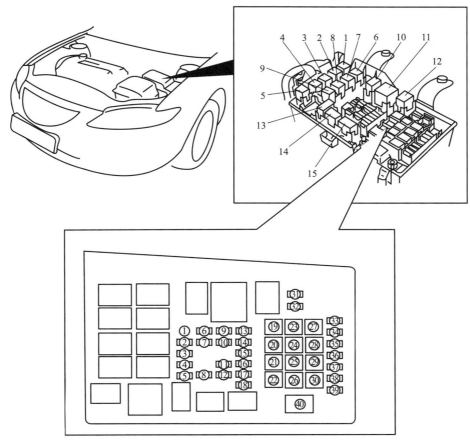

图 10-2 发动机舱内继电器与熔断器的位置

1—冷却风扇继电器 NO.2；2—喇叭继电器；3—冷却风扇继电器 NO.3；4—起动继电器；5—冷却风扇继电器 NO.4；6—低音喇叭继电器；7—后窗除霜继电器；8—后雾灯继电器；9—空调继电器；10—主继电器；11—前照灯继电器；12—TNS 继电器；13—冷却风扇继电器 NO.1；14—前照灯清洁器继电器；15—前雾灯继电器

表 10-3 发动机舱内的熔断器的位置、容量及其被保护电路的名称

位置号	容量/A	被保护电路名称
1	20	备用
2	15	备用
3	10	备用
4	—	空
5	5	电控模块
6	15	喷油器
7	10	空气流量计、EGR 控制阀
8	15	氧传感器

续表

位置号	容量/A	被保护电路名称
9	15	大灯——近光灯（右）
10	15	大灯——近光灯（左）
11	10	大灯——远光灯（左）
12	10	大灯——远光灯（右）
13	10	智能型电子传动控制单元
14	10	转向信号灯
15	15	制动信号灯/尾灯
16	10	电控模块、智能型电子传动控制单元
17	—	空
18	20	燃油泵
19	40	雨刮器、发动机控制单元、车灯
20	—	空
21	—	空
22	40	电热塞
23	30	倒车灯、加热器控制单元
24	40	鼓风机
25	40	车内照明灯、电动门锁
26	20	加热器
27	40	后窗除霜器
28	60	ABS
29	30	冷却风扇
30	30	冷却风扇
31	30	制动信号灯/尾灯、牌照灯
32	10	仪表板照明
33	10	电磁离合器
34	15	音响系统
35	30	自动调整座椅

续表

位置号	容量/A	被保护电路名称
36	—	空
37	15	座椅加热器
38	20	大灯清洁器
39	15	前雾灯
40	100	保护所有电路

(二) 驾驶室内继电器与熔断器的位置

驾驶室内继电器与熔断器的位置如图 10-3、表 10-4 所示。

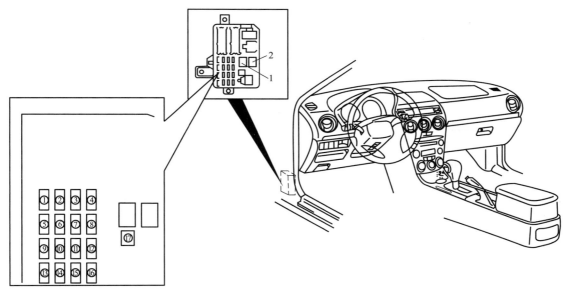

图 10-3 驾驶室内继电器与熔断器的位置
1—燃油泵继电器；2—鼓风机继电器

表 10-4 驾驶室内的熔断器位置、容量及其被保护电路的名称

位置号	容量/A	被保护电路名称
1	15	发动机控制系统
2	15	仪表组
3	15	座椅加热器、后窗除霜器
4	7.5	后视镜除霜器
5	20	风窗雨刮器与洗涤器

续表

位置号	容量/A	被保护电路名称
6	15	ABS、SAS
7	5	倒车灯
8	15	空调加热器
9	5	仪表组
10	15	点烟器
11	15	车内照明灯
12	10	后窗雨刮器与洗涤器
13	5	后视镜自动控制系统、音响系统
14	—	空
15	20	驾驶员侧电动车窗
16	30	电动门锁
17	30	乘员电动车窗

二、电路实例

图 10-4 所示是马自达 6 轿车喇叭系统电路图。该电路图比较简单，请读者练习分析。

第十章 马自达轿车电路读图方法

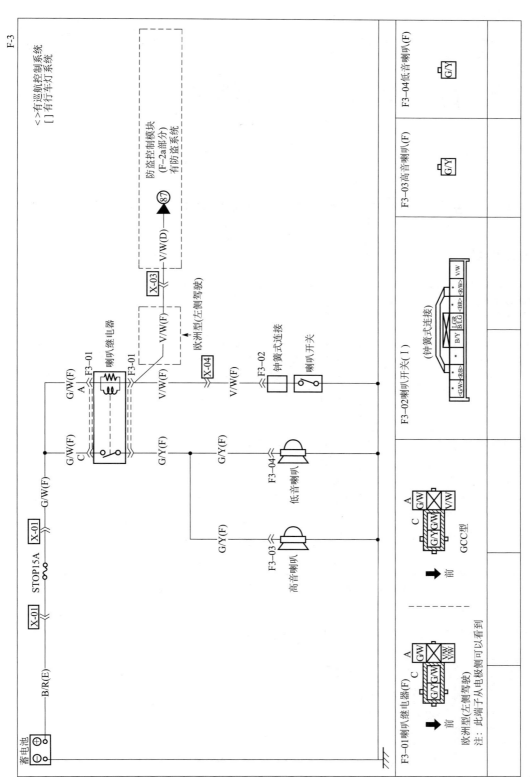

图 10-4 马自达 6 轿车喇叭系统电路图

模块十一

日产轿车电路读图方法

学习任务一　日产轿车电路读图的一般方法

学习任务单

任务名称		日产轿车电路读图的一般方法
学习目标	专业能力	掌握日产轿车电路图中符号的含义； 掌握日产轿车电路图的组成； 掌握日产轿车电路图的特点； 能够初步读懂该车系的简单电路图； 能够实施5S管理； 知晓相关安全、环保等法规、规范要求。
	社会能力	具备团队学习能力； 具备良好的沟通能力及与小组成员协作的能力； 具有为客户服务的意识； 具有安全、环保责任意识。
	方法能力	扩展相应的信息收集能力； 能够独立使用各种媒介完成学习任务； 能够进行学习结果的评价与反思。
学习准备		可上网查阅资料的计算机、日产轿车电路图、学习软件、日产轿车电气实验台或实验车辆等。
方法建议		建议小组学习，分工协作，共同完成； 制订学习计划； 做好记录，各小组选派代表展示学习成果； 评议各小组展示的学习成果。
学习总结		提炼出学习难点，总结学习任务完成情况。
探讨题		1. 比较日产轿车电路图与丰田轿车电路图的异同； 2. 搜集某一型号日产轿车的相关资料，整理出与该车中央配电盒相关的信息。

相关知识

一、导线颜色代码的含义

导线颜色代码的含义见表 11-1。如果导线是多色的，则颜色代码中基色放在前面，条纹颜色放在后面，例如"L/W"表示导线的颜色为蓝色带白条纹。

表 11-1 导线颜色代码的含义

颜色代码	含义	颜色代码	含义	颜色代码	含义
B	黑色	P	粉红色	Y	黄色
BR	褐色	G	绿色	SB	天蓝色
W	白色	PU	紫色	LG	淡绿色
OR	橙色	L	蓝色	CH	暗褐色
R	红色	GY	灰色	DG	暗绿色

二、开关状态的表示方法

多路开关的状态一般采用图示和接线图两种方式来表示。图 11-1 所示是雨刮器开关的工作状态示意，雨刮器开关导通状况见表 11-2。

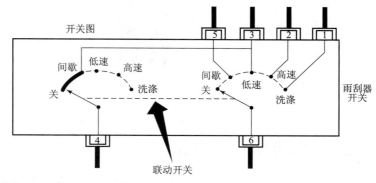

图 11-1 雨刮器开关（多路开关）的工作状态示意

表 11-2 雨刮器开头导通状况

开关位置	导通电路	开关位置	导通电路
OFF	3—4	HI	2—6
INT	3—4，5—6	WASH	1—6
LO	3—6	—	—

三、插接器

插接器接线端子的表示方法如图 11-2 所示，单线框表示从端子侧看到的接线端子的位置；双线框表示从线束侧看到的接线端子的位置。如图 11-3 所示，插接器由插头（阳端子）和插座（阴端子）组成，插座的导槽未涂黑，被涂黑的表示插头。

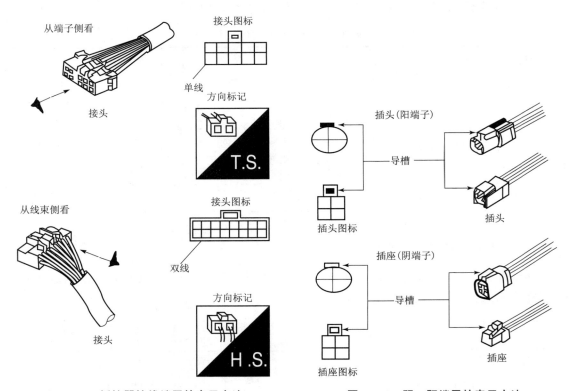

图 11-2　插接器接线端子的表示方法　　　　图 11-3　阴、阳端子的表示方法

图 11-4 所示为接线端子的编码与具体插接器的关系。

四、诊断电路的表示方法

如图 11-5 所示，电路图中线条较宽的电路是能诊断故障码的电路，电子控制系统能应用自诊断系统诊断出电路的故障码；电路图中线条较窄的电路是不能诊断故障码的电路。

模块十一　日产轿车电路读图方法

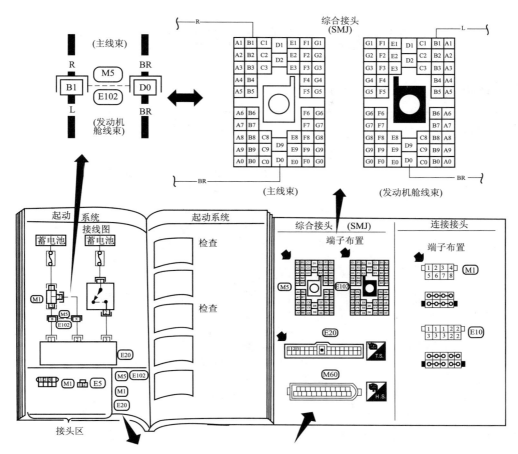

图 11-4　接线端子的编码与具体插接器的关系

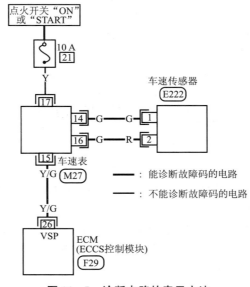

图 11-5　诊断电路的表示方法

学习任务二　日产轿车电路读图实例

学习任务单

任务名称	日产轿车电路读图实例	
学习目标	专业能力	能够读懂日产轿车电路图； 能够应用电路图在实车查找相关部件的位置； 能够应用电路图分析某一系统的部件或电路出现及可能出现的故障； 能够实施5S管理； 知晓相关安全、环保等法规、规范要求。
	社会能力	具备团队学习能力； 具备良好的沟通能力及与小组成员协作的能力； 具有为客户服务的意识； 具有安全、环保责任意识。
	方法能力	扩展相应的信息收集能力； 能够独立使用各种媒介完成学习任务； 能够进行学习结果的评价与反思。
学习准备	可上网查阅资料的计算机、日产轿车电路图、学习软件、日产轿车电气实验台或实验车辆等。	
方法建议	建议小组学习，分工协作，共同完成； 制订学习计划； 做好记录，各小组选派代表展示学习成果； 评议各小组展示的学习成果。	
学习总结	提炼出学习难点，总结学习任务完成情况。	
探讨题	搜集日产轿车电路图，并对某一系统电路进行电路分析。	

相关知识

图11-6和图11-7所示是日产风度轿车电源系统电路图，现将电路图中的图形、符号、代号所表示的意义说明如下：

①——供电状态。图中表示系统施加了蓄电池电压。

②——熔断器的连接。双线表示熔断器连接装置，空心圆圈表示电流流入，实心圆圈表示电流流出。

③——熔断器的位置。注明熔断器在熔断器/继电器盒中的位置。

模块十一 日产轿车电路读图方法

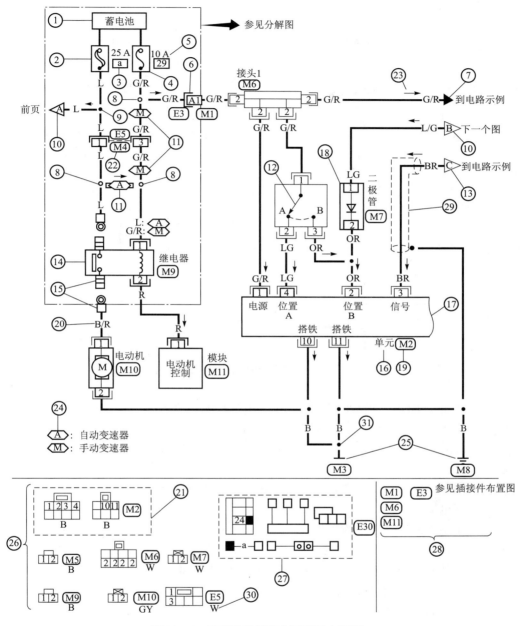

图 11-6 日产风度轿车电源系统电路图

④——熔断器。单线表明是熔断器，空心圆圈表示电流流入，实心圆圈表示电流流出。
⑤——电流大小。
⑥——接头。图中 E3 是插座，M1 是插头。G/R（绿/红）是 A1 电路的颜色。
⑦——进入另一系统。
⑧——空心圆圈表示连接是可选择的，不是必须有的。
⑨——实心圆圈表示连接必定存在。

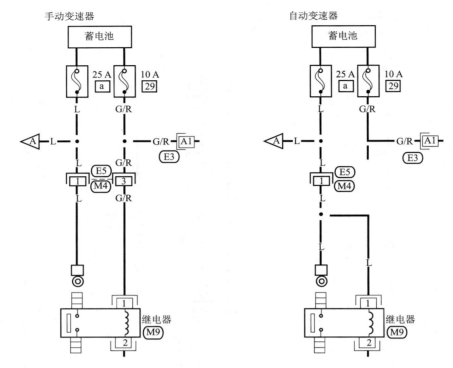

图 11-7 分解图（继电器控制电路实例）

⑩——翻页。电路在邻近页的继续框内，图号及字母要吻合。

⑪——用略语表示选项。电路是可选的。

⑫——开关。图中表示开关处于 A 位置，端子 1 和 2 导通；开关处于 B 位置，端子 1 和 3 导通。

⑬——翻页。电路在系统内某一页的继续框内，框内字母要吻合。

⑭——继电器。

⑮——用螺栓或螺母连接的接头。

⑯——部件名称。

⑰——部件波形线。表示部件的另一部分显示在另一页。

⑱——结合在一起的总成零件。

⑲——显示插接器的号码。

⑳——导线颜色。"B/R"表示导线颜色为黑色带红条纹。

㉑——共同部件。虚线框内的接头表示它们属于同一部件（插接器）。

㉒——共同端子。虚线之间的接线端子表示它们连接在一起。

㉓——箭头指向电流的流动方向，用在不容易理解的地方；双箭头"←→"表示可以双向流动。

㉔——图标的解释，完整地给出字母的意义。图中 A 表示自动变速器，M 表示手动变速器。

㉕——搭铁。

㉖——显示该页电路图中接线端子的视图。

㉗——显示熔断器连接和熔断器的布置,用于电源主电路。空心方框表示电流流入;实心方框表示电流流出。

㉘——参考提示,表示可参考最后一页电路图,并可查到多个接线端子插接器的更多信息。

㉙——屏蔽线。外面有虚线套的是屏蔽线。

㉚——插接器的颜色代码。

㉛——多根导线汇聚在一起搭铁。

模块十二 现代轿车电路读图方法

学习任务一　现代轿车电路读图的一般方法

学习任务单

任务名称		现代轿车电路读图的一般方法
学习目标	专业能力	掌握现代轿车电路图中符号的含义； 掌握现代轿车电路图的组成； 掌握现代轿车电路图的特点； 能够初步读懂该车系的简单电路图； 能够实施5S管理； 知晓相关安全、环保等法规、规范要求。
	社会能力	具备团队学习能力； 具备良好的沟通能力及与小组成员协作的能力； 具有为客户服务的意识； 具有安全、环保责任意识。
	方法能力	扩展相应的信息收集能力； 能够独立使用各种媒介完成学习任务； 能够进行学习结果的评价与反思。
学习准备		可上网查阅资料的计算机、现代轿车电路图、学习软件、现代轿车电气实验台或实验车辆等。
方法建议		建议小组学习，分工协作，共同完成； 制订学习计划； 做好记录，各小组选派代表展示学习成果； 评议各小组展示的学习成果。
学习总结		提炼出学习难点，总结学习任务完成情况。
探讨题		1. 比较现代轿车电路图与丰田轿车电路图的异同； 2. 搜集某一型号现代轿车的相关资料，整理出与该车中央配电盒相关的信息。

相关知识

一、现代轿车电路图例

现代轿车仪表系统部分电路如图 12-1 所示。

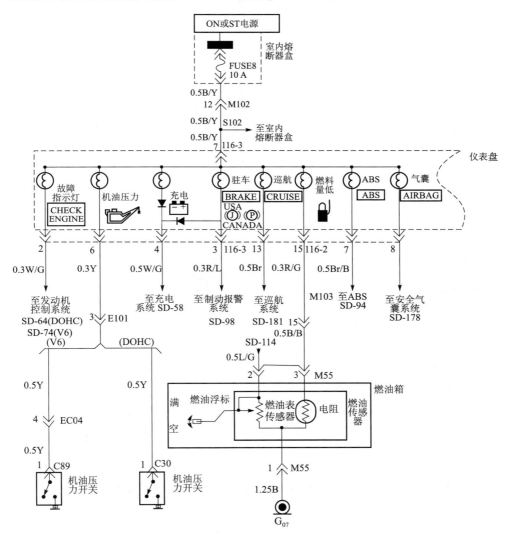

图 12-1　现代轿车仪表系统部分电路

二、现代轿车电路图中符号的含义

现代轿车电路图中符号的含义如图 12-2 所示。

三、现代轿车电路图中导线颜色代码的含义

现代轿车电路图中导线颜色代码的含义见表 12-1。

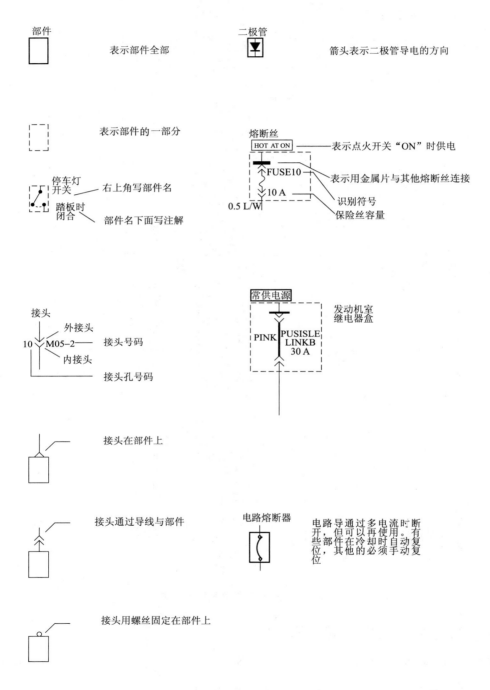

(a)

图12-2 现代轿车电路图中符号的含义

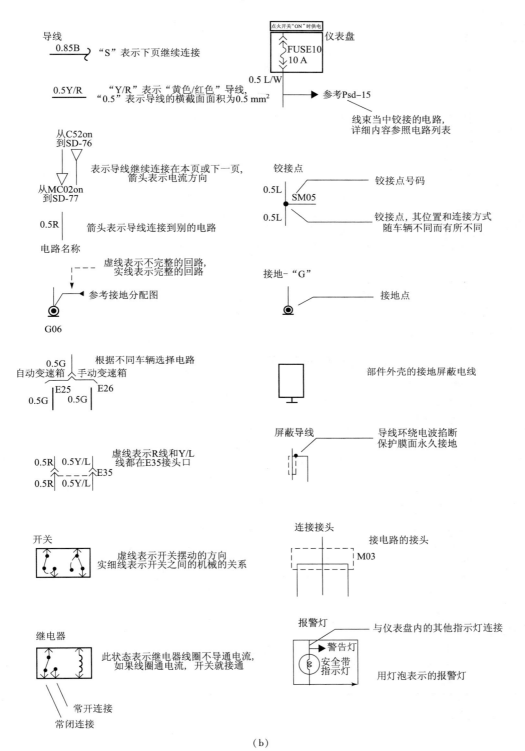

(b)

图 12-2 现代轿车电路图中符号的含义（续）

表 12-1　现代轿车电路图中导线颜色代码的含义

导线颜色代码	含义	导线颜色代码	含义
B	黑色	O	橙色
Br	棕色	P	粉色
G	绿色	Pp	紫色
Gr	灰色	R	红色
L	蓝色	T	褐色
Lg	浅绿色	W	白色
Ll	浅蓝色	Y	黄色

四、现代轿车线束图

根据导线的不同位置,把线束分成几类,见表 12-2。现代轿车发动机主线束布置示意如图 12-3 所示。

表 12-2　线束位置识别符号

线束名	位置	符号
发动机线束	发动机室	E
主、地板、顶棚、座椅线束	驾驶室	M
控制线束	发动机/驾驶室	C
后侧与行李舱盖（后车门）线束	后侧与行李舱盖	R
仪表盘与气囊线束	防撞垫底部与地板	I
车门线束	车门	D
接线盒	发动机/驾驶室	L/P
主线束	发动机/驾驶室	A
主连接器	驾驶室/驾驶室	J
仪表线束	驾驶室/发动机	T

模块十二 现代轿车电路读图方法 215

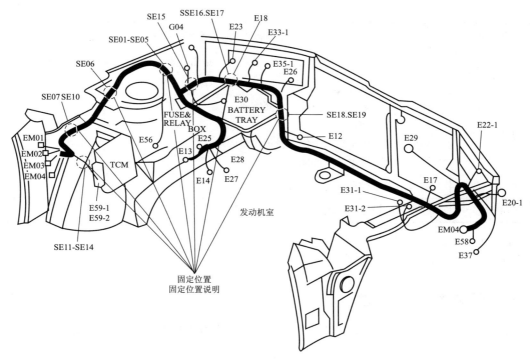

图 12-3 现代轿车发动机主线束布置示意

学习任务二 索纳塔轿车电路读图实例

学习任务单

任务名称		索纳塔轿车电路读图实例
学习目标	专业能力	能够读懂索纳塔轿车电路图； 能够应用电路图在实车查找相关部件的位置； 能够应用电路图分析某一系统的部件或电路出现及可能出现的故障； 能够实施5S管理； 知晓相关安全、环保等法规、规范要求。
	社会能力	具备团队学习能力； 具备良好的沟通能力及与小组成员协作的能力； 具有为客户服务的意识； 具有安全、环保责任意识。
	方法能力	扩展相应的信息收集能力； 能够独立使用各种媒介完成学习任务； 能够进行学习结果的评价与反思。

续表

任务名称	索纳塔轿车电路读图实例
学习准备	可上网查阅资料的计算机、索纳塔轿车电路图、学习软件、索纳塔轿车电气实验台或实验车辆等。
方法建议	建议小组学习，分工协作，共同完成； 制订学习计划； 做好记录，各小组选派代表展示学习成果； 评议各小组展示的学习成果。
学习总结	提炼出学习难点，总结学习任务完成情况。
探讨题	搜集索纳塔轿车电路图，并对某一系统电路进行电路分析。

相关知识

一、驾驶室内熔断器盒

驾驶室内熔断器盒的布置示意如图 12-4 所示。驾驶室内熔断器容量及连接电路范围见表 12-3。

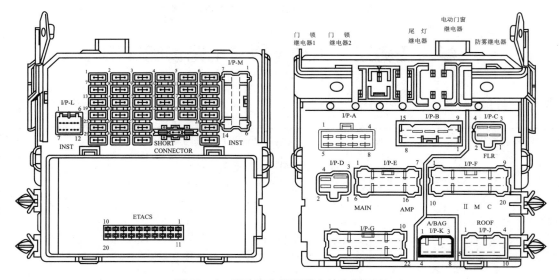

图 12-4 驾驶室内熔断器盒的布置示意

表 12-3 驾驶室内熔断器容量及连接电路范围

熔断器号	容量/A	连接电路范围
1	10	空调控制系统、电动门后视镜除霜器
2	10	危险报警信息灯
3	15	后雾灯

续表

熔断器号	容量/A	连接电路范围
4	10	空调控制
5	10	空调控制、天窗、ETACS、自动前照灯高度调整装置
6	15	门锁继电器
7	25	电动座椅
8	15	油箱门及行李舱门开关
9	15	制动信号灯
10	10	前照灯、前照灯雨刮器高度调整装置、DRL、HID 灯
11	10	仪表灯
12	10	危险报警信号灯开关
13	10	空调开关、鼓风机高速继电器
14	15	附件连接器
15	15	座椅取暖器
16	15	气囊
17	10	倒车信号灯、TCM、A/T 脉冲发生器
18	10	防盗控制器、巡航控制、仪表盘、ETACS
19	15	巡航控制系统、变速挡位开关、起动机（手动）、防盗报警器继电器
20	15	未使用
21	15	未使用
22	15	未使用
23	15	未使用
24	10	收音机、电子数字钟、仪表盘
25	10	外灯、照明灯
26	10	收音机
27	20	雨刮器及喷水器、ABS 传感器
28	10	室内灯、门灯、电动天线
29	10	外灯、照明灯
30	15	点烟器、电动门后视镜
31	10	电控动力转向系统、巡航控制系统

二、发动机舱接线盒布置图

发动机舱接线盒布置图如图 12-5 所示。发动机舱接线盒的熔断器容量及连接电路范围见表 12-4。

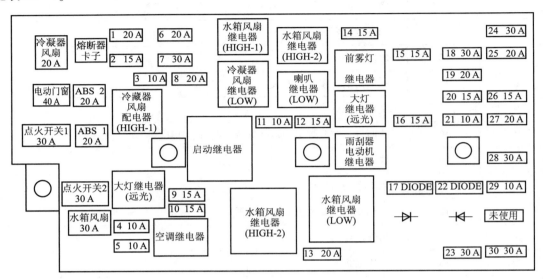

图 12-5　发动机舱接线盒布置图

表 12-4　发动机舱接线盒的熔断器容量及连接电路范围

	易熔丝 & 熔断器	容量/A	连接电路范围
	冷凝器风扇	20	冷凝器风扇电动机
	电动门窗	40	电动车窗
	点火开关 1	30	点火开关（ACC、IG1）
	ABS1	20	ABS
	ABS2	20	ABS
	点火开关 2	30	点火开关（IG2、START）
	水箱风扇	30	水箱风扇继电器电动机
1	汽油泵	20	汽油泵继电器电动机
2	左前照灯（近）	15	前照灯（近）
3	ABS	10	ABS 控制模块
4	喷油嘴	10	喷油嘴
5	空调压缩机	10	A/C 控制
6	A/T	20	A/C 控制继电器
7	主熔断器	30	发动机控制继电器

续表

易熔丝 & 熔断器		容量/A	连接电路范围
8	点火线圈	20	点火线圈、点火失效传感器
9	氧传感器	15	氧传感器
10	EGR	15	ECM、汽油泵继电器、PCV、IS、CKP
11	喇叭	10	喇叭
12	前照灯（远）	15	前照灯（远）
13	前照灯雨刮器	20	前照灯雨刮器电动机
14	DRL	15	DRL 控制、报警器
15	前雾灯	15	前雾灯
16	右前照灯	15	HID 灯
17	二极管 – 1	—	—
18	备用	30	—
19	备用	20	—
20	备用	15	—
21	备用	10	—
22	二极管 – 2	—	—
23	鼓风机	30	鼓风机控制系统
24	助手席接线盒	30	短接连接器、熔断器6
25	音响电源	20	AMP
26	遮阳棚	15	天窗、数据连接器
27	尾灯	20	尾灯继电器
28	助手席接线盒 1	30	助手席接线盒（熔断器2、3、7、8、9）
29	ECM	10	发电机
30	后除雾器	30	除雾继电器

三、各控制系统熔断器布置图

JC01（DOHC）、JC02（V6）控制系统、JE01 发动机系统以及 JM09 主熔断器的布局如图 12 – 6 所示。

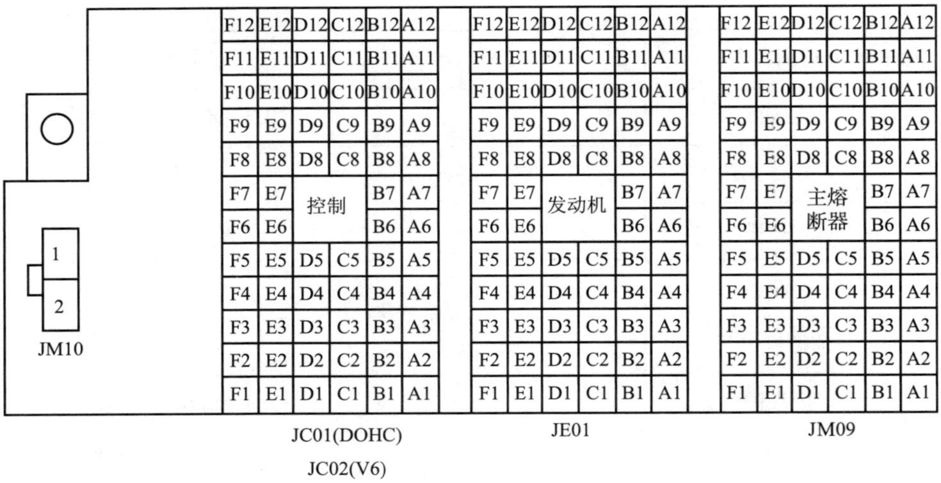

220 汽车电路读图（第5版）

图 12-6 控制系统熔断器布置图

（JM10；JC01(DOHC)/JC02(V6) 控制；JE01 发动机；JM09 主熔断器）

四、前乘员侧接线盒布置图

前乘员侧接线盒布置图如图 12-7 所示。

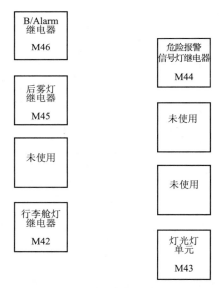

图 12-7 前乘员侧接线盒布置图

（B/Alarm 继电器 M46；后雾灯继电器 M45；未使用；行李舱灯继电器 M42；危险报警信号灯继电器 M44；未使用；未使用；灯光灯单元 M43）

五、电路实例

图 12-8 所示是索纳塔轿车油箱盖及行李舱盖开关电路图。

电路说明：蓄电池经过 8 号熔断器始终作用在油箱盖和行李舱盖开关上。当油箱盖开关或行李舱盖开关在 "ON" 位置时，电流作用在油箱盖控制器或行李舱盖电磁阀上，这时油箱盖或行李舱盖打开；当用车门钥匙开行李舱时，行李舱盖继电器的线圈电路接通，行李舱盖继电器动作，电流作用在行李舱盖电磁阀上，行李舱盖打开。

模块十二 现代轿车电路读图方法

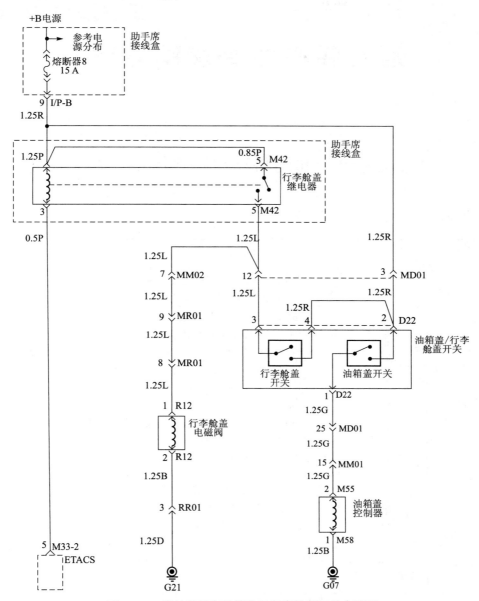

图 12-8 索纳塔轿车油箱盖及行李舱盖开关电路图

模块十三 通用轿车电路读图方法

学习任务一　通用轿车电路读图的一般方法

学习任务单

任务名称	通用轿车电路读图的一般方法	
学习目标	专业能力	掌握通用轿车电路图中符号的含义； 掌握通用轿车电路图的组成； 掌握通用轿车电路图的特点； 能够初步读懂该车系的简单电路图； 能够实施5S管理； 知晓相关安全、环保等法规、规范要求。
	社会能力	具备团队学习能力； 具备良好的沟通能力及与小组成员协作的能力； 具有为客户服务的意识； 具有安全、环保责任意识。
	方法能力	扩展相应的信息收集能力； 能够独立使用各种媒介完成学习任务； 能够进行学习结果的评价与反思。
学习准备	可上网查阅资料的计算机、通用轿车电路图、学习软件、通用轿车电气实验台或实验车辆等。	
方法建议	建议小组学习，分工协作，共同完成； 制订学习计划； 做好记录，各小组选派代表展示学习成果； 评议各小组展示的学习成果。	
学习总结	提炼出学习难点，总结学习任务完成情况。	
探讨题	搜集某一型号通用轿车的相关资料，整理出与该车中央配电盒相关的信息。	

相关知识

一、通用轿车电路图中符号的含义

通用轿车电路图中符号的含义见表 13-1。

表 13-1 通用轿车电路中图符号的含义

符　号	含　义
 (静电放电敏感图标)	本图标表示对静电放电敏感（ESD），用于提醒技术人员该系统含有对静电放电敏感的部件，在维修前需要特别注意。防静电放电损坏的措施如下： （1）在维修任何电气元件之前，应触摸金属接地点，以去除身体上的静电。 （2）勿触摸裸露的端子。 （3）维修插接器时，勿使用工具接触裸露的端子。 （4）如无要求，勿将电气元件从其保护盒中取出。 （5）避免采取以下行动（除非诊断步骤中有要求）： ①将零部件或插接器跨接或接地。 ②将测试设备探针与零部件或插接器连接。 （6）在打开零部件保护性包装之前，将其接地。
 (SIR/SRS图标)	本图标表示辅助充气式保护装置（SIR）或辅助充气式保护系统（SRS），用于提醒技术人员该系统含有 SIR 或 SRS 部件，在维修时需要特别注意几点： （1）在进行检查之前要执行 SIR 的诊断系统的检查。 （2）在进行维修工作前，要使安全气囊系统失效。 （3）在完成维修工作后应使安全气囊系统生效。 在把车辆交给用户前要执行 SIR 的诊断系统检查。
 (OBDII图标)	本图标为车载诊断（OBDII）图标，用于提醒技术人员该电路对 OBDII 排放控制电路的操作十分重要。若任一电路出现故障将导致故障指示灯（MIL）亮，则该电路就属于 OBDII 电路。
 (感叹号图标)	本图标表示重要注意事项，用于提醒技术人员还有其他附加系统维修的信息。

续表

符　号	含　义
所有时间热 运行时发热 开始时发热 附件和运行时发热 运行和起动时发热 运行、灯泡测试和起动时发热 驻车或于正前方时前大灯开关发热 固定式附件电源（RAP）发热	本图标表示电压指示器框。 示意图上的这些框格用于指示何时熔断器上有电压
（虚线框）	本图标表示局部部件。 当部件采用虚框表示时，部件或导线均未完全表示
（实线框）	本图标表示完整部件。 当部件采用实线框表示时，所示部件或导线表示完整
（熔断器符号）	熔断器
（断路器符号）	断路器
（可熔断连接符号）	可熔断连接
12（插接器符号）	部件上连接的插接器
12（插接器符号）	带引出线的插接器
（端子符号）	带螺栓或螺钉连接孔的端子

续表

符　号	含　义
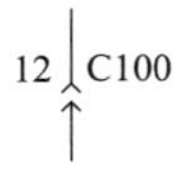 12 C100	直列线束插接器
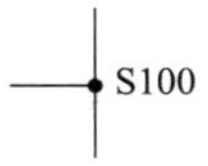 S100	接头
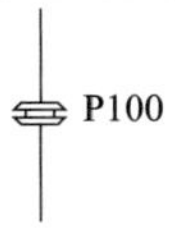 P100	贯穿式密封圈
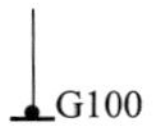 G100	接地
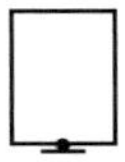	壳体接地
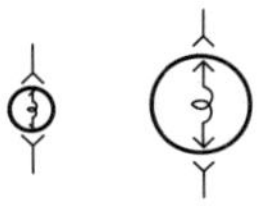	单丝灯泡
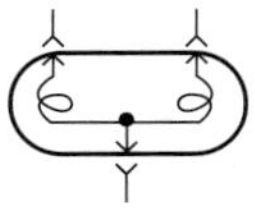	双丝灯泡
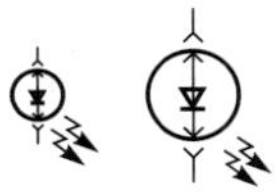	发光二极管
	电阻器
	可变电阻器
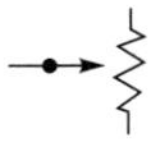	位置传感器
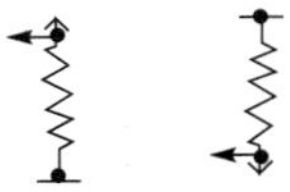	输入/输出电阻器
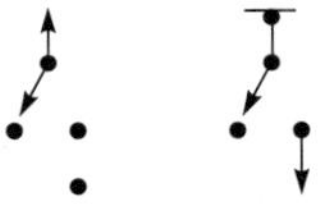	输入/输出开关

续表

符　号	含　义
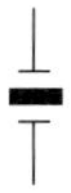	晶体
	加热电阻丝
	电磁阀
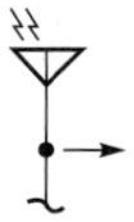	天线
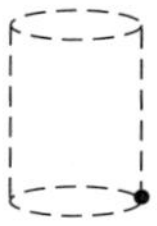	屏蔽
	开关
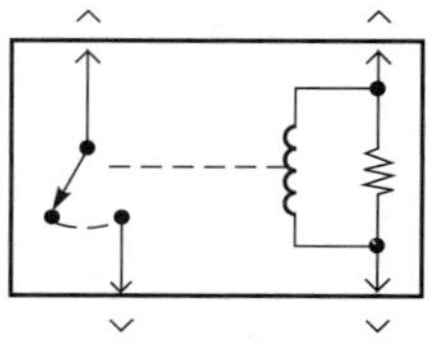	单极单掷继电器
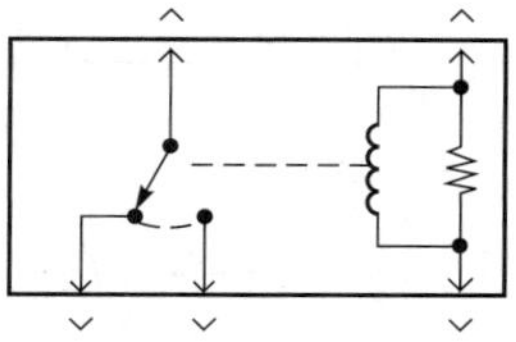	单极双掷继电器

二、通用轿车电路图各部分的含义

下面以别克轿车自动变速器控制电路图为例（如果未学自动变速器控制原理，暂且不必深究控制过程，重点了解电路图的表示方法）来说明通用轿车电路图各部分的含义，如图 13-1 所示。

模块十三　通用轿车电路读图方法

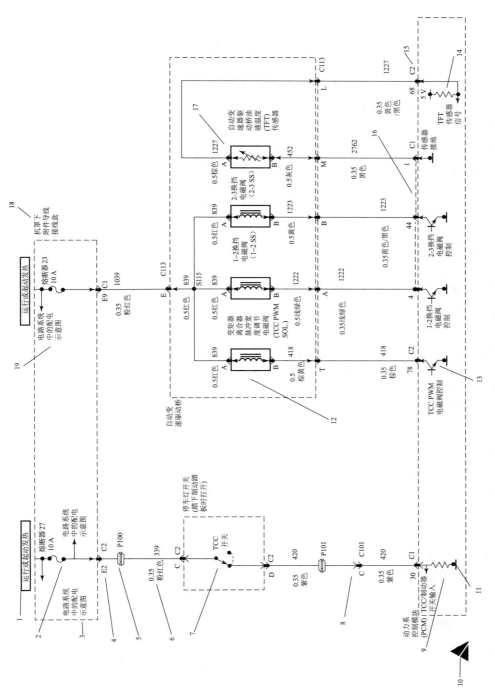

图13-1　通用轿车电路图各部分的含义

图13-1中各部分的含义：

1——电路在点火开关处于点火或起动挡时有电，电压为蓄电池工作电压。

2——27号10 A熔断器。

3——虚线框表示没有完全表示出接线盒所有部分。

4——导线是由发动机机罩下导线接线盒的C2连接插头的E2插脚引出，连接插头编号C2写在右侧，插脚编号E2写在左侧。

5——符号和"P100"表示贯穿式密封圈，其中"P"表示密封圈，"100"为其代号。

6——"0.35粉红色"表示导线截面面积为0.35 mm^2，"粉红色"表示导线的颜色，数字"339"表示该线束位置在乘员室。图13-2所示为车辆位置分区代码示意。

7——TCC（液力变矩器中的锁止离合器控制）开关，图中处于接通状态，表示为常闭开关，其开关信号经过P101和C101，由动力总成控制模块（PCM）中的C1插头30号插脚进入PCM。

8——直列线束插接器，右侧"C101"表示连接插头编号（其中"C"表示连接插头），左侧"C"表示直列线束插接器的C插脚。

9——输出电阻器，这里用来把制动灯开关的信号以一定的电压信号的形式输出给PCM的内部控制电路。

10——表示PCM是对静电敏感的部件。

11——搭铁。

12——在自动变速器内部的TCC锁止电磁阀，此电磁阀控制液力变矩器内部锁止离合器的结合。它在点火开关处于点火或起动挡时，通过23号10 A的熔断器供电。

13——带晶体管半导体元件控制的集成电路。这里为PCM内部集成的控制电路，控制电磁阀驱动电路，通过PCM搭铁。

14——输出电阻器。PCM提供5 V稳压通过内部串接电阻与自动变速器油温传感器（TFT）连接，同时将自动变速器油温传感器（NTC型电阻）信号传给PCM。

15——PCM的C2连接插头的68号插脚。

16——虚线表示4号、44号、1号插脚均属于C1连接插头。

17——自动变速器内部的自动变速器油温传感器，它是一个随温度升高而阻值减小的NTC型电阻。

18——部件的名称及所处的位置。该机罩下附件导线接线盒位于发动机的左侧（从车的前面看）。

19——导线通往机罩下附件导线接线盒的其他电路，对目前所显示的电气系统没有作用，是一种省略的画法。

三、车辆位置分区代码

通用轿车电路图上所有的接地、直接插接器、贯穿式密封圈和接头都给定了识别代码，并与其在车辆上的位置对应，如图13-2所示，车辆位置分区情况见表13-2。

模块十三 通用轿车电路读图方法

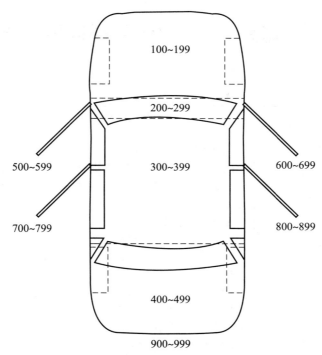

图 13-2 车辆位置分区代码示意

表 13-2 车辆位置分区情况

车辆位置 分区代码	区 位 说 明
100~199	发动机舱（全部在仪表盘前部） 001~099 代表发动机舱内附加号（仅在使用完所有 100~199 后使用）
200~299	位于仪表盘区域内
300~399	乘员室（从仪表盘到后车轮罩）
400~499	行李舱（从后轮罩到车辆后部）
500~599	位于左前车门内
600~699	位于右前车门内
700~799	位于左后车门内
800~899	位于右后车门内
900~999	位于行李舱盖或储物舱盖

学习任务二　别克轿车电路读图实例

学习任务单

任务名称		别克轿车电路读图实例
学习目标	专业能力	能够读懂别克轿车电路图； 能够应用电路图在实车查找相关部件的位置； 能够应用电路图分析某一系统的部件或电路出现及可能出现的故障； 能够实施 5S 管理； 知晓相关安全、环保等法规、规范要求。
	社会能力	具备团队学习能力； 具备良好的沟通能力及与小组成员协作的能力； 具有为客户服务的意识； 具有安全、环保责任意识。
	方法能力	扩展相应的信息收集能力； 能够独立使用各种媒介完成学习任务； 能够进行学习结果的评价与反思。
学习准备		可上网查阅资料的计算机、别克轿车电路图、学习软件、别克轿车电气实验台或实验车辆等。
方法建议		建议小组学习，分工协作，共同完成； 制订学习计划； 做好记录，各小组选派代表展示学习成果； 评议各小组展示的学习成果。
学习总结		提炼出学习难点，总结学习任务完成情况。
探讨题		搜集别克轿车电路图，并对某一系统电路进行电路分析。

相关知识

下面以别克轿车冷却风扇控制电路图为例介绍通用轿车电路图的分析方法。别克轿车电路图已经过转化，这样阅读起来比较方便。

别克轿车冷却风扇控制电路图如图 13-3 所示。

冷却风扇由两个熔断器（6 号 40 A 和 21 号 15 A）分别向发动机冷却风扇供电。熔断器位于发动机罩下附件接线盒内，如图 13-4 所示。

模块十三 通用轿车电路读图方法

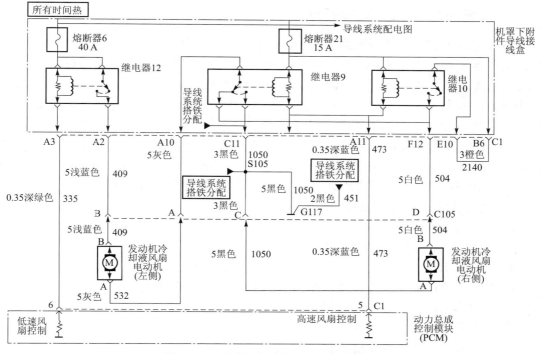

图 13-3 别克轿车冷却风扇控制电路图

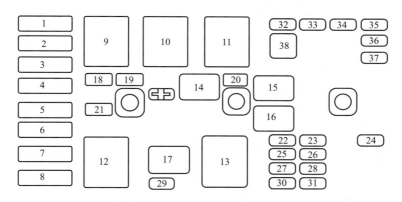

图 13-4 发动机罩下熔断器、断路器及继电器位置示意

一、冷却风扇低速工作时的电路

PCM 通过低速风扇控制电路为继电器 12 的控制电路提供搭铁。继电器 12 的控制电路的电流通路为:"所有时间热"(与电源直接连接)→熔断器 6→继电器 12→PCM 的低速风扇控制电路搭铁,形成回路。于是,继电器 12 的线圈中有电流通过,控制常开触点闭合,向冷却风扇电动机供电。此时由于左侧的冷却风扇电动机与右侧的冷却风扇电动机串联,所以风扇以低速运转。电流通路为:"所有时间热"(与电源直接连接)→熔断器 6→继电器 12→左侧的冷却风扇电动机→继电器 9 的常闭触点→右侧的冷却风扇电动机→导线系统搭铁分配器搭铁,形成回路。

二、冷却风扇高速工作时的电路

PCM 首先经低速风扇控制电路对继电器 12 提供搭铁路径。经 3 s 延时后，PCM 经高速风扇控制电路为继电器 9 和继电器 10 提供搭铁路径。左侧风扇电动机继续由熔断器 6 提供电流，但熔断器 21（15 A）为右侧风扇电动机提供电流。各风扇接收不同的搭铁路径。因此，风扇高速运行。左侧风扇电动机电流通路为："所有时间热"（与电源直接连接）→熔断器 6→继电器 12→左侧的冷却风扇电动机→继电器 9 的常开触点→导线系统搭铁分配器搭铁，形成回路。右侧风扇电动机电流通路为："所有时间热"（与电源直接连接）→熔断器 21→继电器 10 的常开触点→右侧的冷却风扇电动机→导线系统搭铁分配器搭铁，形成回路。

在看懂电路图的同时还应清楚 PCM 在什么情况下控制继电器 12 搭铁，其条件为：
（1）当发动机冷却液温度超过 106 ℃时；
（2）当请求 A/C 且环境温度高于 50 ℃时；
（3）当 A/C 制冷剂压力大于 1.31 MPa 时；
（4）当点火开关关闭且发动机冷却液温度高于 140 ℃时。

对于风扇高速控制，PCM 延后右侧冷却风扇电动机和继电器 10 控制达 3 s。3 s 延迟后可确保冷却风扇电负荷不超过系统的容量。

PCM 在以下各情况下为继电器 12、继电器 9 和继电器 10 提供搭铁：
（1）当发动机冷却液温度超过 110 ℃时；
（2）当 A/C 制冷剂压力大于 1.655 MPa 时。

模块十四 福特轿车电路读图方法

学习任务一 福特轿车电路读图的一般方法

学习任务单

任务名称		福特轿车电路读图的一般方法
学习目标	专业能力	掌握福特轿车电路图中符号的含义； 掌握福特轿车电路图的组成； 掌握福特轿车电路图的特点； 能够初步读懂该车系的简单电路图； 能够实施 5S 管理； 知晓相关安全、环保等法规、规范要求。
	社会能力	具备团队学习能力； 具备良好的沟通能力及与小组成员协作的能力； 具有为客户服务的意识； 具有安全、环保责任意识。
	方法能力	扩展相应的信息收集能力； 能够独立使用各种媒介完成学习任务； 能够进行学习结果的评价与反思。
学习准备		可上网查阅资料的计算机、福特轿车电路图、学习软件、福特轿车电气实验台或实验车辆等。
方法建议		建议小组学习，分工协作，共同完成； 制订学习计划； 做好记录，各小组选派代表展示学习成果； 评议各小组展示的学习成果。
学习总结		提炼出学习难点，总结学习任务完成情况。
探讨题		搜集某一型号福特轿车的相关资料，整理出该车电源供电电路。

相关知识

一、福特轿车电路图中符号的含义

福特轿车电路图中符号的含义见表 14-1 所示。

表 14-1　福特轿车电路图中符号的含义

符　号	含　义	符　号	含　义
（虚线框图形）	虚线框所表示的部件指此页只表达部件的一部分，完整部件在其他地方表达	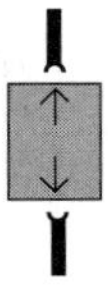 （带箭头方框图形）	带插接器的部件
 （蓄电池图形）	蓄电池	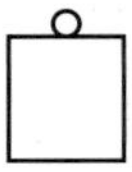 （螺纹接头图形）	部件上的螺纹接头
 Solid State	封闭的电子部件，在方框内标注是何系统，但只说明其功能，并不表示其电路	 （搭铁点图形）	搭铁点
 275　Y	单股导线	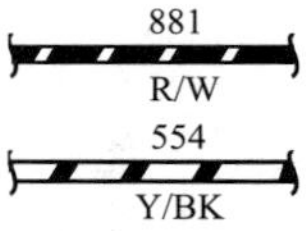 881 R/W　554 Y/BK	带条纹的导线
 20A　电流额定值	熔断丝	 30A　额定电流值	最粗的熔断丝
 14 GA DG　导线尺寸及颜色	易熔线	 20A c.b.　额定电流值	线路断电器

续表

符　号	含　义	符　号	含　义
 S100（铰接点符号图）	铰接点或折叠式接点	 来自电源／到用电器（C箭头符号图）	在两页之间中断的导线的标记。"C"箭头显示电流从电源流向搭铁
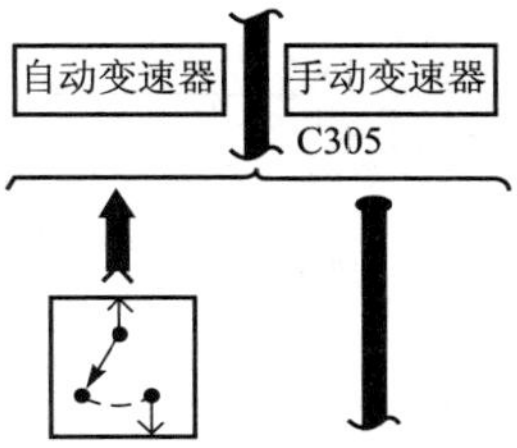 自动变速器/手动变速器 C305（可变更电路符号图）	可变更的电路	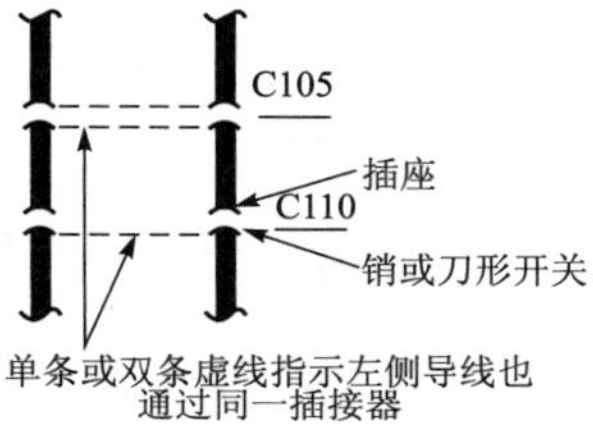 C105／C110 插座／销或刀形开关 单条或双条虚线指示左侧导线也通过同一插接器	串联式插接器
倒车灯	标注该导线的完整电路在其他图页	 搭铁点	虚线表示该电路未完全在此图中表达，而是在其方框中的页码完整表达
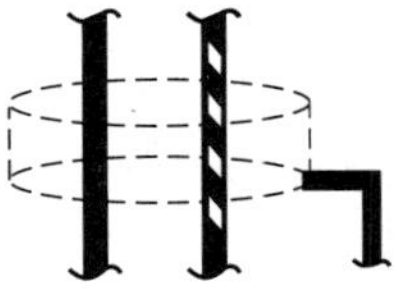 （屏蔽线符号图）	屏蔽线	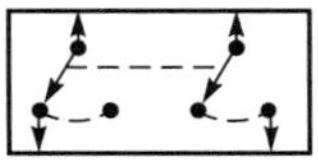 （联动开关符号图）	联动开关，触点同时移动
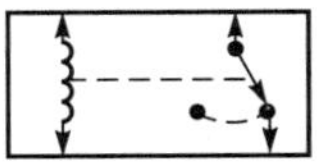 （继电器符号图）	继电器	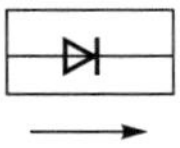 （二极管符号图）	二极管，电流只能按箭头方向通过
 （电容符号图）	电容	（晶体管符号图）	晶体管

续表

符　号	含　义	符　号	含　义
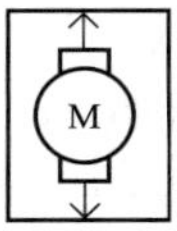	电动机	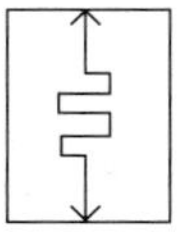	加热元件
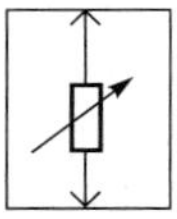	热敏电阻	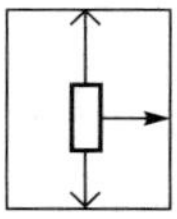	可变电阻或分压器
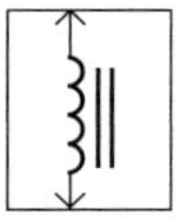	电磁线圈	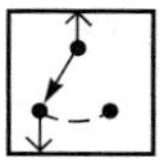	开关
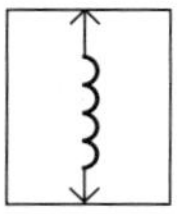	磁场线圈	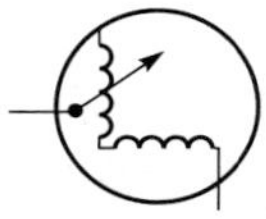	计量器
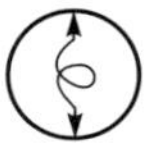	单丝灯泡	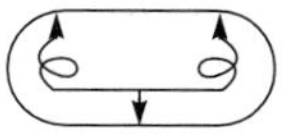	双丝灯泡
	发光二极管	—	—

二、福特轿车电路图中导线颜色代码的含义

福特轿车电路图中导线颜色代码的含义见表 14-2。

表 14-2　福特轿车电路图中导线颜色代码的含义

BK—黑	BL—蓝	R—红	BR—棕	T—褐色	P—紫红
GN—绿	O—橙	W—白	GY—灰	PK—粉红	Y—黄

学习任务二 福特轿车电路读图实例

学习任务单

任务名称	福特轿车电路读图实例	
学习目标	专业能力	能够读懂福特轿车电路图； 能够应用电路图在实车查找相关部件的位置； 能够应用电路图分析某一系统的部件或电路出现及可能出现的故障； 能够实施5S管理； 知晓相关安全、环保等法规、规范要求。
	社会能力	具备团队学习能力； 具备良好的沟通能力及与小组成员协作的能力； 具有为客户服务的意识； 具有安全、环保责任意识。
	方法能力	扩展相应的信息收集能力； 能够独立使用各种媒介完成学习任务； 能够进行学习结果的评价与反思。
学习准备	可上网查阅资料的计算机、福特轿车电路图、学习软件、福特轿车电气实验台或实验车辆等。	
方法建议	建议小组学习，分工协作，共同完成； 制订学习计划； 要做好记录，各小组选派代表展示学习成果； 评议各小组展示的学习成果。	
学习总结	提炼出学习难点，总结学习任务完成情况。	
探讨题	搜集福特轿车电路图，并对某一系统电路进行电路分析。	

相关知识

下面以福特轿车防盗系统电路为例介绍福特轿车电路图各部分含义，如图 14-1 和图 14-2 所示。

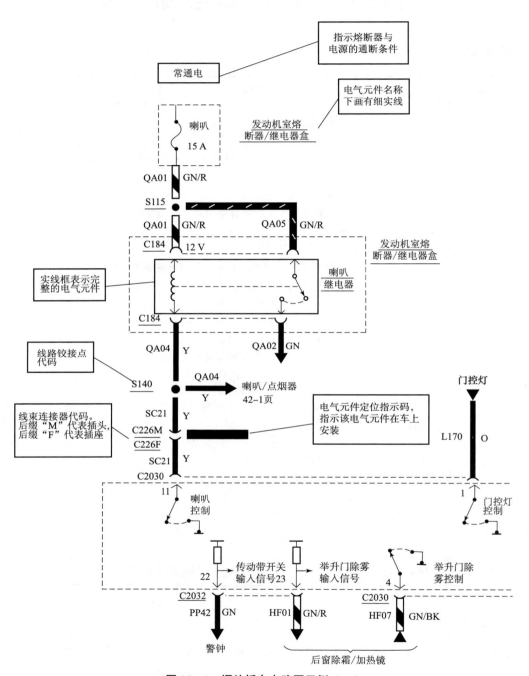

图 14-1 福特轿车电路图示例（一）

模块十四 福特轿车电路读图方法

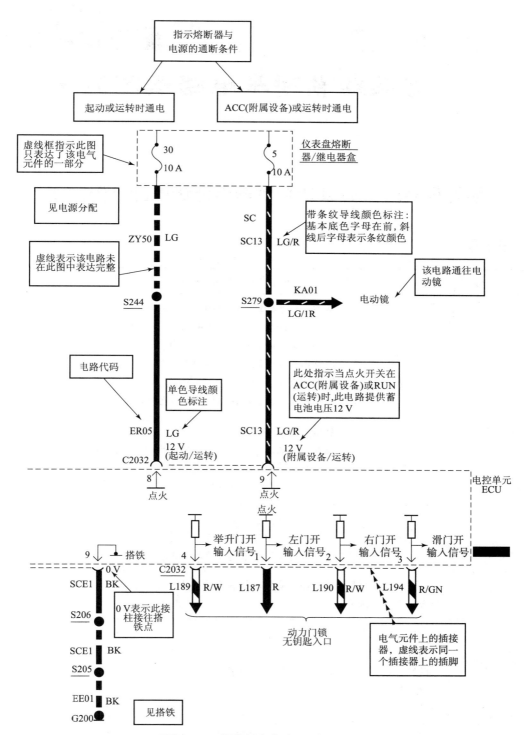

图 14-2 福特轿车电路图示例（二）

模块十五

克莱斯勒轿车电路读图方法

学习任务一　克莱斯勒轿车电路读图的一般方法

学习任务单

任务名称		克莱斯勒轿车电路读图的一般方法
学习目标	专业能力	掌握克莱斯勒轿车电路图中符号的含义； 掌握克莱斯勒轿车电路图的组成； 掌握克莱斯勒轿车电路图的特点； 能够初步读懂该车系的简单电路图； 能够实施5S管理； 知晓相关安全、环保等法规、规范要求。
	社会能力	具备团队学习能力； 具备良好的沟通能力及与小组成员协作的能力； 具有为客户服务的意识； 具有安全、环保责任意识。
	方法能力	扩展相应的信息收集能力； 能够独立使用各种媒介完成学习任务； 能够进行学习结果的评价与反思。
学习准备		可上网查阅资料的计算机、克莱斯勒轿车电路图、学习软件、克莱斯勒轿车电气实验台或实验车辆等。
方法建议		建议小组学习，分工协作，共同完成； 制订学习计划； 做好记录，各小组选派代表展示学习成果； 评议各小组展示的学习成果。
学习总结		提炼出学习难点，总结学习任务完成情况。
探讨题		搜集某一型号克莱斯勒轿车的相关资料，整理出与该车中央配电盒相关的信息。

相关知识

一、克莱斯勒轿车电路图中符号与各部分的含义

克莱斯勒轿车电路图中符号的含义如表 15-1 及图 15-1 所示。

表 15-1 克莱斯勒轿车电路图中符号的含义

符号	含义	符号	含义
+	正极		常开触点
-	负极	→	插头
	搭铁		表示导线继续延伸
	熔断器		常闭触点
	带有母线的组合熔断器		开关闭合
	断路器		开关打开
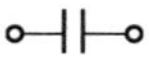	电容器	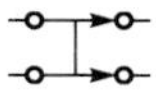	组合开关闭合
Ω	欧姆	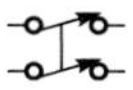	组合开关打开
	电阻器	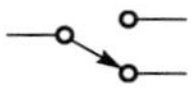	单极双掷开关
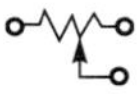	可变电阻	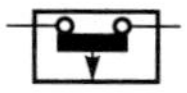	压力开关
	串联电阻		电磁开关
	线圈		水银开关
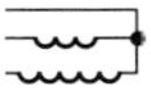	升压线圈		二极管或整流管

续表

符　号	含　义	符　号	含　义
 ⤶⤷	稳压管	 STRG COLUMN	表示导线穿过转向管柱插接器
 ⊸■⊶	电动机	 ENG	表示导线穿过绝缘圈进入发动机舱
	电枢与电刷		加热栅元件
 →→	插接器	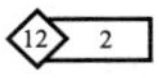 12　2	接头标记
⟩—	插座	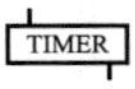 TIMER	延时器
⊢	表示导线走向	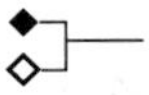	可选择性符号　有导线　无导线
 ⤛	接头	88 88	数字显示器
	热元件		双丝灯
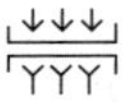	多线插接器		热敏电阻
	星形绕组		传感器
	单丝灯		表示导线穿过前围板
	发光二极管	 NST PANEL	表示导线穿过仪表盘插接器
	仪表		表示穿过绝缘圈的导线
	燃油喷射器	—	—

克莱斯勒轿车电路图各部分的含义如图 15-2 与图 15-3 所示。

模块十五　克莱斯勒轿车电路读图方法

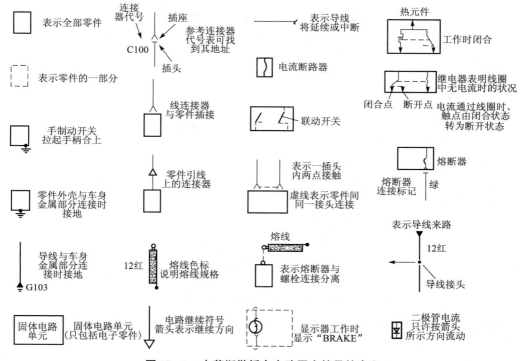

图 15-1　克莱斯勒轿车电路图中符号的含义

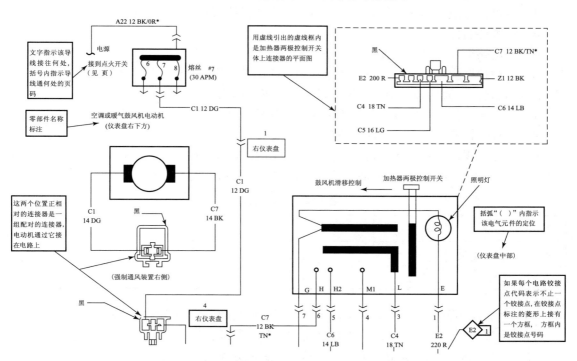

图 15-2　克莱斯勒轿车电路图各部分的含义（一）

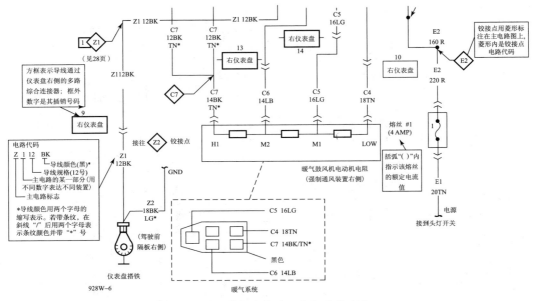

图 15-3 克莱斯勒轿车电路图各部分的含义（二）

下面以切诺基汽车的起动、点火与电源系统电路图为例予以说明，如图 15-4 所示。

1——总电源供电线。

2——熔线符号。熔线色标说明熔线规格。

3——零件标记。实线框线表示全部零件，虚线框线表示零件的一部分。

4——零件名称。

5——电路继续符号。箭头表示电路继续方向。

6——插接器代号。"C105" 表示标号为 105 的插接器，"F" 表示该插接器的 F 插头/孔。可在电路图后面的说明中查到该插接器的位置及插头/孔排列。

7——插接器代号。虚线表示属于同一个插接器的插头/孔。

8——接线柱符号。可在零件上找到该标记。

9——导线规格。克莱斯勒轿车电路导线采用美国线规（AWG），电路图上注明的是导线的规格，而不是导线的公制截面尺寸，二者的对应关系见表 15-2。

表 15-2 导线规格

导线标号	2	4	6	8	10	12	14	16	18	20	22	24
导线公称截面面积 /mm	32	19	13	8	5	3	2	1	0.8	0.5	0.4	0.2

10——导线颜色代码。克莱斯勒轿车电路图中导线颜色代码的含义见表 15-3。

11——接地标记。该标记表示零件外壳与车身金属部分连接时接地。

12——接地标记。该标记表示导线与车身金属部分连接时接地。

13——导线接地点位置标号。可在电路图后面的说明中查到接地点位置。

模块十五 克莱斯勒轿车电路读图方法

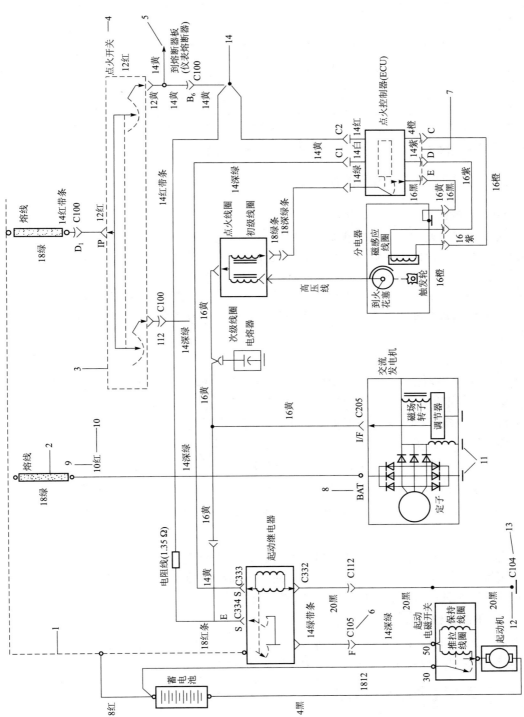

图 15-4 切诺基汽车起动、点火与电源系统电路图

表 15-3　克莱斯勒轿车电路图中导线颜色代码的含义

导线颜色代码	含义	导线颜色代码	含义	导线颜色代码	含义	导线颜色代码	含义
BLK	黑	YEL	黄	PPL	紫	LT GRN	浅绿
WHT	白	BRN	棕	ORN	橙	DK BLU	深蓝
RED	红	BLU	蓝	PNK	粉红	DK GRN	深绿
GRN	绿	GRY	灰	LT BLU	浅蓝	TAN	深褐

14——导线接头标记。表示线束中多条导线的汇集处。

二、克莱斯勒轿车电路图的构成

（一）导线部分

导线部分在电路图中以粗实线画出。每条导线都有导线的颜色、导线的规格。导线中间连接以及与电气元件的连接都由插接器表示其连接关系。导线颜色有的以字母表示，有的以汉字表示，对应关系见表 15-3。

若导线是双色的，则以两种颜色的字母共同标记，前面为导线的主色，后面为导线的辅助色，克莱斯勒轿车导线为主色带辅助色条纹，例如：BLK-WHT 或者黑/白，表示黑色带白条纹的导线。

（二）电气元件部分

电气元件是电路图的主体，在电路图中用框图辅以名称表示，若图中表示的是电气元件的全部，则框图边框为实线，若表示的是电气元件的一部分，则框图边框为虚线。电气元件的接线点用标号或者插接器的插头/孔标出。例如：交流发电机有一个节点，标识为 BAT，还有一个插接器，代号为 C205，交流发电机通过该插接器的 I/F 插头/孔与其他电气元件连接。

（三）熔线、熔断器、继电器以及其连接部分

这一部分表示在电路图的最上部，反映的内容有熔线的颜色与容量、熔断器的容量和保护的电路、继电器的名称。车上的熔线、熔断器、继电器安装在电力配置中心。

（四）插接器

在克莱斯勒轿车电路图中，插接器是极其重要的组成部分。线束与电气元件以及线束之间均采用插接器连接。在电路图中，详细地注明了插接器的代号以及插头/孔的代号。插接器的具体位置及其插头/孔的排列可查阅电路图后的说明。

（五）电路继续符号

由于克莱斯勒轿车电路图中的电路一般不相互交叉，而是使用带箭头的直线表示电路的继续，所以此符号反映在一部分电路图中难以表达的接续部分。

三、克莱斯勒轿车电路图的特点

（一）整车电路图由多个独立的电路图组成

整车电路图以不同的功能块或控制群体分为各个独立的电路图，以电力配置保持相互的

联系。一般分为电力配置电路图，起动、点火与电源系统电路图，发动机控制电路图，仪表盘电路图，喇叭与雨刮器电路图，空调系统电路图，音响电路图，仪表板照明灯电路图，转向灯、制动灯、倒车灯及危险报警电路图，雾灯与前照灯电路图，示宽灯、尾灯、驻车灯及牌照灯电路图等。这样按系统划分电路图，符合人们的读图习惯，很容易理解汽车各个系统的组成与功能。

（二）整车电路图以电力配置为中心

克莱斯勒轿车电路图都有一个电力配置图，图中主要内容包括蓄电池、发电机、熔线、熔断器板、点火开关及表明向各系统供电的电路继续符号，该图清楚地表明了整车电气设备的供电情况，而每个独立系统的电路图都可看作电力配置图的一个分支，每个系统电路图均始于电力供给，初始内容为熔线或保护该系统的熔断器或点火开关的特定挡位，这样就通过电力配置图把整车电路图有机地结合起来。这种绘制方法非常便于理解电流通路以及查找故障。

（三）按照回路原则绘制电路图

所有电路图中，都是按照回路原则绘制的，电流是从上向下流的，最上面永远是电源供电，然后依次向下通过熔断器、继电器、导线、插接器、开关和用电设备等，最下面是接地。用户按照回路原则就很容易理解电路。

学习任务二　切诺基汽车电路读图实例

学习任务单

任务名称		切诺基汽车电路读图实例
学习目标	专业能力	能够读懂切诺基汽车电路图； 能够应用电路图在实车查找相关部件的位置； 能够应用电路图分析某一系统的部件或电路出现及可能出现的故障； 能够实施5S管理； 知晓相关安全、环保等法规、规范要求。
	社会能力	具备团队学习能力； 具备良好的沟通能力及与小组成员协作的能力； 具有为客户服务的意识； 具有安全、环保责任意识。
	方法能力	扩展相应的信息收集能力； 能够独立使用各种媒介完成学习任务； 能够进行学习结果的评价与反思。
学习准备		可上网查阅资料的计算机、切诺基汽车电路图、学习软件、切诺基汽车电气实验台或实验车辆等。

续表

任务名称	切诺基汽车电路读图实例
方法建议	建议小组学习，分工协作，共同完成； 制订学习计划； 做好记录，各小组选派代表展示学习成果； 评议各小组展示的学习成果。
学习总结	提炼出学习难点，总结学习任务完成情况。
探讨题	搜集切诺基汽车电路图，并对某一系统电路进行电路分析。

相关知识

读克莱斯勒轿车电路图，除了要理解汽车电路所遵循的一般原则，运用汽车电路图分析的基本方法外，还要特别注意下面几个方面：

（1）要读懂电力配置图，这样才能理解全车各系统的供电情况。

（2）要注意电路图中的插接器。由于克莱斯勒轿车电路中的插接器不仅数量多，且布置比较分散，要读懂电路或按电路图进行电路的维护或者故障查找及排除，必须清楚插接器在汽车上的布置位置及其插头/孔的排列情况。

下面以切诺基汽车电路为例，介绍克莱斯勒轿车电路读图的基本方法。

一、前照灯电路

前照灯电路包括电力配置图（见图15-5）和雾灯与前照灯电路图（见图15-6）。

首先从电力配置图可知，电流从蓄电池正极通过与起动机继电器连接的、规格为18、颜色为绿的熔线，再通过C100插接器的D1插头/孔供给前照灯电路。

在雾灯与前照灯电路图中可以看到，上述电通过C269插接器的B1插头/孔进入灯光开关，在灯光开关中，有一个容量为25 A的电流断路器起保护作用。再通过插接器C269的11号插头/孔，通过规格为12、颜色为棕/黑的导线和C177插接器的2号插头/孔进入车灯变光开关。

当车灯变光开关打到近光挡时，电流通过插接器C177的1号插头/孔流出，到达左、右前照灯的近光灯丝。

当车灯变光开关打到远光挡时，电流通过插接器C177的3号插头/孔流出，到达左、右前照灯的远光灯丝，同时流经仪表盘的前照灯指示灯，提示远光灯亮。

电源到车灯变光开关电路：蓄电池正极→起动机继电器→熔断器（规格为18、颜色为绿）→插接器C100（D1插头/孔）→插接器C269（B1插头/孔）→灯光开关→插接器C269（11号插头/孔）→插接器C177（2号插头/孔）→车灯变光开关。

近光灯的电流通路：车灯变光开关（近光）→插接器C177（1号插头/孔）→插接器C100（D5插头/孔）→插接器C102（7号插头/孔）→插接器C372（A插头/孔）→

模块十五 克莱斯勒轿车电路读图方法

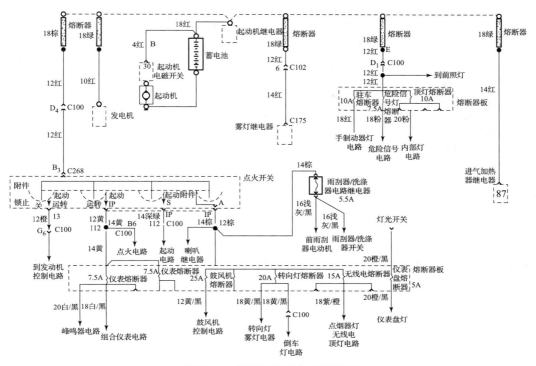

图 15-5 切诺基汽车电力配置图

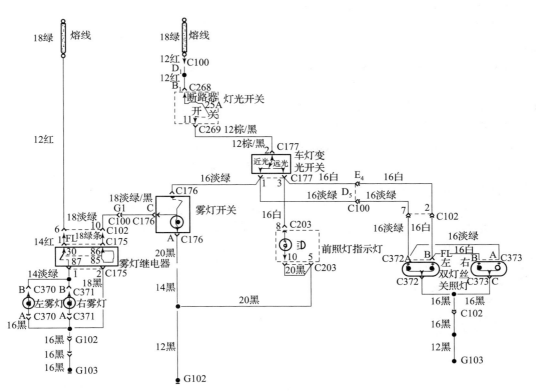

图 15-6 切诺基汽车雾灯与前照灯电路图

　　　　↗ 左前照灯近光灯丝 → 插接器 C372（C 插头／孔）　　　　　　　　↘
→　　　　　　　　　　　　　　　　　　　　　　　　　　　　　　　　　　　　→
　　　　↘ 插接器 C373（A 插头／孔）→ 右前照灯近光灯丝 → 插接器 C373（C 插头／孔）↗
→插接器 C102（5 号插头/孔）→电线接头→接地点 G103。

　　远光灯的电流通路：车灯变光开关（远光）→插接器 C177（3 号插头/孔）→插接器 C100（E4 插头/孔）→插接器 C102（2 号插头/孔）→插接器 C372（B 插头/孔）→

　　　　↗ 左前照灯远光灯丝 → 插接器 C372（C 插头／孔）　　　　　　　　↘
→　　　　　　　　　　　　　　　　　　　　　　　　　　　　　　　　　　　　→
　　　　↘ 插接器 C373（B 插头／孔）→ 右前照灯远光灯丝 → 插接器 C373（C 插头／孔）↗
→插接器 C102（5 号插头/孔）→导线接头→接地点 G103。

　　远光指示灯电路：车灯变光开关（远光）→插接器 C177（3 号插头/孔）→插接器 C203（8 号插头/孔）→前照灯指示灯→插接器 C203（10 号插头/孔）→插接器 C203（5 号插头/孔）→导线接头→接地点 G102。

二、雾灯电路

由于雾灯电路中有雾灯继电器，所以雾灯电路分为控制电路和工作电路两部分。

（1）控制电路：蓄电池正极→起动机继电器→熔丝（规格为 18、颜色为绿）→插接器 C100（D1 插头/孔）→插接器 C269（B1 插头/孔）→灯光开关→插接器 C269（11 号插头/孔）→插接器 C177（2 号插头/孔）→车灯变光开关（近光）→插接器 C177（1 号插头/孔）→插接器 C176（B 插头/孔）→雾灯开关→插接器 C176（C 插头/孔）→插接器 C100（C1 插头/孔）→插接器 C175→雾灯继电器线圈→插接器 C175（2 号插头/孔）→导线接头→插接器 C102→接地点 G103。

通过上面的电流通路可知，必须在前照灯近光灯工作的时候，雾灯才能工作。

属于控制电路中的雾灯开关指示灯电路：雾灯开关→雾灯开关指示灯→插接器 C176（A 插头/孔）→导线接头→接地点 G102。

（2）工作电路：由电力配置图和雾灯与前照灯电路图可知，雾灯工作电路与雾灯控制电路通过不同的熔线从电源取用电能。

蓄电池正极→起动机继电器→熔丝（规格为 18、颜色为绿）→插接器 C102（6 号插头/孔）→插接器 C175→雾灯继电器触点→插接器 C175（1 号插头/孔）

　　　　↗ 插接器 C370（B 插头／孔）→ 左雾灯 → 插接器 C370（A 插头／孔）↘
→　　　　　　　　　　　　　　　　　　　　　　　　　　　　　　　　　　　　→
　　　　↘ 插接器 C371（B 插头／孔）→ 右雾灯 → 插接器 C371（A 插头／孔）↗
→插接器 C102→接地点 G103。

参 考 文 献

[1] 李春明．汽车构造［M］．北京：机械工业出版社，2018．
[2] 李春明．汽车电气设备与维修［M］．北京：高等教育出版社，2014．
[3] 李春明．汽车电器与电路［M］．北京：高等教育出版社，2003．
[4] 董宏国，廖苓平．汽车电路分析［M］．北京：北京理工大学出版社，2005．
[5] 孙余凯，项绮明，等．汽车电器识图技巧［M］．北京：人民邮电出版社，2003．
[6] 孟淑娟，杨艳芬．一汽马自达6轿车维修手册［M］．北京：人民交通出版社，2004．
[7] 李春明．捷达/捷达王轿车电气系统使用与维修［M］．北京：北京理工大学出版社，2002．
[8] 张凤山，张春华．北京现代索纳塔轿车电气线路图集［M］．北京：人民邮电出版社，2004．
[9] 王运朋，等．丰田汽车电路图［M］．广州：广东科技出版社，2000．
[10] 赵波，杨智勇．毕加索/爱丽舍轿车电控与电气系统检修图解［M］．北京：机械工业出版社，2004．